Os filhos de Irena

Tilar J. Mazzeo

Os filhos de Irena

A história real da mulher que desafiou os nazistas
e salvou milhares de crianças do Holocausto

Tradução: Cláudia Ribeiro Mesquita

GLOBOLIVROS

Copyright © 2021 by Editora Globo S.A. para a presente edição
Copyright © 2016 by Trifecta Creative Holding, Inc.

Todos os direitos reservados. Nenhuma parte desta edição pode ser utilizada ou reproduzida — em qualquer meio ou forma, seja mecânico ou eletrônico, fotocópia, gravação etc. — nem apropriada ou estocada em sistema de banco de dados sem a expressa autorização da editora.

Texto fixado conforme as regras do Acordo Ortográfico da Língua Portuguesa
(Decreto Legislativo nº 54, de 1995).

Título original: *Irena's Children: The Extraordinary Story of the Woman Who Saved 2,500 Children from the Warsaw Ghetto*

Editora responsável: Amanda Orlando
Assistente editorial: Isis Batista
Preparação de texto: Jane Pessoa
Revisão: Theo Cavalcanti Silva, Thamiris Leiroza e Mariana Donner
Diagramação: Abreu's System
Capa: Renata Zucchini
Imagem de capa: Government Press Office (Israel)

1ª edição, 2021

CIP-BRASIL. CATALOGAÇÃO NA PUBLICAÇÃO
SINDICATO NACIONAL DOS EDITORES DE LIVROS, RJ

M429f Mazzeo, Tilar J., 1971-
    Os filhos de Irena: a história real da mulher que desafiou os nazistas e salvou milhares de crianças do Holocausto / Tilar J. Mazzeo; tradução Cláudia Ribeiro Mesquita. – 1. ed. – Rio de Janeiro: Globo Livros, 2021.
    320 p. ; 23 cm.

    Tradução de: Irena's children : the extraordinary story of the woman who saved 2,500 children from the warsaw ghetto
    ISBN 978-65-86047-95-0

    1. Sendlerowa, Irena, 1910-2008. 2. Assistentes sociais – Biografia – Polônia. 3. Guerra Mundial, 1939-1945 – Judeus – Resgate – Polônia. 4. Holocausto judeu (1939-1945) – Polônia. I. Mesquita, Cláudia Ribeiro. II. Título.

21-72867   CDD: 923.609438
                                              CDU: 929:364.3(438)

Camila Donis Hartmann – Bibliotecária – CRB-7/6472

Editora Globo S.A.
Rua Marquês de Pombal, 25 — 20230-240 — Rio de Janeiro — RJ
www.globolivros.com.br

Para Robert Miles.
Maturidade é tudo.

Sumário

Prefácio 9
Prólogo 15

1. Convertendo-se em Irena Sendler 21
2. As meninas da professora Radlińska 35
3. Aqueles muros da vergonha 55
4. Grupo de jovens 73
5. O chamamento do dr. Korczak 85
6. O gueto sacrificado 95
7. A caminho de Treblinka 109
8. A fada madrinha de Umschlagplatz 123
9. A última etapa 139
10. Agentes da resistência 151
11. Żegota 163
12. Rumo ao precipício 181
13. A ascensão de Ala 197
14. Aleja Szucha 211

15. A execução de Irena 227
16. A Revolta de Varsóvia 241
17. Como as histórias terminaram 251

Coda: O desaparecimento da história
de Irena Sendler, 1946-2008 257
Posfácio: Comentários da autora sobre Os filhos de Irena 263
Agradecimentos 267
Personagens 269
Notas 277
Referências bibliográficas 305

Prefácio

Cracóvia, 2009

Ao visitar a Polônia pela primeira vez, em 2009, achei que seria uma viagem de férias. Meu irmão e minha cunhada, a trabalho para o Departamento de Estado dos Estados Unidos, moravam na Cracóvia havia vários anos e, antes disso, viveram em Breslávia por um bom tempo e assistiram à entrada do país na União Europeia e sua segunda e rápida transformação pós-comunista. Seus dois filhos pequenos — gêmeos e ainda bebês — estavam aprendendo as primeiras palavras em polonês, e minha cunhada era diretora de uma escola internacional fora da cidade.

Nós três fomos criados como católicos, apesar de nenhum de nós ter, eu acho, qualquer interesse por religião. Como Breslávia, ao contrário de Varsóvia, escapou dos bombardeios e da destruição durante a Segunda Guerra Mundial, a herança católica é presente por toda parte na arquitetura da Cidade Velha, que é linda e ainda medieval em alguns aspectos. Mas poucas regiões da cidade são tão evocativas quanto o histórico quarteirão do gueto judeu em Kazimierz, por onde os turistas peregrinam para visitar a fábrica de Oskar Schindler e para ver as ruas tortuosas onde foram filmadas partes de *A lista de Schindler*, de Steven Spielberg. Por outro lado, não adianta ir a Varsóvia para ter uma ideia de como era o gueto de Varsóvia em 1940. Resta apenas um pedacinho dele. O gueto foi destruído na primavera de 1943.

Pouco mais de um ano depois, após a Revolta de Varsóvia, o que restou da cidade foi arrasado, e apenas 10% dos prédios ficaram de pé. Varsóvia é essencialmente moderna.

No ano em que os visitei, a escola estava na fase final de um importante projeto, e o *campus* estava sendo construído e cercado. Minha cunhada passava os dias, ela brincava, basicamente dando broncas no pessoal das obras, acumulando um arsenal exuberante de palavrões em polonês. Aquela propriedade anteriormente tinha sido por muitos anos terras produtivas, onde, em uma das pontas, havia crescido uma mata em meio ao campo, e depois espalhavam-se algumas poucas casas de classe média. Quando estávamos perto da mata, aventurei-me a perguntar, com delicadeza, quem tinha sido o dono da floresta e por que a deixaram crescer deliberadamente de modo selvagem por décadas. Após uma pausa, ela suspirou e disse: "Os trens para Auschwitz, sabe, passavam não muito longe daqui. Não exatamente aqui, mas na região".

Não havia nada na mata, apenas grama e árvores, e, no início, ela costumava caminhar ali, disse. Na Polônia, a Noite de Todos os Santos é comemorada no dia 1º de novembro, e a tradição, em qualquer parte do país, é acender velas no túmulo dos mortos. Foi só nesse primeiro feriado da escola, quando a estrada que contorna a mata ficou inteiramente iluminada de velas, que ela entendeu que algo terrível havia acontecido ali.

Mais tarde, os moradores contaram que, no fim da guerra, em 1945, o Exército Vermelho conduziu os alemães em retirada. Sua chegada não levou alegria à Polônia. Poucas mulheres — de crianças pequenas às *babcie*[*] mais velhas — escaparam de serem estupradas pelos soldados soviéticos naquele inverno na Cracóvia, e poucos alemães que toparam com as tropas soviéticas atravessaram a fronteira de volta. Em toda a Polônia, há centenas de massacres não nomeados como esse. Sob o governo comunista, ninguém teria ousado acender uma vela na floresta, mas as coisas mudaram. Ainda havia os homens mais velhos, e especialmente as mulheres mais velhas, que se lembravam. "Tem em todo lugar por aqui",

---

[*] "Avós", em polonês. (N. T.)

disse minha cunhada com tristeza. "A Polônia inteira é um cemitério sem identificação, e o que mais se pode fazer a não ser deixar o passado silenciosamente enterrado?"

Voltamos para a escola e as vozes alegres de felicidade das crianças atravessaram o corredor, vindas de todas as direções. Pensei nas mortes dos alemães que aconteceram aqui e nos trilhos que levavam a Auschwitz e nas histórias de bebês arrancados das mães e esmagados contra os muros de tijolos. Pensei em minha sobrinha e em meu sobrinho, e em como eu mataria qualquer um que fizesse isso com meus filhos. Meu irmão me perguntou dias depois se eu queria ver Auschwitz, e eu disse que não.

Anos mais tarde, minha cunhada foi a primeira pessoa a me contar a história da "Schindler mulher", Irena Sendler — ou, como em polonês, em que o sobrenome da mulher tem uma desinência feminina, Irena Sendlerowa. Desligadas do tempo e do espaço, essas duas conversas são, indiscutivelmente, como este livro começou. Nunca fui capaz de separar os caminhos que conectam, para mim, a história de Irena Sendler com a da terra polonesa abandonada e com as vozes das crianças na escola. Como escritora, parei de tentar.

Em sua nativa Polônia, Irena Sendler é hoje uma heroína, embora esta seja uma conquista pós-comunista relativamente recente. Sua história, como tantas histórias na Polônia, foi discretamente enterrada por décadas. Com as amigas e um time de parceiros empenhados, Irena Sendler retirou crianças do gueto de Varsóvia escondidas em malas e caixas de madeira, passando por guardas alemães e policiais judeus traidores. Ela transportou bebês e crianças pela imunda e perigosa rede de esgotos. Trabalhou com adolescentes judeus — garotas de catorze ou quinze anos inclusive — que lutaram corajosamente e morreram no levante do gueto. E, o tempo todo, Irena estava apaixonada por um homem judeu que ela e seus amigos passaram a guerra toda escondendo com apreensão. Irena tinha compleição frágil e espírito de ferro: quando a guerra começou, era uma jovem mulher de cerca de um metro e meio com vinte e poucos anos, que lutou com a ferocidade e a inteligência de um general experiente, formando dezenas de pessoas comuns para atuarem como soldados por toda a cidade de Varsóvia em meio à cisão de religiões.

Antes de ser presa e torturada pela Gestapo, Irena Sendler salvou a vida de mais de 2 mil crianças judias. Correndo imenso risco, manteve uma lista com o nome delas, pois assim os pais poderiam encontrá-las depois da guerra. Ela não sabia, claro, que mais de 90% das famílias morreriam, a maioria em câmaras de gás em Treblinka. Como socialista e radical de esquerda a vida toda, ela também não poderia imaginar que depois da guerra os próprios filhos seriam alvo do comunismo soviético por causa de suas ações durante o conflito.

Mas, ao mesmo tempo que Irena Sendler foi inegavelmente uma heroína — mulher de grande e quase insondável coragem moral e física —, ela também não foi nenhuma santa. Canonizá-la ao contar sua história é, no fim das contas, desonrar a verdadeira complexidade e a dificuldade de suas escolhas muito humanas. Várias vezes, durante minha pesquisa e entrevistas em Israel, e especialmente na Polônia, os que sobreviveram ao período do Holocausto em Varsóvia me contaram a mesma coisa: "Não gosto de falar sobre esses anos com ninguém que não os tenha vivido, porque, a não ser que se estivesse lá, não é possível entender determinadas decisões ou o preço pago por elas". A vida amorosa de Irena foi confusa e fora dos padrões, e ela sofria ao reconhecer não ter sido boa esposa nem boa filha. Ela colocou sua frágil e debilitada mãe em perigo extremo e não a deixou a par disso. Foi imprudente e às vezes pouco perspicaz, priorizou o abstrato em detrimento do concreto e, em certos momentos, foi talvez egoísta em sua abnegação. Quando chegou a hora, finalmente, foi uma mãe desatenta e muito ausente. Foi heroína — apesar de desdenhar essa palavra também — e ao mesmo tempo comum e imperfeita. Mas foi também dotada de um senso de propósito e justiça tão forte, que conseguiu, com seu exemplo, persuadir os demais ao seu redor a serem, talvez, melhores do que poderiam ter sido e a realizarem algo incrivelmente corajoso e digno juntos.

Enquanto escrevia este livro, fui também afetada pela coragem desses "outros": dezenas de homens e, sobretudo, de mulheres que se juntaram a ela discretamente. Irena contou que, para cada criança cujo resgate ela organizou, dez pessoas, em média, arriscavam a própria vida nessas operações em Varsóvia. Sem a coragem e sem o sacrifício dos que se juntaram a ela, não teriam tido sucesso. Os riscos para quem ajudava Irena eram monstruosos.

De cara, a punição para a pessoa que ajudava um judeu era a execução da família na sua frente, começando pelos filhos. Para qualquer um que ama uma criança, é muito simples compreender a extensão do sofrimento diante da fragilidade da vida, e a grande maioria dos que ajudaram Irena tinha filhos pequenos. Mesmo assim, nenhuma dessas pessoas — dezenas delas —, nem uma vez, evitou ajudá-la em sua missão.[1] Ninguém, Irena disse uma vez, recusou receber uma criança judia.

Esta é a história de Irena Sendler, das crianças que ela salvou e dos muitos "outros" corajosos. É também a história complicada e às vezes sombria, mas igualmente corajosa, do povo polonês. Embora pareça que há nomes demais no início do livro, conto a história de uma pequena parcela do total de pessoas que sabemos que ajudaram Irena. E, à medida que o livro avança, os nomes diminuem, tristemente. Conto a história delas aqui para lhes prestar uma pequena homenagem. Suas vidas, e às vezes suas mortes, mostram do que somos capazes como pessoas comuns diante do mal e do horror.

Prólogo

Varsóvia, 21 de outubro de 1943

ALEJA SZUCHA. IRENA SENDLER sabia qual era seu destino. A porta da frente bateu com força e o carro preto da penitenciária partiu com um solavanco. Deram a ela apenas alguns minutos para se vestir, e seu cabelo curto, gracioso, estava despenteado.

Janka Grabowska veio correndo pela calçada da frente com os sapatos e os calçou nela no último instante, desafiando a violência arbitrária dos soldados. Irena nem pensara em amarrá-los — estava pensando apenas em uma coisa: ficar calma e manter a expressão inalterada, plácida. Sem tristeza. Esse era o último sábio conselho que as mães judias davam aos seus filhos ao deixá-los sob os cuidados de desconhecidos. Irena não era judia, mas, mesmo assim, aparentar tristeza era perigoso.

Eles não podem achar que eu tenho qualquer razão para estar assustada. Eles não podem achar que eu estou assustada. Irena, quieta, repetia o pensamento. Se eles suspeitassem do que ela estava escondendo, tornaria as coisas que estavam por vir ainda piores.

Mas Irena *estava* assustada. Muito assustada. No outono de 1943, na Polônia ocupada pelos nazistas, não havia palavras piores do que "avenida Szucha". Talvez não existissem palavras mais terríveis em nenhum lugar da Europa na época da guerra. Era o endereço da sede da Gestapo em Varsóvia. A arquitetura brutalista de seu exterior parecia cruelmente ajustada aos propósitos alemães. Do lado de dentro do complexo de prédios ocupado, os corredores ecoavam os gritos dos que estavam sendo interrogados. Quem sobrevivia lembrava depois do cheiro rançoso de medo e urina. Duas vezes por dia, logo antes do meio-dia e no início da noite,[1] peruas pretas voltavam pontualmente da carceragem da Prisão Pawiak para recolher os corpos quebrados e machucados.

Irena supôs que deveria ser um pouco depois das seis da manhã. Talvez seis e meia. Logo o sol tardio de outubro nasceria em Varsóvia. Mas ela estava acordada havia horas. Todos no prédio estavam acordados fazia horas. Janka, sua articuladora de confiança e amiga querida, tinha vindo, naquela noite, para a pequena celebração familiar da festa de Santa Irena. Depois de se deliciarem com frios e pedaços de bolo, a frágil mãe de Irena e uma tia que estava de visita foram dormir. Mas Janka já tinha perdido o toque de recolher e teria que passar a noite por lá. Então, as jovens mulheres ficaram na sala acordadas até tarde, conversando e bebendo chá e licor. Depois da meia-noite, Irena e Janka caíram no sono, e por volta das três da madrugada as meninas dormiam profundamente em camas improvisadas. Mas, no quarto, a mãe de Irena, Janina, estava sem sono. Como Janina tinha gostado de ouvir as meninas conversando descontraídas! Ela sabia, pela linha de tensão no queixo da filha, que Irena estava correndo risco e, como mãe, estava seriamente preocupada. A dor dificultava o sono, e Janina se deixou levar pelos pensamentos. Então, na escuridão, ouviu um som que ela sabia que não era bom. Os passos pesados dos coturnos ecoaram pela escadaria. "Irena! Irena!", Janina sussurrou às pressas, e as palavras penetraram nos sonhos de Irena. Imediatamente alerta, ela ouviu apenas a aflição no tom de voz da mãe e entendeu na hora o que significava. Esses poucos segundos para clarear a mente foram a diferença entre a vida e a morte para elas.

Em seguida, veio o tumulto de onze agentes da Gestapo batendo na porta do apartamento e ordenando que abrissem. O medo deixou um gosto estranho e metálico na boca de Irena, e nos ossos ela sentiu o terror indo e vindo em ondas, como descargas elétricas. Os alemães vomitaram ameaças e insultos por horas, despedaçaram os travesseiros e destruíram cantos e armários. Arrancaram as tábuas de madeira do chão e quebraram os móveis.[2]

Por acaso eles não encontraram as listas das crianças.

As listas eram tudo o que importava. Eram apenas pedaços finos e frágeis de seda de cigarro, nada mais do que tirinhas de papel, parte do sistema particular de arquivamento de Irena. Mas nelas estavam escritos em um código inventado por Irena os nomes e os endereços de alguns dos milhares de crianças judias que Irena e suas amigas tinham salvado do horror da perseguição nazista — crianças que elas ainda estavam escondendo e amparando em locais secretos por toda a cidade e além de Varsóvia. No último minuto, antes de a porta ser arrombada, abrindo caminho para os cassetetes e golpes, Irena jogou as listas sobre a mesa da cozinha, e Janka, com uma desenvoltura descarada, enfiou-as dentro do generoso sutiã, bem debaixo da axila. Se eles revistassem Janka, Deus sabia, estaria tudo perdido. Seria ainda pior se revistassem o apartamento de Janka, onde havia judeus escondidos. Irena mal pôde acreditar que os próprios alemães encobriram o pior pedaço de prova incriminatória: ela assistiu, perplexa, quando um pequeno saco com documentos de identidade forjados e maços de dinheiro ilegal foram enterrados sob os restos de móveis destroçados. Ela não queria nada mais naquela hora a não ser cair de joelhos. E, ao entender que a Gestapo não estava prendendo Janka ou sua mãe, mas apenas ela, ficou realmente tonta. Mas Irena sabia que a risada que crescia dentro dela estava perigosamente tingida de histeria. *Vista-se*, ela disse a si mesma. *Vista-se e saia daqui rápido*. Ela vestiu a saia bem passada que tinha dobrado sobre o encosto da cadeira da cozinha apenas horas antes e abotoou a blusa o mais rápido que pôde para apressar a saída, antes que os agentes tivessem tempo de reconsiderar, e deixou o apartamento descalça na fria manhã de outono. Ela nem sequer tinha notado até que Janka foi ao seu encontro correndo.

Agora, sim, ela tinha tempo para pensar sobre seus próprios dilemas enquanto o carro oscilava a cada virada de rua. Não havia dúvida de que mais cedo ou mais tarde a matariam. Irena já tinha entendido isso. Era assim que sua história terminava. As pessoas não voltavam de Aleja Szucha ou da prisão do gueto em Pawiak, onde os detidos eram trancados nos intervalos entre os interrogatórios massacrantes. Eles de fato não retornavam de campos como Auschwitz ou Ravensbrück, para onde os sobreviventes "inocentes"* da Gestapo eram enviados. E Irena Sendler não era inocente.

O sedã fez uma curva acentuada à direita, rumando para sudeste pela cidade ainda dormente. A rota mais direta os levaria para as largas avenidas de Varsóvia anteriores à guerra, circundando a terra arrasada que antes havia sido o gueto judeu, primeiro a oeste e depois ao sul. Nos primeiros anos da ocupação nazista, ocasionalmente, Irena entrava e saía do gueto três ou quatro vezes por dia, arriscando-se a ser presa ou sumariamente executada, tentando ajudar a salvar alguns de seus antigos colegas de sala de aula, seus professores judeus... e milhares de crianças pequenas. Agora, no fim de 1943, havia apenas ruínas e escombros. Era uma terra de matança, um cemitério sem fim. O gueto tinha sido destruído após uma revolta dos judeus naquela primavera, e sua amiga Ala Gołąb-Grynberg desaparecera dentro daquele inferno. Na resistência, diziam que Ala ainda estava viva, no campo de trabalhos forçados em Poniatowa, no grupo de jovens militantes que planejavam secretamente fugir da prisão. Irena esperava que, assim que a guerra bárbara terminasse, Ala voltasse para pegar sua filhinha, Rami, do orfanato onde Irena a tinha escondido.

O sedã da penitenciária passou alguns quarteirões ao norte de onde havia sido a Universidade Livre da Polônia. A instituição foi mais uma vítima da guerra. Irena tinha se formado em Serviço Social do outro lado da cidade, na Universidade de Varsóvia, mas havia frequentado muito o *campus* da Universidade Livre da Polônia nos anos 1930, e foi lá, graças à professora Helena Radlińska, que sua célula de resistência se formara. Elas tinham sido, praticamente todas, as meninas da professora Radlińska nos dias anteriores à ocupação. Agora faziam parte de uma audaz e bem estruturada rede de trabalho, e a professora tinha sido a fonte de inspiração para isso também. Era uma rede de interesse crucial para seus sequestradores. Irena tinha trinta e poucos anos agora, mas sua aparência juvenil e o ar de desconsolo enganavam. A Gestapo havia acabado de capturar uma das figuras mais importantes

---

* "A regra em Pawiak é de que os inocentes vão para Auschwitz e os culpados, para o pelotão de fuzilamento. Ser libertado praticamente nunca acontecia", diz Julian E. Kulski, em *A cor da coragem* (Trad. Clóvis Marques. Rio de Janeiro: Valentina, 2016). (N. T.)

do Estado Secreto Polonês. Irena podia apenas torcer para que os alemães não soubessem disso.

Apertado ao seu lado, um soldado de coturnos altos de couro, chicote enrolado e cassetete estava com a guarda baixa. Era o fim do turno de horror da noite. Irena estava sentada no colo de outro jovem recruta e ela supôs que o rapaz não teria mais do que dezoito ou dezenove anos. Eles até pareciam, ela pensou, estar cochilando. O rosto de Irena estava tranquilo, mas sua mente estava acelerada. Havia tanta coisa para pensar em tão pouco tempo.

Janka sabia exatamente a importância daquelas listas — e do perigo. Se as listas fossem descobertas, desencadearia uma série de execuções. A Gestapo perseguiria as crianças judias. Eles matariam os poloneses que haviam concordado em cuidar delas e escondê-las. Zofia e Stanisław. Władysława e Izabela. Maria Palester. Maria Kukulska. Jaga. E matariam a mãe de Irena, ainda que a senhora frágil e acamada apenas imaginasse a extensão das atividades escusas da filha. Os alemães seguiam uma política rígida de punição coletiva. Famílias inteiras foram metralhadas pelas transgressões de um único membro. Irena não podia fazer nada, mas sentiu que mais uma vez havia sido uma filha negligente. Ela sempre se parecera mais com o pai, ela sabia disso, um idealista arrebatado.

Se as listas se perdessem ou se Janka precisasse destruí-las por medida de segurança, haveria outro angustiante dilema. Quando Irena morresse, não existiria ninguém capaz de reconstituí-las. Irena era a general desse exército de cidadãos e a única que sabia as informações registradas nas listas. Ela tinha prometido a mães e pais que foram para Treblinka que contaria aos filhos quem os tinha amado. Quando ela estivesse morta, não haveria ninguém para manter essa promessa.

Havia outra questão que mexia com ela. Quem contaria para Adam Celnikier? *Adam. O seu Adam.* Seu marido, Mietek Sendler, estava em algum lugar em um campo de prisioneiros de guerra alemão e levaria semanas, talvez meses, para que a ordem de execução dela chegasse até ele. Chegaria mais tarde se ele estivesse ainda vivo. Mas ela e Mietek se separaram antes da guerra, e ela amava Adam — que, mesmo agora, alguns amigos escondiam com nome falso e nova identidade. Um dos poucos sobreviventes do gueto de Varsóvia, Adam era um dentre os perseguidos, e sua vida estava em constante perigo.

O motor do sedã da Gestapo reverberava pelas silenciosas ruas na manhã de Varsóvia. A cada virada, os soldados despertavam levemente. Irena tinha que se preparar agora para o que viesse a seguir. Ela tinha que se preparar para não fazer delações, independentemente da tortura que fosse sofrer. Muitas vidas dependiam disso. Irena tinha arriscado sua vida para manter as crianças escondidas. Agora estava mais determinada do que nunca a morrer com seu segredo. E se ela não fosse forte o suficiente para fazer isso? E, se a dor fosse grande demais, ela iria trair até mesmo Adam em seu esconderijo secreto? Irena imaginava, então, o quanto poderia suportar. Quando lhe quebrassem os ossos com porretes e canos nos próximos dias, esse pensamento a assombraria.

Era uma manhã fria e o medo a estava deixando com frio também. O carro rodava agora tranquilamente em direção a leste pela ampla avenida, pegando velocidade na reta final da viagem — logo eles chegariam a Aleja Szucha e a seu destino. Lá, eles a despiriam, revistariam, bateriam e questionariam. Haveria ameaças e intimidações. Lá, haveria açoites e agonia e tormentos cruéis que no momento ainda eram inimagináveis. Coisas muito mais frias e pesadas estavam por vir. Irena enfiou as mãos nos bolsos do casaco para esquentá-las um pouco.

Seu coração congelou na hora em que seus dedos roçaram algo leve, fino e áspero. Papel de cigarro. Irena se lembrou de repente de que estava ali uma parte das listas que ela tinha esquecido. Nela havia um endereço. Iria denunciar alguém que ela tivera a intenção de visitar naquela manhã. Estava lá entre seus dedos.

1
Convertendo-se em Irena Sendler

Otwock, 1910-1932

Nos contos folclóricos iídiches, a história da Polônia começa ao entardecer de uma noite de verão. No horizonte, a floresta escurece.[1] Uma família exausta coloca seus pertences na beira da grama da estrada comprida e indaga: "Por quanto tempo teremos que andar até encontrarmos nossa terra natal?". Eles esperam por um sinal, que os antigos dizem que virá, mas não esperam que venha nesta noite. Os pés de todos estão doloridos, e alguém, desesperado e com saudades de casa, chora em silêncio.

Então, do silêncio da floresta, eles ouvem um pássaro cantar duas belas músicas. São exatamente as músicas que a família está esperando. O pássaro pia: *Po lin, po lin*. Eram as palavras, na língua deles, que significavam "morem aqui". Aqui, num lugar que eles passam a chamar para sempre de Polônia.

Onde é esse vilarejo no coração da Polônia? Ninguém sabe. Mas deve ter sido um lugar muito parecido com a pequena vila de Otwock, às margens do rio, localizado nos limites de uma grande floresta de pinheiros, a cerca de 25 quilômetros a sudeste de Varsóvia. Em meados do século XIX, quando esse conto iídiche oral foi registrado, Otwock era já o lugar onde fazia muito tempo havia se estabelecido uma comunidade de judeus hassídicos.

E, por volta do fim do século XIX, não foram apenas os judeus hassídicos que encontraram seu lugar em Otwock. Na verdade, na década de 1890, a cidade estava se tornando muito rápido, e de modo discreto, um lugar renomado. Em 1893, o dr. Józef Marian Geisler fundou uma clínica para o tratamento da tuberculose. O ar fresco de Otwock, agradavelmente situada na margem direita do rio Vístula, cercada por árvores altas, era considerado especialmente saudável. Nesse cenário pastoril, logo se espalharam vários chalés de madeira, construídos ao estilo alpino, com varandas abertas, e nas melhores casas os cercados eram de treliça. O povoado entrou na moda para o tratamento de saúde. Em 1895, apenas dois anos mais tarde, um certo Józef Przygoda abriu o primeiro sanatório para judeus, porque judeus e poloneses naquela época viviam por escolha em mundos separados, e essa clínica também se tornou popular. De fato, não muito tempo depois, Otwock, terra de uma comunidade de judeus depauperados,[2] virou o lugar de férias de verão favorito da classe média alta dos judeus de Varsóvia e de outras cidades pequenas da Polônia central.

Irena Stanisława Krzyżanowska — esse era seu nome de solteira[3] — não nasceu em Otwock, apesar de a cidade tornar-se, nos anos que se seguiram, uma parte importante de sua história. Ela nasceu em 15 de fevereiro de 1910, no Hospital do Espírito Santo Católico de Varsóvia, onde seu pai, Stanisław Henryk Krzyżanowski, era médico e pesquisador de doenças infecciosas. Para o dr. Krzyżanowski e sua jovem esposa, Janina, foi um passado de altos e baixos que os levou de volta à sua região natal. A mãe de Irena era uma bela mulher, jovem e corajosa, sem profissão. O pai era um ativista político entusiasta e orgulhoso de ser um dos primeiros membros do Partido Socialista Polonês, que em breve seria dominante. Quando jovem, ele tinha pagado um preço alto por seu engajamento.

Hoje, a pauta radical do Partido Socialista Polonês parece modesta. Stanisław Henryk Krzyżanowski acreditava na democracia, em direitos iguais para todos, no acesso à saúde, em oito horas de trabalho diário e no fim da tenebrosa tradição do trabalho infantil. Mas, no fim do século XIX e início do século XX, sobretudo em uma região do mundo com uma história feudal e imperial, esses objetivos políticos eram profundamente perturbadores. Como estudante de medicina, primeiro na Universidade de Varsóvia e depois na Cracóvia, Stanisław foi expulso sucessivamente por tomar parte na liderança de greves no *campus* e em protestos pelos valores revolucionários. "Você precisa se posicionar contra o que está errado no mundo", ele insistia. "Se alguém está se afogando, você precisa ajudar."[4] Era uma das frases preferidas do pai.

Foi uma sorte as coisas serem diferentes na Universidade de Kharkiv, a cerca de mil quilômetros a leste na Ucrânia, viveiro desse tipo de radicalismo, porque foi lá que o dr. Stanisław Henryk Krzyżanowski finalmente se formou em medicina. A cidade de Kharkiv era também um dos centros intelectuais e culturais da vida judaica e do ativismo no Leste Europeu, e o pai de Irena não tinha nenhuma paciência com o tipo de antissemitismo que era frequente na Polônia. Pessoas eram simplesmente pessoas. A família Krzyżanowski tinha algumas raízes na Ucrânia. A família da mãe, os Grzybowski, também. Para ser um bom polonês, não é preciso ser desse ou daquele lugar específico; era assim que o dr. Krzyżanowski pensava.

Depois da formatura em medicina e do casamento, Stanisław e a esposa voltaram para Varsóvia, e talvez tivessem ficado na cidade permanentemente se a filha, Irena, de dois anos, não tivesse pegado a terrível coqueluche em 1912. O dr. Krzyżanowski via sua menininha sofrendo para respirar, as costelinhas se movimentando para cima e para baixo, e ele sabia que as crianças morriam desse jeito. Eles tinham que tirá-la da cidade saturada. O ar fresco do campo a ajudaria a respirar. A solução óbvia era Otwock. Stanisław tinha nascido lá, sua irmã e seu cunhado, Jan Karbowski,[5] tinham negócios no vilarejo, além de ser um lugar renomado e saudável, que deveria estar repleto de oportunidades para um jovem doutor cheio de energia. Naquele ano, a família se mudou para o povoado. Com a ajuda do cunhado, o dr. Krzyżanowski abriu uma clínica particular em uma de suas propriedades, especializada no tratamento da tuberculose, e aguardou pelos pacientes.

Os moradores mais ricos e os mais elegantes aos poucos passaram a gostar dele. Os lavradores em dificuldade e a grande população de judeus pobres não tinham muita escolha. Vários médicos poloneses se recusavam terminantemente a tratar dos judeus pobres, ainda mais pela quantia que eles podiam pagar. O dr. Krzyżanowski era diferente. Ele queria fazer algo de bom. Dava as boas-vindas a todos gentilmente,[6] com um sorriso alegre, e não se preocupava com dinheiro. Como os judeus representavam quase 50% da população,[7] havia pacientes de sobra para deixá-lo ocupado. Logo, todo mundo em Otwock dizia que o dr. Krzyżanowski era um bom homem, e muitas pessoas da comunidade judaica, ricas ou pobres, iam até a casa da família para uma visita ao dedicado doutor.

Apesar de o dr. Krzyżanowski ser médico e muitos de seus pacientes serem pobres — porque há sempre mais pessoas pobres do que ricas que precisam da ajuda de um homem generoso —, ele não tinha vaidade alguma. Sua casa era aberta para qualquer um, e Janina era uma mulher simpática e expansiva que gostava da companhia das pessoas. Eles ficavam encantados quando sua menininha fazia amizade com crianças de famílias judias, famílias que aceitavam a filha do doutor. Aos seis anos, Irena falava iídiche fluentemente e sabia quais fendas atrás do sanatório eram as melhores para brincar de esconde-esconde e quais as melhores paredes para brincar de bola. Ela estava acostumada com as mães judias[8] e seus coloridos véus de cabeça, e sabia que o cheiro de pão assado com cominho significava algo delicioso se as crianças dessem sorte. "Cresci com essas pessoas",[9] Irena disse. "A cultura e as tradições delas não são estranhas para mim."

Pode ser que uma das crianças judias que Irena conheceu quando tinha cinco ou seis anos[10] tenha sido um menino chamado Adam Celnikier. Ninguém sabe mais ao certo como foi a história de seu primeiro encontro. O começo de tudo pode ter acontecido nessa época, é o mais cedo possível, e talvez seja apenas uma fantasia. Talvez Adam fosse um sonhador, um menino enfiado nos livros. Ele com certeza foi sonhador e leitor compulsivo mais tarde. Tinha cabelo encaracolado e ruivo, pele escura, e o nariz comprido e bonito o deixava com uma aparência que algumas pessoas pensavam ser típica dos judeus. Quem sabe Adam não tenha sido um daqueles primeiros amigos de brincadeira? Sua família, contudo, era muito rica e, diferentemente de muitos judeus, falava polonês perfeitamente. O nome da mãe de Adam era Leokadia, e ele tinha muitos tios e tias e primos com nomes como Jakob e Józef. E a família não morava o ano inteiro em Otwock. Eles eram donos de casas e negócios em toda a Varsóvia. Mas Irena talvez o tenha visto algumas vezes naqueles verões despretensiosos.

As primeiras memórias de Irena da infância em Otwock foram encantadoras, e seu pai mimava a filha pequena. Stanisław tinha um bigode cujas pontas ficavam ainda mais enroladas quando sorria, e ele cobria a filha única de carinho. As tias o chamavam "Stasiu", e quando ele a enchia de beijos e abraços, elas falavam: "Não a mime assim, Stasiu. O que vai ser dela?".[11] O pai dava uma piscadela e a abraçava ainda mais forte. Ele dizia para as tias: "Não sabemos como será sua vida. Talvez meus abraços sejam sua melhor memória". E, de fato, seriam.

Irena sabia que as outras crianças não tinham tanta sorte e não moravam em chalés de madeira espaçosos como os que pertenciam a seus tios ricos. A casa da família na rua Kościuszki, 21, era ampla e quadrada,[12] com vinte aposentos e um solário envidraçado que faiscava à luz do sol. Mas, como muitos dos pacientes do dr. Krzyżanowski pertenciam à mais baixa classe socioeconômica, ela presenciou pobreza e privação com o olhar profundo de uma criança ao acompanhar o pai nas visitas pelo povoado ou quando os pacientes iam à clínica da família. Irena também, gradualmente, aprendeu com as outras pessoas do vilarejo que alguns poloneses não eram como seu pai. Assim como a cultura judaica era familiar a Irena, com o tempo, também o sofrimento do povo judeu se tornou familiar a ela.[13]

Em 1916, quando Irena tinha seis anos, seu pai resolveu participar daquele sofrimento. Naquele ano houve uma epidemia de febre tifoide em Otwock, e, como o pai dizia, não se escolhe não ajudar por ser arriscado. Os ricos se mantiveram distantes dos locais cheios de gente e insalubres onde a propagação era mais intensa. A doença era especialmente perigosa em casas sem água potável e sem um bom sabão para a limpeza. Os pobres tinham que improvisar, e a doença levou alguns de seus amigos judeus de infância e suas famílias. Stanisław Krzyżanowski continuou tratando pacientes doentes e infectados como sempre fez.

Então, no fim do outono ou início do inverno de 1916-1917, ele começou a sentir os primeiros tremores e as febres. O dr. Krzyżanowski sabia que era o início da febre temível. Não demorou muito e, nos finais de tarde, ele estava ardendo e sussurrando em intenso delírio. As tias passaram a reclamar constantemente. A menina teria que ficar bem longe do quarto do doente e não poderia ver o pai. Tudo teria que ser desinfetado. Ela e a mãe tiveram que ficar na casa de parentes. Não haveria mais nenhum abraço ou beijo para mimar Irena até que ele se recuperasse. Havia muito risco de infecção para a criança.

O médico lutou contra a doença por semanas e travou uma batalha solitária e íntima, mas nunca se recuperou. Em 10 de fevereiro de 1917, Stanisław Krzyżanowski morreu de febre. Cinco dias mais tarde, Irena fez sete anos.

Depois do funeral do pai, a mãe foi cuidadosa e tentou não chorar com frequência. Mas Irena a ouvia chorar às vezes e flagrou, também, os cochichos de preocupação das tias, que achavam que ela não estava ouvindo. Agora elas seriam pobres como eram os pacientes do pai? Irena matutava. Era isso que acontecia quando se ficava órfão. Cheia de fantasias infantis, Irena se perguntava se o pai tinha ido embora porque ela tinha sido travessa, e então tentava ajudar tanto quanto podia e ser obediente para que a mãe não a abandonasse. A mãe estava triste, e tristeza significava que as pessoas iriam embora. Mas era tão difícil ficar quieta, sentada o tempo todo, quando queria correr e pular lá fora no campo. Ela carregou um nozinho de medo em seu coração e um peso em seus pequenos ombros.

Na verdade, com a morte do médico, a viúva ficou pobre. Eles viviam em uma propriedade da família, mas Stanisław não deixou grandes economias. Janina era jovem, dona de casa e mãe, entretanto não era médica, e o trabalho de cuidar da clínica do marido e da filha pequena tornou-se pesado. A clínica nunca tinha sido um grande sucesso financeiro. Stanisław nunca se importou muito com resultados. Ele nunca tinha sido um homem com tino para os negócios, apenas um idealista. Agora a luta era cada vez mais dura. Sem ajuda, Janina com certeza não conseguiria assumir sozinha os gastos com a educação de Irena. A notícia sobre as dificuldades que a viúva do médico estava enfrentando se espalhou por Otwock, e a comunidade judaica se pôs a refletir. O dr. Krzyżanowski tinha ajudado seus filhos quando eles não puderam pagar por tratamento médico, pois agora eles iriam ajudar a viúva e a filha.

Quando um homem chegou para falar com sua mãe, Irena discretamente se afastou. A longa barba do rabino se mexia quando ele falava. Os óculos pequenos faziam seus olhos parecerem enormes. Irena se sentia mais à vontade com as mães judias de cabelos compridos trançados, com mãos que se mexiam como pássaros esvoaçantes ao conversar e cuidar das crianças.[14] "*Pani* Krzyżanowska", ele disse, "vamos pagar pela educação de sua filha." "*Pani*" é a palavra em polonês para "senhora". A mãe enxugou os olhos. "Não, não", ela disse com firmeza. "Eu agradeço muito, mas sou jovem. Vou dar conta da minha filha." Janina era orgulhosa e obstinadamente independente, e Irena se sentiu bem com o fato de a mãe cuidar dela.

Mas a independência de Janina gerou como resultado uma constante batalha por dinheiro. Eram tempos difíceis para a clínica. O tio de Irena, Jan, dono da propriedade onde ficava a clínica, disse, em 1920: "Basta". Era hora de vender o imóvel e acabar com aquilo. Tio Jan e tia Maria eram ricos,[15] mas a mãe de Irena não queria viver de caridade. Ela odiava ser um fardo e preferia trabalhar duro fazendo bordado para ganhar algum dinheiro, viver modestamente e economizar um pouco a ter que pedir favores. Então Janina ergueu o queixo e disse para seu cunhado: "Não se preocupe. Vai dar tudo certo". Elas iriam morar na cidade da família de Janina, chamada Piotrków Trybunalski, não muito longe de Varsóvia.

A vida em Piotrków era diferente. A floresta de pinheiros farfalhantes e as casas de campo de madeira de Otwock não existiam mais. Seus amigos de infância não existiam mais. Irena ficou com saudades do campo. "Voltei regularmente para aquelas regiões [perto de Otwock]",[16] Irena disse. Otwock era um idílio, significava, em parte, o perfeito verão polonês. Foi a infância de Irena.

Um pedaço dessa infância, entretanto, tinha chegado ao fim. Quando os trabalhadores chegaram para carregar nos ombros os baús cheios da louça fina da mãe e do enxoval de linho da família, Irena ficou imaginando como tudo isso caberia no novo apartamento na cidade. Piotrków era uma cidade comercial movimentada de 50 mil habitantes, situada na principal linha de trem que ligava Varsóvia a Viena. As noites campestres e o som da floresta não existiam mais. Em Piotrków, o som que entrava pelas janelas era o dos carros e dos gritos dos vendedores. Havia outras vozes também. Agora, ao redor de Irena, havia conversas animadas e inflamadas sobre política e uma Polônia livre.

A Polônia vinha lutando havia séculos por sua independência de vizinhos hostis em duas frentes: russos a leste e alemães a oeste. No ano em que Irena e a mãe se mudaram para Piotrków, o conflito com a Rússia vivia mais um momento decisivo, e a cidade era foco de patriotismo e ideias políticas de esquerda. Se tivesse existido um *tea party** na história revolucionária da Polônia, Piotrków teria sido sua Boston. Havia um grande sentimento de orgulho nacional, e quando as crianças em Piotrków, como Irena, ingressavam no movimento escoteiro, elas aprendiam mais do que os seus típicos hinos; elas aprendiam táticas paramilitares de defesa da terra natal contra os invasores de suas fronteiras. Afinal, exatamente naquele verão em Varsóvia os poloneses tinham derrotado o Exército Vermelho, apesar de todos acharem que não havia chance alguma. Se houvesse guerra de novo, os escoteiros seriam o exército mais jovem do país. Irena, orgulhosamente, sabia de cor as palavras da promessa escoteira. Ela seria econômica e gentil. Ela seria tão digna de confiança quanto o cavaleiro negro Zawisza Czarny. As crianças ficavam maravilhadas com as histórias do corajoso Zawisza, que, nos velhos tempos, lutou pela Polônia e nunca, jamais recuou. Mas, acima de tudo, o jovem coração de Irena se enchia de ânimo ao prometer, sob a palavra de escoteira, ser amiga de todos que quisessem sua amizade.

Irena e Janina se mudaram para um pequeno apartamento na avenida Maja em Piotrków — o local é sinalizado hoje com uma placa comemorativa —, e ela fez dez anos no ano em que chegaram à nova cidade. O pequeno apartamento era apertado e talvez nem sempre muito arrumado, mas logo estava repleto de amigos e visitas. Janina, afinal, era ainda uma jovem mulher, viúva antes dos trinta anos e com espírito um tanto boêmio. Ela adorava se divertir e ir ao teatro. Ela própria podia ser dramática, mas era uma mãe polonesa carinhosa e afetiva.

---

* Referência ao episódio da história dos Estados Unidos, ainda colônia da Inglaterra, contra os altos impostos cobrados pela coroa na comercialização do chá inglês, monopólio da Companhia Britânica das Índias Orientais. Em 1773, quando a mercadoria chegou aos portos de Boston, os colonos americanos, vestidos como índios, invadiram os navios e jogaram todo o chá no mar. O dia ficou conhecido como Festa do Chá, ou *Tea Party*. Três anos após o protesto, em 1776, as treze colônias foram declaradas independentes e formaram os Estados Unidos da América. (N. T.)

Em Piotrków, os prédios da praça da Cidade Velha, onde Irena e Janina iam fazer compras no fim de semana, eram pintados em tonalidades alegres de rosa, verde e amarelo, e nos dias quentes da primavera as tropas dos escoteiros iam para o rio para treinar e fazer piqueniques. As meninas exibiam com orgulho as práticas de primeiros socorros e aprendiam a marchar exatamente como os meninos das formações militares. O impecável uniforme de Irena, com o emblema da flor-de-lis — a insígnia dos escoteiros em todos os lugares —, a deixava muito elegante. Ao se mudar, mais tarde, para a Escola Elementar Helena Trzcińska, também fez a promessa de escoteira de "ser excelente intelectualmente, na linguagem e em ações; não fumar e não beber álcool".[17]

Irena era uma menina adorável e bem-humorada, e rapidamente arranjou um namorado, um romance de colegial. O nome do rapaz era Mieczysław "Mietek" Sendler.[18] Na Polônia católica anterior à guerra, um inocente beijo adolescente fazia os jovens ingênuos correrem em agonia para o confessionário, e, quando chegou o fim do curso, o relacionamento deles já era sério. O casamento seria o próximo passo inevitável — as famílias concordaram — quando terminassem a faculdade. Quando Irena e Mietek conseguiram uma vaga na Universidade de Varsóvia para o outono de 1927, Janina achou um pequeno apartamento em Varsóvia para ela e a filha, assim Irena poderia ficar em casa enquanto frequentava a universidade, e seu futuro estaria resolvido.

Entretanto, uma vozinha na cabeça de Irena começou a achar que o futuro dela não estava resolvido. Ela se esforçou para silenciar aquela voz. Cursar uma universidade era algo novo e estimulante. Mietek decidiu estudar língua e literatura clássicas, e Irena disse que queria estudar para ser advogada. Direito era uma opção ousada para uma garota de dezessete anos que era sagaz em vez de zelosa ou tranquila, e os professores retrógrados do departamento não enxergavam o Direito de forma alguma como uma profissão para mulheres. A cada oportunidade, eles obstruíam suas pretensões. Irena ficou indignada, mas se conformou e mudou o programa para estudos culturais poloneses com a intenção de se tornar professora. Todos ao seu redor concordaram que era um estilo de vida muito mais apropriado para uma mulher polonesa bem-educada.

Mas foi no Departamento de Direito, no primeiro ano, que talvez Irena tenha reencontrado Adam Celnikier, um jovem e sensível colega com o cabelo escuro cacheado e uma queda para a poesia romântica e gestos extravagantes. Pode-se fantasiar: será que ele lhe lembrava o nobre cavalheiro negro Zawisza, o lendário herói polonês dos escoteiros? Não demorou muito Irena entrou em um grupo de estudos no qual via Adam sempre, e a excitação era intensa. Logo eles começaram a ficar juntos cada vez mais. Às vezes, sentavam-se debaixo das árvores que balançavam ao vento nas avenidas do *campus* e conversavam sobre a infância. Com frequência, discutiam sobre política e artes. Falavam sobre os direitos e o futuro de uma Polônia livre. Quando as mãos encostavam uma na outra por acidente, Irena sentia o rosto arder; com certeza seria apenas a emoção provocada pelas ideias em comum? Conversar com Adam era uma experiência arrebatadora. As opiniões políticas de Irena eram de esquerda, como as do seu patriótico pai, mas Adam era radical. Ele era tão vivo, tão atual. Mietek era antigo, um estudante das línguas mortas e uma lembrança daquela estranha personalidade adolescente cuja história Irena se empenhava em esconder. Adam queria conversar sobre o mundo ao redor deles, queria mudar o feitio do futuro.

Mas era impossível. Mesmo que ela às vezes se irritasse com as restrições impostas pelo seu romance adolescente, Mietek era seu amado. Suas vidas e famílias já estavam profundamente relacionadas. Adam era só um flerte, e uma garota sensata não rompia com um rapaz bom como Mietek apenas porque estava com os sentimentos confusos. Obrigação importava. Além disso, Adam já era comprometido, então ele entendia o dilema de Irena. Por volta de 1930, acatando o desejo da família, Adam, em uma cerimônia ortodoxa organizada pelas duas famílias, casou-se com uma mulher judia que estudava na universidade com eles.[19] A menina era uma das amigas da classe de Irena.

Outras considerações pesaram nas noites difíceis de insônia na cama dura e pequena no apartamento da mãe. Irena podia esperar, claro, e atrasar o casamento com Mietek. Mas com que objetivo se Adam era comprometido? Além disso, casamento era liberdade. Liberdade para a mãe, especialmente. Com certeza Irena devia isso a ela? Enquanto Janina tivesse que bancar a filha, teria que continuar a pegar emprestado dinheiro da família, e ela desejava ter sua independência. Irena queria ser uma boa filha. Casando-se com Mietek, ela libertaria sua mãe. Era tarde demais para outras escolhas. Então, aos 21 anos, logo após a formatura em 1931, Irena Krzyżanowska fez o que todos esperavam dela e se tornou a sra. Irena Sendlerowa. Em português, o nome é normalmente encurtado para Irena Sendler.

O jovem casal começou a construir uma vida juntos em Varsóvia, instalando-se por fim em um pequeno apartamento de um quarto, onde Irena tentou alegrar seu entorno e seu humor debilitado com cortinas luminosas e um zeloso cuidado com a casa. Mas não funcionou. Irena e Mietek não eram felizes. De noite havia cada vez mais discussões, e Irena começou gradativamente a guardar segredos. Quando chegou o ano de 1932, Mietek tornou-se professor assistente júnior no Departamento de Letras Clássicas, a caminho de uma carreira acadêmica, e Irena queria continuar estudando. Um dia ela corajosamente anunciou seus planos para obter um certificado de graduação em assistência social e pedagogia antes de começar a dar aulas. Mietek talvez tenha imaginado que sua opinião sobre o assunto não importava. Ele já sabia que sua jovem esposa era obstinada. Quando eles tivessem filhos, teria que ser diferente. Então, ela com certeza ficaria em casa, não ficaria? Mas Irena não tinha pressa nenhuma, e assim se inscreveu no programa de assistência social na Universidade de Varsóvia.

Por que assistência social? Se alguém perguntasse à Irena, ela falaria sobre o pai. Nunca deixou de sentir falta dele. "Meu pai", ela explicava, "era médico — um humanista — e minha mãe adorava as pessoas e o ajudava muito em seu serviço social. Fui ensinada desde cedo que as pessoas são boas ou más. Raça, nacionalidade, religião não importam — o que importa é a pessoa. Essa foi uma verdade incutida em minha mente de menina."[20] Ansiosa para se conectar com o pai, ela tentou se tornar sua definição de boa pessoa.

Mas Irena também queria um pouco de aventura. Ela tinha apenas 22 anos, afinal, e os anos 1930 eram uma década emocionante na Polônia. Os russos tinham sido escorraçados de suas fronteiras e o país se tornava livre pela segunda vez na história. Mas, por dentro, a Polônia estava despedaçada pela politicagem e à beira de explodir em protestos sociais. A área relativamente nova da assistência social estava no auge, e o currículo era radical e excitante. Os alunos do programa da Universidade de Varsóvia eram estimulados a obter experiência na área como parte da formação. Irena se inscreveu imediatamente em um estágio comunitário do outro lado da cidade promovido pelo inovador Departamento de Pedagogia da Universidade Livre da Polônia. Ela tinha ouvido falar maravilhas sobre o diretor do departamento.

A Universidade de Varsóvia, com o *campus* bem tratado, vangloriava-se até mesmo da arquitetura palacial e dos espaços amplamente abertos — era a instituição da elite. A Universidade Livre da Polônia era outro universo. Lá, os professores trabalhavam e ensinavam em um prédio horrível de seis andares com janelas pequenas e sujas, com a aparência de um projeto habitacional negligenciado. Quando as multidões de alunos corriam das salas de aula para os corredores estreitos, subindo e descendo escadas, o cheiro dos corpos quentes enchia o ar. De lá de baixo vinha a balbúrdia do tilintar das bicicletas e das vozes simpáticas de jovens mulheres. Então, os corredores ficavam tranquilos de novo. Em sua primeira visita, Irena segurou firme o pedaço de papel, esticando o pescoço para ler os números das salas. Ela estava procurando uma placa de identificação com o nome "Professora H. Radlińska".

Irena havia examinado com atenção as opções de estágio e angustiava-se com a decisão. Alguns alunos em seu programa optaram pelo estágio como professores na pioneira escola-orfanato fundada pelo colega da professora Radlińska, o renomado educador dr. Janusz Korczak. Outros alunos, especialmente as meninas que estavam se formando em enfermagem, trabalhavam em pesquisa e divulgação em saúde pública com alguns dos médicos professores ligados à professora Radlińska. Helena Radlińska era de uma família conhecida de cientistas, e um dos mais respeitados médicos do programa era seu primo, o dr. Ludwik Hirszfeld. Mas era a clínica popular da professora que atraía Irena: os centros de assistência social cujo objetivo era erradicar a pobreza. Ali, os desempregados da região podiam fazer cursos escolares de graça e os moradores de rua ou indigentes tinham assistência jurídica.

Apesar de ser difícil de imaginar hoje, nos anos 1930 esse era um dos círculos intelectuais e políticos de esquerda mais estimulantes da Europa, e Irena estava radiante de fazer parte dele. A professora Radlińska, mulher robusta e de personalidade forte, com cerca de sessenta anos, judia de nascimento, mas convertida ao catolicismo há muito tempo, era uma heroína improvável. O cabelo fino e branco e a compleição matronal lhe renderam o apelido de "Vovó" no *campus*, e ela parecia estar constantemente atormentada e preocupada. Mas ela também irradiava inteligência extrema e firmeza de propósito, e os jovens alunos que se reuniam ao seu redor — muitos eram também judeus de nascimento — estavam no coração do movimento de direitos civis, que não foi diferente do ativismo fervoroso que varreu a Europa e a América do Norte nos anos 1960. Junto com um punhado de psicólogos, educadores e médicos, a professora Radlińska foi pioneira na área do serviço social na Polônia. Esses programas se tornariam, no futuro, o modelo a partir do qual iria se desenvolver o serviço social e o estado de bem-estar social moderno na maioria das democracias ocidentais no fim do século. Irena Sendler e seu grupo de conspiradores se uniram do jeito que se uniram durante a Segunda Guerra Mundial porque, muito antes da ocupação alemã, a professora Radlińska já os tinha vinculado um ao outro numa forte rede comunitária.

Atraída para a órbita da professora Radlińska, Irena floresceu. Ela ansiava por esse tipo de estímulo intelectual e pendor vocacional. E a professora num instante desenvolveu um fraco por essa sincera e entusiasmada jovem. Irena era claramente tão adequada para o serviço social — tão eficiente, com tanta atitude, tão genuinamente indignada com a injustiça e solidária com o sofrimento —, que a professora Radlińska logo ofereceu à mais nova pupila não apenas um estágio, mas um trabalho remunerado em um de seus departamentos, na divisão Mãe e Filho da Comissão de Assistência Social ao Cidadão, fornecendo apoio às mães não casadas da cidade.[21]

Ao acordar de manhã, Irena pulava de imediato da cama estreita que dividia com Mietek e seu coração ficava leve ao pensar no dia de trabalho que teria pela frente. Mietek não podia fazer nada a não ser notar que Irena era mais feliz ao sair de casa do que ao chegar. Em 1932, sua casa ficava em um condomínio moderno de apartamentos na rua Ludwiki, 3, no bairro de Wola, em Varsóvia, e, às vezes, quando Irena descia ruidosamente as escadas, um vizinho abria a porta e sorria para a jovem mulher do andar de cima que estava sempre com tanta pressa. A família simpática do andar de baixo era os Jankowski, que, por terem filhos pequenos, sempre estavam de pé cedo também; já o zelador do prédio, o sr. Przeździecki, que cuidava dos jardins com carinho, acenava para Irena quando ela saía para trabalhar todas as manhãs. Outra vizinha, Basia Dietrich,[22] coordenava a escola cooperativa infantil para as crianças do condomínio, e talvez Mietek às vezes se perguntasse se seus próprios filhos algum dia brincariam naquele pátio. Não aconteceria, a não ser que encontrassem um modo de reacender um pouco a paixão conjugal, e Irena pular da cama era mais da metade do problema. A questão era que o trabalho era tudo o que parecia interessá-la. O que Irena estava fazendo era tão *importante*. Ela não tinha tempo para ser dona de casa. Estava ajudando famílias em dificuldades a cuidar de seus filhos. Ela queria que Mietek pudesse ver por que era tão importante — ele apenas desejava que ela desse atenção à *sua* família de vez em quando.

O abismo entre eles estava se aprofundando, e o fogo do jovem casamento tinha ido embora. Havia sobrado uma desconcertante velha amizade. Não que Irena não amasse Mietek. Mas ele não era sua paixão. No Centro Mãe e Filho, Irena experimentou um profundo senso de propósito. "Todos eram dedicados e fiéis aos seus objetivos: tudo que tinham me ensinado parecia ser útil", Irena tentou explicar.[23] Ela também estava fazendo novos amigos interessantes todos os dias entre os outros alunos e funcionários da professora Radlińska. "O ambiente de trabalho", ela disse, "era muito bom", e também as pessoas.

E havia uma pessoa em especial: Adam.

2

AS MENINAS DA PROFESSORA RADLIŃSKA

1935-1940

A AULA TINHA terminado, mesmo assim a professora não se mexeu.

Os alunos do lado esquerdo da sala de aula ficaram parados por mais tempo também, inertes e sem respiração. Irena estava entre eles. Ela tinha 25 anos no outono de 1935 e, com menos de um metro e meio, era a mais baixa da turma. Mas ninguém que a conhecia duvidava de que tivesse convicções políticas fortes.

Aqueles poucos segundos se esticaram devagar. Todos na sala de aula esperaram. Um movimento brusco do lado direito e a corrente de ar quando os corpos se encontraram foi como uma respiração coletiva. Irena viu num relance o laço verde pregado no casaco do rapaz. A ponta do bastão brilhou contra a luz.[1] *Lâminas. Os canalhas tinham colocado lâminas na ponta dos bastões que tinham trazido para bater neles!*, Irena se deu conta. Um grito irrompeu de uma das meninas ali perto, seguido de uma explosão de movimentos e do som das soqueiras golpeando ossos. Mais uma briga tinha começado.

Agora o punho e a soqueira estavam erguidos na frente de Irena. Ao lado dela tinha um colega de sala judeu, um rapaz de óculos, com cabelo escuro cacheado, e um dos homens com a faixa verde ergueu o bastão sobre a cabeça dele e urrou: "Por que você está parado?". Ele imediatamente respondeu: "Porque sou judeu".

Virando-se para Irena, o vândalo exigiu: "Por que *você* está parada?". Irena não tinha medo. Os amigos se preocupavam com o grau do seu destemor. Os professores mais conservadores lamentavam que o idealismo juvenil de Irena fosse tão insistente e desafiador, mas Adam amava os dois traços de sua personalidade. A resposta atrevida agora tinha a intenção de enfurecer o raivoso rapaz à sua frente. Os olhos de ambos se encontraram. "Porque", ela esbravejou, "sou polonesa."[2] O punho com a soqueira golpeou seu rosto em retaliação. Ela sentiu o sangue quente e, então, a escuridão.

O que provocou o tumulto no *campus* da Universidade de Varsóvia em 1935, quando Irena e Adam eram alunos da graduação, foi a instituição informal "gueto dos bancos": uma área de assentos na sala de aula para alunos judeus separada da área de assentos para os chamados alunos arianos.[3] A ultradireita não estava crescendo apenas na vizinha Alemanha. A Polônia também tinha seus problemas. Na opinião de Irena e de Adam, o maior desses problemas era uma organização chamada ONR, Obóz Narodowo-Radykalny, ou Acampamento Nacional Radical: um grupo político ultranacionalista e de direita cujas táticas violentas e retórica racista estavam ganhando poder e intensificando sentimentos antissemitas graves. Os adeptos do ONR mostravam com orgulho sua filiação política usando laços verdes.

"O gueto dos bancos é um ultraje!", Irena, Adam e os demais amigos diziam, enfurecidos. Os alunos judeus e seus apoiadores no *campus* realizavam demonstrações raivosas e apaixonadas, recusando-se a se sentar durante as aulas. Alguns professores expulsavam os alunos revoltosos da sala. Outros os apoiavam e davam a aula em pé, em solidariedade.[4] Irena resumiu com simplicidade: "Os anos de universidade foram muito duros e tristes para mim.[5] Havia uma lei estabelecida na universidade que segregava católicos de judeus. Os católicos sentavam-se em cadeiras do lado direito e os judeus, nas cadeiras à esquerda. Sempre me sentei com os judeus e, portanto, apanhava dos antissemitas junto com os estudantes judeus". Mas o que importava é que era junto com Adam. Ele ficou fascinado com essa delicada e intensa pequena mulher, e a família de Irena mais tarde confirmou: "O romance deles continuou mesmo ela tendo se casado com outra pessoa".[6]

Na Universidade de Varsóvia, no fundo um lugar antiquado, a maioria dos que frequentavam o *campus* apoiava implicitamente a discriminação dos alunos judeus. Do outro lado da cidade, na Universidade Livre da Polônia, entretanto, as coisas eram diferentes. Quando os criminosos do ONR foram para lá agredir os alunos judeus, todos do *campus* se juntaram e os expulsaram com mangueiras de incêndio e vaias. A professora Radlińska e as meninas dos seus cursos — incluindo Irena — juntaram-se aos protestos e aos confrontos físicos. Em casa, Mietek fez um trejeito de amargor. Ele se afligia com a segurança de Irena, mas também ficava apreensivo ao pensar em que nova pessoa — essa ativista que assumia riscos — sua mulher estava se transformando.

As novas amigas de Irena do grupo da professora Radlińska eram mulheres talentosas e animadas, e a maioria delas, judia de nascimento — apesar de, como ativistas de esquerda, a religião não interessar muito a nenhuma delas. Ala Gołąb-Grynberg era uma das suas preferidas. Ela era enfermeira no hospital judaico na rua Dworska e trabalhava com o primo da professora Radlińska, o dr. Hirszfeld, no estudo de doenças transmissíveis. O nome de solteira de Ala era Gołąb,[7] e seis anos mais velha que Irena, ela estava casada havia anos com um ator judeu e diretor de escola, Arek. Seus amigos eram pessoas interessantes: cantores de cabaré, atrizes, entre outros artistas. O dr. Korczak às vezes convidava Ala para falar em suas aulas, porque todos sabiam que ela era uma perita em higiene e obstetrícia. Irena achava essa amizade estimulante e, às vezes, um pouco intimidadora. Ala era também engraçada e uma excêntrica adorável, sagaz, com humor sarcástico e com um terrível estilo para se vestir, cujas roupas feitas à mão quase nunca aparentavam servir direito e cujos cabelos negros e crespos sempre pareciam indomáveis e desarrumados.

Outra amiga recente, Rachela Rosenthal, por outro lado, era linda de morrer. Loira e graciosa, ela estava fazendo o curso da dra. Radlińska para se tornar professora escolar. Os homens paravam na rua para falar com Rachela, que, em geral, retribuía, porque todo mundo sabia de sua vivacidade. Irena tinha uma beleza diferente, do tipo roliça e discreta, mas os homens não paravam na rua para vê-la passar, e sua personalidade, ela precisava admitir, era mais seca e provocativa.

O terceiro membro do grupo era Ewa Rechtman,[8] uma aluna de línguas que trabalhava com outro professor que todos conheciam bem, o jovial dr. Władysław Witwicki. Ewa era extremamente inteligente, e todos diziam que ela era uma das mais talentosas intelectuais do curso de graduação da Universidade Livre da Polônia. Ewa não era intensa. De cabelos negros cacheados, a voz baixa e cadenciada fazia seu discurso soar como uma cantiga de ninar.

Depois do trabalho ou às vezes após as aulas, Irena se atrasava um pouco para ir para casa e parava com as meninas em um bar para tomar um café ou um sorvete e dar algumas risadas. As mulheres jovens daquela época andavam na moda, com estilo, saltos baixos e vestidos de estampas vivas, e suas novas amigas não ligavam de fumar em público. Irena havia muito tempo tinha deixado de lado seus pendores de escoteira. Ela também não sentia mais necessidade de correr para o confessionário quando seu coração batia mais rápido ao pensar em Adam. Irena tinha o cabelo ondulado e o usava curto; àquela altura, esse tipo de corte não era mais escandaloso, apenas prático. Ela tinha olhos vivos, que os amigos recordavam serem de um azul surpreendente, e um sorriso que parecia um pouco mais do que travesso. As outras jovens mulheres eram todas de famílias judias, e elas morriam de rir ao ouvir uma garota católica como Irena falar alguma coisa em iídiche.

Elas também conversavam sobre política, claro. O trabalho delas era dedicado à justiça social. A Universidade Livre da Polônia ainda era um polo de ativismo radical, e as novas amigas de Irena eram socialistas entusiasmadas como seu pai. De vez em quando, ela encontrava alguém cuja atuação política era mais acentuada. "Conheci alguns membros ilegais do Partido Comunista Polonês, logo depois de passarem um tempo na prisão", Irena confessou. Ela os achou "inteligentes, pessoas dignas".[9] Adam flertava com o comunismo, e talvez isso fizesse parte de seu magnetismo. Como filho único de uma família extraordinariamente rica, Adam herdou a maior parte da fortuna paterna nos anos 1930, e a mãe viúva, Leokadia, ficou chocada com suas intenções. Ele planejava doar tudo para a caridade, Adam contou a Irena, impávido.[10] Leokadia chorou, apelou, repreendeu, mas Adam fincou pé. "O dinheiro precisa ser doado", ele disse para a mãe. Adam lutou a vida toda contra a maldição da riqueza e não acreditava em legado. Nem seus novos amigos comunistas, Stanisław Papuziński e sua querida e politizada namorada, Zofia Wędrychowska. Eles moravam juntos e até tinham um filhinho, mas não faziam planos de se casar. O casamento era uma instituição burguesa, e eles eram boêmios.

Irena achou tudo isso encantador. Quando se tratava de política de esquerda, ela tinha uma origem familiar impecável, afinal, e os novos amigos sabiam disso. Seu pai tivera um papel importante na criação do Partido Socialista Polonês e ainda havia membros da facção em toda a Varsóvia que se lembravam de Stanisław Krzyżanowski. E ninguém falou do pai de Irena tão apaixonadamente quanto Helena Radlińska, que o tinha conhecido pessoalmente. Helena e o ex-marido, Zygmunt, tinham sido ativistas fundadores do Partido Socialista Polonês no início dos anos 1900, e Zygmunt — médico do hospital da Universidade de Varsóvia — havia trabalhado com Stanisław Krzyżanowski. Para Irena, que nunca deixou de sentir saudades do pai, parecia uma espécie de reencontro fundamental. Ela própria se filiou ao Partido Socialista Polonês e disse: "Com meu passado político, me sinto totalmente encaixada".[11] Infelizmente para Mietek, Irena tinha encontrado sua verdadeira família.

Ela estava indo cada vez para mais longe de seu instável casamento e para mais perto de Adam e de seus novos amigos dos grupos da professora Radlińska. Também estava se tornando mais engajada politicamente do que nunca. Isso significava *fazer*, não *falar*. "O que pode ser feito?" Essa era sempre a pergunta que Irena se fazia. Ela olhava para seu cartão de identificação da faculdade com a palavra "ariana" carimbada nele, e isso a deixava furiosa. Ela riscou a palavra e apresentou o cartão com atrevimento no *campus* como um protesto silencioso. Ao saber de sua rebelião, a direção da Reitoria, entretanto, decidiu que tinham aguentado o suficiente da agitadora *mignonne* e de sua presença no *campus* da Universidade de Varsóvia. Irena foi punida com a suspensão indefinida da universidade. Anos se passariam até que ela pudesse voltar para as aulas.

Mietek pode ter sido perdoado por se sentir um pouco aliviado ao saber que os dias intempestivos e de hematomas de sua jovem esposa como agitadora do *campus* tinham chegado a um repentino fim oficial. Talvez ele já suspeitasse que o coração de Irena pertencia a Adam. Talvez estivesse muito cansado das discussões para se importar. Mas, como todo romance em dificuldade em qualquer lugar do mundo, é possível que tenha se agarrado naquele momento à esperança de que ela voltaria para ele e recobraria a sensatez. Quando lhe chegou a notícia de que o Centro Mãe e Filho da professora Radlińska fecharia por falta de investimentos da comunidade, e que o trabalho de Irena terminaria também, parecia a chance perfeita para Irena finalmente sossegar e ter os próprios filhos. Afinal, ela já tinha vinte e poucos anos. De qualquer forma, logo ofereceram a Mietek uma oportunidade importante de carreira e um cargo permanente de professor na Universidade em Poznań, a algumas horas de distância de Varsóvia. Ele presumiu, naturalmente, que Irena iria com ele.

Mas seguir esse caminho que foi definido quando Irena era ainda uma menina não tinha mais nada a ver com ela. Irena não era mais uma adolescente zelosa, que fazia o que os outros queriam e esperavam porque ela não conseguia imaginar outras opções. As obrigações já tinham causado sofrimentos para ela e para Adam. Ela sabia que falhara como esposa, mas *não queria* estar casada com Mietek. Assim como a mãe e suas novas amigas, ela, no fundo, era uma boêmia. Como o pai, tinha nascido para a ação constante, e não queria deixar Varsóvia e a nova família. Estava determinada a completar de algum modo os estudos e solicitou formalmente várias vezes o cancelamento da suspensão. E, independentemente de ter dito ou não, ela não estava preparada para desistir do que quer que fosse que estivesse se desenvolvendo entre ela e Adam. Rapidamente Irena encontrou um novo emprego no serviço social municipal da cidade com a ajuda da professora Radlińska e contou a novidade para Mietek. Ela ficaria em Varsóvia.

Quando Mietek foi para Poznań, não houve divórcio. A Igreja Católica proibia o divórcio, e um escândalo não ajudaria Mietek. Mas Irena não foi com ele. Suspensa da Universidade de Varsóvia e agora trabalhando em tempo integral como assistente social, Irena vivia com a mãe por ser mais apropriado socialmente, mas no que se referia ao resto de sua vida — em especial em relação a Adam — Irena apenas era discreta. O hábito do segredo se revelaria mais tarde uma questão de vida ou morte.

Durante três anos — período em que as amizades no trabalho e o romance com Adam se aprofundaram —, a suspensão acadêmica não saiu do lugar. Todo ano Irena entrava com um requerimento à administração. A cada ano ela recebia uma recusa persistente. Os que estavam no alto-comando do *campus* ainda se lembravam de sua atuação como agitadora. Apenas em 1938, quando um solidário professor de filosofia da Universidade de Varsóvia interveio às escondidas para dar andamento à papelada que permitiria que ela se inscrevesse de novo por um ano, Irena teve a oportunidade de completar os estudos. Ela fez mais do que o possível para aproveitar aquela janela de oportunidade. No fim da primavera de 1939, no encerramento do ano escolar, Irena apresentou a dissertação de mestrado para seu orientador, o professor de literatura e cultura polonesa Wacław Borowy, e foi finalmente autorizada a se formar. Adam já estava habilitado como advogado,[12] mas o sentimento antijudaico na cidade, que o enfurecia, havia ofuscado suas perspectivas de carreira. Na sua opinião, ele era polonês como qualquer um, mas as leis sem sentido que restringiam o que judeus podiam ou não fazer ofenderam seu orgulho e seu patriotismo, e Adam era um jovem temperamental e às vezes melancólico. Ele se enclausurou nos livros, na poesia e em reflexões íntimas. Em vez de praticar a advocacia, como ele e Irena tinham sonhado, Adam começou o doutorado em história política com o professor Borowy.[13]

Quando o casamento de Adam fracassou exatamente, ninguém sabe dizer. Até mesmo o nome de sua mulher é uma conjectura. Muitos registros judaicos de família em Varsóvia não sobreviveram à ocupação, e a família de Irena ainda prefere manter o nome dela guardado em segredo. O que se sabe com certeza é que a mulher de Adam foi uma das amigas de Irena na universidade. Uma série de improváveis coincidências da época da guerra e alguns registros antigos de Varsóvia indicam que ela talvez tenha sido uma amiga de faculdade chamada Regina Mikelberg. Se a mulher de Adam não era Regina, era alguém como Regina: uma judia não ortodoxa e instruída de uma rica família de Varsóvia. E qualquer que tenha sido o caso, Regina Mikelberg fez parte do grupo e da história deles durante o período da guerra. Quando esta aconteceu, Irena e sua rede não se esqueceram de Regina.

Naquele verão de 1939, Irena e Adam sabiam, claro, que a guerra com os alemães estava se aproximando. Os dois estavam politicamente cientes e eram realistas. Eles tinham vivido com o espectro do fascismo europeu e, de fato, com o antissemitismo polonês por anos já. Mas, ao chegar o mês de julho, Varsóvia foi tomada por boatos de que as forças polonesas estavam se organizando discretamente.[14] Adam seria convocado até o fim de agosto. Os jovens naturalmente estavam apreensivos com a mudança do mundo ao seu redor, mas estavam também todos extremamente otimistas e confiantes. Afinal, a professora Radlińska tinha ensinado a eles que o comprometimento de um grupo pequeno de pessoas bem-intencionadas poderia construir um mundo de acordo com o seu ideal. Eles estavam prestes a testar os limites do que era possível.

Mesmo assim, quando o ataque a Varsóvia começou, Irena ficou chocada. Não fez diferença ela já saber o que estava por vir. No dia 1º de setembro de 1939, Irena e a mãe acordaram assustadas às seis horas da manhã com o toque das sirenes anunciando a invasão aérea, e o primeiro pensamento de Irena foi para Adam. Ele estava em algum lugar em treinamento militar. Era finalmente uma declaração de guerra, mas desde a primavera haviam ocorrido incursões armadas e confrontos na fronteira ocidental da Polônia, e o exército polonês tinha sido mobilizado para a guerra dois dias antes.

Então, Irena se juntou aos vizinhos desarrumados à medida que eles debandavam de seus apartamentos e se juntavam nas ruas vazias, examinando o céu e especulando, desesperados por alguma explicação. Do céu não veio nada — nenhuma bomba, nenhum barulho —, mas as sirenes continuavam tocando, e, finalmente, a defesa antiaérea, exasperada, afugentou-os de volta para dentro.[15] A angústia e a hora adiantada deixaram as pessoas irritadas, e uma porta bateu com força em algum lugar no condomínio. Na mesa da cozinha, de roupão de banho e chinelos, sonolentas e tristes, Irena e a mãe ouviam as notícias que eram anunciadas na rádio polonesa. Os ombros de Irena ficaram tensos quando a voz entrecortada do apresentador pronunciou as palavras que todos temiam: "O ataque de Hitler à Polônia começou".[16]

Irena voou até o rádio, inclinando-se mais para perto do aparelho a fim de ouvir o relato. O então governante estava pedindo aos trabalhadores do estado e da cidade para se manterem em seus postos dia e noite e para resistirem aos agressores alemães. Graças aos céus. Ela queria *fazer* alguma coisa. Um olhar da mãe pediu que ela ao menos se sentasse e terminasse o café. O que ela poderia fazer às seis da manhã? A hora seguinte passou muito devagar. "Irena, se acalme", a mãe a repreendeu com um sorriso. Irena esperou até não aguentar mais. Às sete voou pelas escadarias abaixo para o pátio aberto do prédio, passando pelos jardins do sr. Przeździecki. Ninguém estava preocupado com as flores naquela manhã, e o jardim estava vazio. Jogando a velha bolsa na cesta da bicicleta, Irena subiu a saia de um jeito um pouco ousado, caso tivesse que pedalar rápido. Assim que o pé empurrou o pedal para baixo e a bicicleta começou a se movimentar, ela rumou para o leste, em direção à Cidade Velha, a caminho do trabalho na rua Złota com um agradável sentimento de propósito e determinação, fortemente aliviada por ter algo a fazer além de esperar e se preocupar junto com a mãe.[17]

No trabalho, ela procurou primeiro sua chefe, Irena Schultz, uma loira magra como um passarinho e com um sorriso largo. Irena — "Irka" — Schultz, entretanto, era mais do que supervisora de Irena. Era também uma das garotas da professora Radlińska — elas formavam uma irmandade unida. Às nove da manhã, os ataques aéreos começaram em Varsóvia. Os bombardeios iminentes, um dos moradores da cidade recordou, primeiro soaram como uma "longínqua arrebentação, não de ondas calmas, mas do tipo de onda que quebra na praia durante uma tempestade".[18] Não demorou muito a cidade ficou agitada com o constante "zumbido de aviões; dez, talvez até mesmo centenas", com explosões poderosas que provocavam tremores. As meninas do trabalho correram para o subsolo, com cheiro de mofo, e seguraram firme as mãos umas das outras na escuridão.

Quando os esquadrões passaram, as ruas estavam caóticas. Em seus 29 anos, Irena nunca tinha visto nada como aquela devastação. Mas era apenas o começo. O que estava acontecendo com eles? Ao seu redor, carros particulares e de aluguel, convocados como ambulâncias improvisadas, transportavam as pessoas feridas por ruas apinhadas até os hospitais. As buzinas estridentes dos carros ressoavam impacientes, e com certeza os motoristas viam que era inútil. Onde as bombas e a artilharia atingiram prédios, as ruas ficaram cheias de vidro quebrado e montes de tijolos caídos. Irena olhava tudo impressionada enquanto as chamas devoravam as fachadas evisceradas de prédios inteiros. As paredes balançavam e então desabavam com estrondo nas ruas de paralelepípedos. As pessoas seguravam os casacos firmemente ao redor do corpo e corriam pelas ruas e praças procurando pela segurança dos vãos das portas enquanto o céu ficava cada vez mais escuro. Irena tossiu e cobriu a boca com o cachecol. Nuvens de poeira fizeram seus olhos arder e revestiram o interior de sua garganta e suas narinas. Ela viu cavalos mortos nas ruas em seus arreios, e aqui e ali corpos mutilados. Médicos e enfermeiras ajudavam a carregar apressadamente os moradores gementes[19] para locais de socorro, e mais tarde entregavam suprimentos em acampamentos médicos, já que a luta se aproxima.

O medo dominou Varsóvia. Pela cidade toda, um único pensamento unia os habitantes. *Como terá sido lá fora, na linha de frente, se foi isto o que aconteceu em uma cidade cheia de civis?* Irena pensou em Mietek. Quando ele veio a Varsóvia para o destacamento dias antes, ela se despediu dele amavelmente na estação e lhe desejou boa sorte e que se protegesse. Um de seus outros amigos do serviço social, Józef Zysman, advogado judeu voluntário,[20] tinha sido convocado como oficial de reserva também, e Irena ficou preocupada com ele. *Ela teria que dar uma olhada em sua esposa, Teodora, e no bebê, Piotr,* pensou. E tinha Adam. Irena sempre pensava em Adam. Ele também estava em um regimento em algum lugar fora da cidade.[21]

Numa cidade em que o cerco estava visivelmente começando, a questão prática naquela manhã no trabalho era: por onde começar a prestar assistência? Irka Schultz, a chefe do departamento,[22] chamou todo mundo. O problema é que de repente todos estavam necessitados. Eles nunca tinham enfrentado esse tipo de crise de assistência social e correram a manhã inteira perguntando uns aos outros o que fazer primeiro.

Em poucas horas, a resposta se tornou óbvia: alguém tinha que ajudar os desabrigados e os refugiados feridos, que já enchiam a cidade de Varsóvia. Alguém tinha que encontrar comida e abrigo para pessoas cujas casas haviam sido bombardeadas. Os habitantes de Varsóvia lutariam para defender a cidade por quase um mês, e, antes de tudo se acabar, havia relatos de cavaleiros montados enfrentando tanques alemães modernos em ações de combate desesperadas, que tornaram evidente como os poloneses estavam verdadeiramente desarmados. O número de refugiados crescia diariamente enquanto pessoas do interior e de pequenas cidades, juntos, procuravam por segurança. Eles chegavam a pé, cansados e assustados. Mulheres com o olhar assombrado contavam como, ao longo das estradas empoeiradas, os aviões alemães voavam baixo e abriam fogo contra famílias que arrastavam seus pertences. Trabalhadores do campo corriam para as cercas vivas, mas na estrada aberta não havia proteção. Irena ouvia essas histórias e tentava não ficar com as mãos trêmulas. Àquela altura, ela era a chefe de uma seção do Departamento de Assistência Social responsável por administrar refeitórios comunitários na cidade toda,[23] e pelas próximas semanas ela e seus colegas de trabalho iriam estabelecer e gerir dezenas de cantinas improvisadas em abrigos para os sobreviventes.

Em 24 de setembro, perto do fim do massacre, mais de mil aeronaves alemãs cobriram os céus de Varsóvia em ataques de bombardeios que duraram horas e reduziram bairros inteiros a escombros. Por mais dois dias, a devastação foi implacável. Algumas das áreas mais atingidas da cidade foram as do bairro justamente ao norte do trabalho de Irena, que ia dos cemitérios polonês e judaico, na parte oeste, até a grande sinagoga, a leste. Todo bombardeio significava pessoas feridas — pessoas que não conseguiriam ir para o refeitório, mas que ainda sentiam fome. Por onde começar agora? Irena não teve dúvida. Ela montou na bicicleta e acelerou em direção ao hospital Czyste, na rua Dworska, determinada a encontrar a amiga Ala.

O hospital judaico era um amplo conjunto aristocrático não muito longe do rio Vístula e, antes da guerra, tinha ostentado uma das mais modernas instalações médicas da Europa. Agora, médicos e enfermeiras já estavam ficando sem suprimentos. Ala estava trabalhando freneticamente para cuidar de refugiados e feridos. Eles estavam realizando trinta ou quarenta operações graves por dia, contou uma enfermeira, fazendo um rápido movimento de cabeça, tudo sem anestesia. Era bem provável que um daqueles pacientes tenha sido a professora Radlińska. Quando os aviões de bombardeio voaram sobre os prédios do bairro, o chão tremeu debaixo dos pés da professora, e ela correu para as escadas e para o pátio. Na rua, a poeira marrom de novo encheu o ar, e então Helena ouviu os primeiros gritos dos feridos presos nos escombros. Alguém tinha que salvá-los. A professora voltou para o prédio exatamente quando a outra parte desmoronou. Ela apenas sentiu dor e depois não sentiu mais nada. Quem a tirou de lá, gemendo e semiconsciente, percebeu queimaduras e ossos quebrados que a deixariam incapacitada por meses.

Varsóvia inteira sofria. Não havia água, eletricidade nem comida. Os "cadáveres de homens e de animais são empilhados nas ruas", uma testemunha recordou.[24] "Homens de bem estão enterrando os mortos onde os encontram; no jardim ou na praça ou nos pátios das casas. Pessoas famintas cortam pedaços de carne assim que os cavalos caem mortos, deixando apenas o esqueleto." Os aviões alemães voavam tão baixo sobre a cabeça das pessoas, que Irena olhava para o alto e conseguia ver o rosto dos pilotos. Nos abrigos antiaéreos, os feridos estavam empilhados em macas, gemendo baixo e implorando por água. Todos tentavam não pensar nos homens nos *fronts*. Em casa, sua mãe sussurrava orações de apelo, e Irena teve que admitir que ela também estava rezando.

Em 27 de setembro, Varsóvia se rendeu.

Exaustas, Irena e sua chefe, Irka, sentaram juntas na sala da rua Złota ao receberem a notícia de que a luta tinha acabado.[25] Todos no departamento estavam chorando e se abraçando. A Alemanha e a União Soviética dividiram a Polônia entre si como conquistadores. O acordo secreto tinha sido fechado mesmo antes de o bombardeio começar. Na divisão da Polônia, Varsóvia era o prêmio para a Alemanha, que a declarou parte do Governo-Geral,* e eles estavam nesse momento, inclusive, marchando para a cidade.

Maridos, pais, filhos e irmãos voltariam para casa? Para que casas eles estavam voltando? Na cidade em chamas e faminta, as famílias tinham uma centena de perguntas cheias de angústia. Cerca de 40 mil pessoas morreram nos bombardeios de Varsóvia.[26] Nas linhas de frente, o número de mortos foi ainda mais espantoso: perto de 70 mil homens foram mortos. Outros 630 mil estavam a caminho da Alemanha e da União Soviética como prisioneiros de guerra. Os alemães simplesmente nunca deixariam todos os jovens homens poloneses irem para casa, onde eles poderiam importunar os ocupantes e

---

* Nome dado pela Alemanha nazista ao território polonês ocupado durante a Segunda Guerra Mundial. O alemão Hans Frank ocupou o cargo de governador-geral durante o período (1939-1945). (N. T.)

organizar uma resistência nacional armada para lutar por uma Polônia livre. Mietek Sendler estava entre os capturados. "Vamos rezar pelo seu marido", as pessoas reconfortavam umas às outras. Rezar por Mietek, claro. Mas Irena também acrescentou um silencioso e fervoroso pedido por Adam.

A resistência se formou rápido na Polônia. Foi como um milagre, assim pareceu a Irena, que assistiu à resistência se organizar e prosperar. A informação se espalhou discretamente por Varsóvia no decorrer das semanas seguintes. Entre os países ocupados pelos alemães, a Polônia era excepcional por várias razões. Mais excepcional foi o fato de que, na Polônia, um movimento partidarizado organizado e determinado se formou quase que de imediato, liderado principalmente por homens mais velhos, pela comunidade judaica e por um grande número de mulheres corajosas de todas as idades. Algumas das mais extraordinárias eram as mais jovens. Irena e, miraculosamente, Adam estavam entre eles. Para Adam, voltar para a derrotada Varsóvia teve um sabor agridoce. Eles tinham falhado na linha de frente. Mas os jovens por toda a cidade estavam determinados a continuar a luta contra os alemães. A grande mobilização para a resistência se deu, sobretudo, pelo fato de a Polônia estar também sujeita a táticas brutais de repressão.

Um Estado clandestino[*] completo já se formava. Primeiro, o governo polonês no exílio estabeleceu sua sede em Paris. Então, fugiram para Londres, de onde direcionaram apoio financeiro e logístico para as suas divisões "em casa". Como sempre, o problema para montar essa estrutura e administrá-la eficientemente era a politicagem e o conflito de interesses.

Como resultado das discussões — porque a política polonesa antes da guerra não tinha sido menos fragmentada —, a maior parte das iniciativas da resistência foi organizada de acordo com velhas linhas de partidos. Aquela disputa sem fim era consequência, principalmente, da história tumultuada do país e de uma longa luta por independência nacional. Foi só

---

[*] O Estado Secreto Polonês era uma coletividade de organizações secretas de resistência à ocupação alemã na Polônia durante a Segunda Guerra Mundial leais ao governo polonês no exílio. Reunia a resistência militar e estruturas civis, como educação, saúde e cultura. (N. T.)

no fim da Primeira Guerra Mundial, depois de mais de um século de dominação estrangeira, que o Estado "polonês" foi recriado pela segunda vez na sua história. Mas aquele tratado* foi insuficiente para estabelecer a questão da fronteira a leste, com a Ucrânia, que era cobiçada pelos atentos vizinhos russos. Os vizinhos a oeste, a Alemanha, tinham outras ambições imperiais. Irremediavelmente, entre a esquerda bolchevique controlada pela União Soviética — ao redor da qual havia um turbilhão de teorias delirantes e graves sobre uma conspiração judaica mundial — e o crescimento do nacionalismo de ultradireita e o protofascismo nas fronteiras ocidentais nos anos 1920 e 1930, a política na Polônia tinha duas faces, como Jano.** Qual a menos demoníaca, a extrema esquerda ou a extrema direita? Era uma questão impossível. Na ausência de respostas, as pessoas se agarraram a seus antigos aliados políticos.

O clima nas reuniões clandestinas dos socialistas poloneses que Irena e Adam frequentavam naquele outono era tenso, mas desafiador. A maioria dos homens jovens na cidade agora era de judeus, e Irena tinha ficado imensamente aliviada quando Adam e seu amigo advogado Józef voltaram em segurança para Varsóvia. Outros poloneses — não judeus — foram metodicamente enviados para campos de prisioneiros de guerra ou de trabalhos forçados, obrigados a alimentar a máquina da guerra nazista. Mietek foi capturado e preso na Alemanha. Judeus como Adam e Józef, entretanto, não serviam para nada aos olhos dos fascistas. Capturados pela confusa lógica antissemita, funcionários públicos alemães em Berlim se questionavam sobre o que fazer com esse "problema" judeu. Se Adam e Józef não eram homens, mas sim alguma coisa menos do que humana, eles não podiam oferecer nenhum risco como soldados ou combatentes. Não haveria sentido enviá-los para as instalações da prisão de guerra. Mas os alemães não desejavam viver entre os que eles consideravam como uma espécie de degenerados doentes, e teria que haver alguma "solução". A Polônia era já uma terra marcada para depósito de judeus da Europa. Enquanto os alemães pensavam na melhor

---

* Tratado de Versalhes (1919), assinado após a Primeira Guerra Mundial, recriando o Estado polonês. (N. T.)
** Deus da mitologia romana representado com duas faces que olham para direções opostas. (N. T.)

maneira de organizar uma força migratória em massa,[27] por ora, só em Varsóvia, mais de 100 mil judeus jovens como Adam foram deixados em situação incerta.

E não foi apenas Adam. Józef, Ewa e Ala eram também ativistas determinados que se viram de repente sem emprego e ociosos, e foram rapidamente atraídos para a rede desses encontros políticos secretos. No início, a natureza clandestina das coisas era estimulante, pois eles sussurravam códigos secretos na soleira de apartamentos mal iluminados ou se reuniam nos fundos de lojas ou subsolos. A calorosa camaradagem e o otimismo sustentaram o espírito de Irena durante o mês de outubro de 1939, e, além disso, era muito bom poder ficar ao lado de Adam. "A guerra vai acabar logo", todos diziam com confiança. "Pode ser que até lá não seja tão ruim ficar sob a tutela dos alemães." Irena tentava ter esperanças. Mas as provas que mostravam o contrário estavam aumentando rapidamente.

A Gestapo logo começou a perseguir os que considerava agitadores — e Irena e seus amigos, sem dúvida, eram agitadores. Um barulho repentino do lado de fora do apartamento poderia fazer uma sala inteira de pessoas se sobressaltar. A cadeira dura de madeira rangeu quando Irena se contorceu tentando achar uma posição mais confortável durante as falas, que nem mesmo uma guerra poderia tornar menos entediantes, e Adam lançou um olhar furtivo em direção à porta, desejando os cigarros que estavam em seu bolso. A primeira tarefa, anunciaram os líderes, era entregar verbas emergenciais de apoio aos membros do partido e aos ativistas que foram obrigados a se esconder. Todos tinham ido imediatamente para a clandestinidade, e de repente entre aqueles que mais necessitavam estavam todos os seus ex-professores. O partido precisava de mensageiros secretos para manter contato com eles e lhes entregar dinheiro. Era uma missão perigosa, cujo risco à própria segurança não deveria ser subestimado. O coração de Irena bateu mais forte. Claro que ela precisava ajudar![28] Irena se voluntariou na hora. Ela teve um arroubo de afeição por Adam ao vê-lo sorrir.

Os professores sabiamente tinham se escondido quando Varsóvia caiu nas mãos da Alemanha — e não era pelo fato de serem judeus. Em 1939, Varsóvia era uma das cidades do mundo mais dinâmicas e heterogêneas. Havia algo em torno de 1 milhão de pessoas vivendo na cidade naquele ano, e simplesmente mais de um terço era judeu. Os demais habitantes eram em grande parte, mas não exclusivamente, poloneses "étnicos". Os alemães, entretanto, consideravam os poloneses, que fazem parte dos povos eslavos, inferiores aos arianos e, de forma abominável, os classificaram, exatamente como seus vizinhos judeus, como *Untermenschen*, ou "sub-humanos". Apesar de não ter sido entregue aos cidadãos de Varsóvia uma cópia do memorando alemão determinando a completa aniquilação da cultura polonesa, isso não era segredo para ninguém do Partido Socialista ou nos encontros secretos dos quais Irena participava. Para alcançar a completa aniquilação cultural, matar a intelectualidade do país era a primeira tarefa.

Mas a classe de intelectuais era ampla: incluía não apenas professores universitários, mas também médicos, professores de escola, advogados, juízes, jornalistas, escritores, prósperos donos de terras, industriais, bem-sucedidos homens de negócios, aristocratas por direito hereditário, ativistas, assistentes sociais, políticos, padres, freiras, oficiais do Exército, engenheiros, comunistas e cientistas. Em suma, intelectual era qualquer um com poder cultural. Para paralisar a classe profissional polonesa, Hitler deu instruções para matar qualquer pessoa influente, fechar escolas e universidades, e queimar as bibliotecas. Outra nota alemã, entre as primeiras, definia com clareza o plano para a geração seguinte de poloneses: "O objetivo único da escolarização [deles] é ensinar contas básicas, nada acima do número quinhentos; a escrever o próprio nome; e a doutrina de que é lei divina obedecer aos alemães. Não considero ler desejável".[29]

A resposta dos ativistas poloneses, à direita e à esquerda, foi criar em Varsóvia um mundo espelhado que correspondia às novas instituições alemãs, estrutura por estrutura. Os patriotas erigiram um Estado Secreto completo — a única coisa na qual os poloneses de todo o espectro político estavam unidos. Haveria, por fim, cortes polonesas secretas e um "Exército Nacional" secreto; as bases já haviam sido assentadas para uma universidade secreta.

O orientador de Irena e de Adam, o professor Borowy, aderiu imediatamente à universidade clandestina e começou a trabalhar em projetos colaborativos de publicação.[30] Ele e alguns dos professores mais eminentes do país escreveram, em um corajoso desafio aos alemães, uma análise sociológica dos ocupantes e de seus crimes chamada *The Nazi Kultur in Poland* [A cultura nazista na Polônia], mais tarde enviada clandestinamente para editores na Inglaterra. A professora Radlińska, mancando, mas determinada,[31] imediatamente se juntou ao Estado Secreto e começou a construir de seu esconderijo um programa para as aulas secretas da universidade. Fizeram o mesmo o dr. Hirszfeld, mentor e colega de pesquisa médica de Ala,[32] e o dr. Witwicki, psicólogo polonês, mentor de Ewa Rechtman, amiga de Ala e de Irena.

Esses foram os afortunados — os que precisavam de apoio. O irmão de Helena Radlińska, Aleksander Rajchman, conhecido professor de matemática na Universidade de Varsóvia, não teve essa sorte.[33] Preso pela Gestapo e interrogado, foi morto no campo de concentração em Sachsenhausen- Oranienburg, no norte de Berlim, durante o primeiro ano da ocupação. Ele não estava sozinho. Cerca de 50 mil outros membros da *intelligentsia* — e mais de dois terços dos colegas de Helena Radlińska — acabaram sendo executados ou enviados junto com o professor Rajchman para morrer em campos de concentração.[34] Na Cracóvia, na Universidade Jagiellonian, a Gestapo prendeu quase duzentos professores — a faculdade inteira — na tarde de 6 de novembro de 1939. A maioria morreu logo depois. Mais tarde, centenas de padres católicos foram cercados e presos, especialmente em Varsóvia; poucos homens religiosos sobreviveram a esses confrontos.[35]

Essas eram as pessoas que Irena e seus amigos conheciam bem. Seus professores, mentores, conterrâneos políticos e contatos profissionais no serviço social e nas universidades. Pessoas que eles admiravam e em quem se espelhavam. Eventualmente administradores de instituições de caridade que trabalhavam diretamente com os assistentes sociais da cidade. Às vezes, colegas diretos de Irena. Então, depois dos expurgos, o "reassentamento" em massa começou: outro meio milhão de poloneses foram cercados nas ruas e enviados para trabalhar como escravos dos alemães.

A comunidade judaica não foi poupada das primeiras violações. Nos primeiros meses da ocupação, os alemães e seus apoiadores da extrema direita — e eles eram numerosos — quebraram as janelas das lojas dos judeus, atacaram nas ruas os ortodoxos com suas barbas características e surraram judeus até a morte, aleatoriamente, por esporte e entretenimento.

No comando do pronto-socorro do hospital judaico, Ala Gołąb-Grynberg sofria tentando entender as atrocidades. Como isso estava acontecendo? Enfermeira-chefe da equipe de ambulância do hospital, Ala fazia parte da triagem, que já parecia não ter fim. Ela cuidou dos ossos quebrados dos idosos, cujo único crime era não ser rápido o suficiente para cumprir as ordens proferidas com um sotaque alemão que eles não entendiam. Por isso, eles eram arrastados com os pés presos por cabos puxados por cavalos pelas ruas de paralelepípedos até seus crânios se estilhaçarem. Ela viu homens cujas barbas foram arrancadas de seus rostos ou cortadas sem cuidado algum com facas, e crianças de rua esqueléticas brigando para sobreviver às surras dos soldados da ss.[*] Ela mantinha sua expressão tranquila e trabalhava rápido. Mas, por dentro, Ala achou que sabia agora como era o desespero colérico de um animal preso. Às vezes, abrindo as grandes janelas de correr do hospital, ela se inclinava o mais que podia, aspirando o ar fresco. Ela nunca pensou em pular. Mas todo mundo uma vez ou outra pensou em cair. Em casa, Ala escrevia poemas em pedaços de papel e tentava entender as imagens confusas.

E ao seu redor tudo estava confuso, por mais que Ala e sua equipe de enfermeiras lutassem para impor a ordem. O que antes tinham sido enfermarias de hospital cheias de luz, agora estavam lotadas de pessoas destroçadas. As vidraças estouradas pelo fogo de artilharia estavam cobertas ao acaso com lençóis sujos e pedaços de madeira. No mês de outubro, as enfermarias congelavam pela manhã. O espaço emendado espelhava os corpos destruídos e remendados, e no fim do turno a cabeça de Ala doía de tanto apertar o maxilar com ódio. Mais do que qualquer outra coisa, ela estava preocupada e, às vezes, ficava assustada: preocupada com as vítimas da brutalidade, mas também com a própria família. Seu marido, Arek, tinha deixado Varsóvia com a mobilização em agosto.[36] A única notícia que conseguiu ter dele foi um relato vago de que tinha sido visto em algum lugar na fronteira oriental no fim de setembro em má situação. Seu irmão, Samuel, e a mulher estavam já em território russo; será que Arek os encontraria de algum jeito? Ala também se preocupava com sua filhinha e com dinheiro.

---

[*] Schutzstaffel (Esquadrão de Proteção), organização paramilitar ligada ao Partido Nazista. (N. T.)

Todo mundo que era judeu estava de repente preocupado com dinheiro. Os alemães impuseram restrições econômicas devastadoras à comunidade judaica com o objetivo de garantir que qualquer judeu vivesse na pobreza. Começou com o desemprego forçado dos judeus. Eles não podiam mais ter nenhum cargo no Estado ou no governo. No serviço social da cidade, dezenas de amigos de Irena e de Ala foram sumariamente demitidos, incluindo a amiga Ewa Rechtman e um simpático velho médico que elas conheciam, Henryk Palester. As restrições exigiam que as propriedades dos judeus fossem registradas,[37] que seus negócios fossem arianizados e que suas contas bancárias fossem congeladas. Adam fervia de indignação. Naquele inverno, em um café perto de seu apartamento na rua Bałuckiego, joelhos encostados embaixo da mesa, Adam e Irena tiveram longas e inadiáveis conversas sobre o futuro. Talvez eles considerassem fugir. Assim como Ala e Arek, Irena também tinha laços de família na Ucrânia. Talvez eles pudessem construir uma vida juntos lá. Centenas de milhares de judeus — quase um a cada dez na Polônia[38] — sabiamente escaparam pela fronteira soviética para o leste naquele ano. Os que o fizeram tinham muito mais chances de sobreviver. Mas Irena e Adam tinham mães viúvas. A mãe de Irena era frágil. Fugir com Janina era impossível. E era impossível abandoná-la. A mãe de Adam, Leokadia, o exasperava, e agora ela falava ainda mais ressentida do que nunca da herança renegada. Eles discutiam também sobre o rompimento do casamento dele. Mas mesmo que Adam desejasse se ver livre da mãe, ele não podia abandoná-la. Partir estava fora de questão.

No primeiro ou segundo ano da ocupação, alguns judeus de Varsóvia disseram que havia limites para o que podia ser admissível acontecer. A guerra era dura, claro. As pessoas entendiam isso. Coisas terríveis — coisas isoladas — aconteceriam. Outros na comunidade judaica de Varsóvia eram mais cautelosos e céticos. Mas, no início, os alemães escolheram os poloneses, e não os judeus para expurgos sistemáticos. Nesse período, para cada habitante judeu assassinado foram mortos dez poloneses;[39] ser judeu parecia ser tão mais seguro, que havia boatos de habitantes cristãos usando a faixa com a Estrela de Davi e adotando o sotaque iídiche durante os cercos nas ruas. Como os primeiros editais antissemíticos regulares foram primordialmente financeiros, a população judaica foi induzida a se sentir em relativa segurança. Era essa exatamente a intenção.

O que os judeus de Varsóvia não poderiam supor — e que Adam e Irena nunca imaginaram — era que, numa conferência em 21 de setembro de 1939, em Berlim, antes da capitulação da cidade, os planos para o futuro deles já haviam sido traçados. Reinhard Heydrich, o chefe da Gestapo, um homem que o próprio Hitler declarou não ter coração, enviou orientações para os comandantes na Polônia naquele mês: "Com relação à conferência de Berlim hoje", determinou, "mais uma vez chamo a atenção de vocês para... a solução final".[40] As engrenagens do Holocausto estavam, nesse momento, em ação.

3
AQUELES MUROS DA VERGONHA

Varsóvia 1941-1942

AO FUNDO, IRENA ouvia os sons da vida judaica em Varsóvia. Os vendedores ambulantes gritando em iídiche brincavam uns com os outros amavelmente, competindo pela melhor esquina para vender as mercadorias. Quando um se punha em movimento, o alarido e o atrito das rodas de ferro dos carrinhos de mão ecoavam pelas ruas de paralelepípedo. A distância, ela ouvia o bonde descendo a rua Gęsia e as gaivotas grasnando ao longo do rio Vístula. Na entrada da porta marcada com o número 1, ela esperou um pouco, inspirando o aroma temperado das comidas de rua e o ar frio do fim de outono. Então, Irena apertou de leve a campainha do convento das irmãs Ursulinas.

O rosto que lhe deu as boas-vindas sob a touca engomada não tinha marcas de idade, e a jovem freira perguntou com solenidade a razão de sua visita. "Vim para falar com *pani* Rudnicki, por favor, irmã." A mulher assentiu com a cabeça em silêncio e, cautelosa, puxou de volta o ferrolho da pesada porta. Irena entrou no *hall* ensombrado e ouviu o ferrolho se fechar com suavidade atrás dela.

A jovem freira conduziu Irena pelo pátio e por corredores até uma porta discreta. Que esquisito ser levada para ver alguém que não existe. A sra.

Rudnicki era uma ficção — ou, se alguém com aquele nome existiu algum dia, não existia mais e ao morrer havia emprestado sem saber sua identidade a um desconhecido em desespero. Rudnicki era o falso nome que Helena Radlińska usava para trabalhar em seu esconderijo dentro dos muros do convento.[1] Alguém na comunidade judaica já estava tomando as providências para lhe garantir um documento falso de identidade ariana.

Irena bateu de leve na porta e, então, cruzou a soleira até onde a ex-professora a aguardava e, quando ela segurou sua mão calorosamente, Irena sentiu um imenso prazer. Helena Radlińska admirava a bravura e a determinação dessa jovem mulher, mas com os olhos da experiência, percebeu que Irena não compreendia os riscos ou os perigos. Mesmo assim, Helena era imensamente grata pela ajuda. Ela precisaria do dinheiro se tivesse que continuar abusando da bondade das freiras no esconderijo.

Tomando chá com leite, uma tradição polonesa, a professora contou sua história. Ela mostrou a bengala e falou com pesar sobre o bombardeio ao seu prédio e a perda de todos os seus manuscritos e de sua biblioteca. Falou sobre como encontrou refúgio no convento com as irmãs católicas. Mas, olhando para os reforçados muros ao redor, Helena Radlińska não tinha ilusões: sabia que a Gestapo estava procurando por ela. Se a hora chegasse, as irmãs não poderiam salvá-la. Tudo bem. Ela estava determinada a continuar lutando. Havia tanto para conversar e as horas passaram tão depressa. Confinada e ainda em recuperação, ela queria saber de tudo. O que Irena estava fazendo? O que *estava* acontecendo?

Irena teve que se perguntar o que ela estaria fazendo. A política clandestina já estava criando um exército secreto, um governo secreto e publicando jornais de resistência. A professora Radlińska e os outros docentes, ela soube, estavam organizando uma universidade polonesa secreta. Um dos cursos seria exatamente ali no convento. Mas o que estava sendo feito no serviço social? Os judeus, Irena relatou, foram proibidos de receber qualquer tipo de ajuda do Estado ou de trabalhar em qualquer emprego público, e Irena e a professora conheciam as nefastas consequências da pobreza e do desemprego nos segmentos mais vulneráveis da população. O trabalho de Irena era fazer entrevistas com as pessoas da comunidade, e a professora Radlińska talvez tenha pedido a ela para pensar sobre o que tinha aprendido. "Havia famílias que dividiam um arenque entre seis crianças durante o *Shabat*", Irena contou ao lhe perguntarem depois.[2]

Por que não construir um sistema de bem-estar social espelhado? A professora Radlińska lançou a ideia. Era algo para Irena pensar a respeito. Seria um projeto admirável, em sintonia com o trabalho delas e com seus valores como ativistas. Quando exatamente começou a cooperação entre Irena e a professora não se sabe ao certo, nem a extensão da sua orientação. Mas os arquivos de inteligência da guerra mantidos pelo Exército Nacional secreto sobre as atividades de Irena documentam a colaboração. Irena Sendler, dizem os arquivos, "tem muitos contatos poloneses, especialmente com pessoas da esquerda. Ela trabalha diretamente com a professora Radlińska, da Universidade Livre".[3] Helena Radlińska era uma agente do alto escalão no Exército secreto e, depois, incentivaria vários de seus ex-alunos a construírem redes de contato para a resistência. Ela também iria mais tarde desenvolver um programa próprio e independente de bem-estar social para os judeus.[4] E os líderes da resistência já tinham uma estratégia: eles iriam criar o máximo de células possível, todas trabalhando para a proteção do movimento, completamente isoladas umas das outras. Uma das células seria coordenada por essa menina de vinte e poucos anos e extremamente competente: Irena Sendler.

Quando de fato Irena e a professora conversaram é incerto, mas uma coisa é óbvia: não pode ter sido muito tempo depois da derrocada de Varsóvia, porque a célula de Irena se desenvolveu muito rápido. A necessidade em Varsóvia era urgente. A questão crucial era quem mais trazer para a célula com ela. A professora Radlińska teria aconselhado Irena veementemente a confiar em Irka Schultz. Ela era outra ex-aluna da professora — e chefe de Irena no serviço social.

Radlińska também apoiou prontamente a decisão de trazer mais uma colega e amiga, Jadwiga Deneka, outra ex-aluna da professora. Jadwiga era uma mulher loira bonita, de cabelo curtinho; tinha inicialmente estudado para ser professora escolar e trabalhado na inovadora escola-orfanato fundada pelo colega da professora, o dr. Korczak, antes de ir para o serviço social da cidade. Aos 28 anos, Jadwiga era um ano mais nova que Irena, vivaz e comunicativa, e Irena a conhecia bem da época da Universidade Livre da Polônia e das reuniões do Partido Socialista Polonês.

E havia uma terceira aluna da Universidade Livre da Polônia no departamento: a colega e amiga de Irena, Jadwiga Piotrowska.[5] Todos chamavam Jadwiga pelo apelido, Jaga, e, como Irena, ela era de uma família com impecável linhagem de servidores públicos. O pai, Marian Ponikiewski,[6] era engenheiro e trabalhou no serviço social da cidade projetando moradias populares. A professora Radlińska conhecia Marian e um colaborador próximo dele, o sociólogo Roman Piotrowski, e na verdade Jaga era casada com alguém da família Piotrowski. Ela e Janusz Piotrowski tinham uma filha e um conturbado caso de amor.[7] Jaga tinha trinta e poucos anos, era seis ou sete anos mais velha que Irena, uma mulher pequena e resistente, de olhos escuros e católica fervorosa. Jaga e Irena trabalhavam juntas desde 1934 nos escritórios da cidade, e Jaga era uma das funcionárias da equipe de apoio do serviço social com a tarefa de encontrar acomodação para os órfãos. Diferentemente das demais, Jaga era conservadora e bem religiosa, mas Irena confiava nela completamente.

A confiança em Jaga quase com certeza se originou da amizade entre Irena e a irmã mais nova de Jaga, Janka. As duas irmãs não podiam ser mais diferentes entre si. Como Irena, Janka era um pouco rebelde. Enquanto Jaga era rigorosa e franca, Janka era irreverente e irônica. Ela morava na rua Karolkowa, no bairro de Żoliborz em Varsóvia,[8] com o marido, Józef, que já havia se juntado ao Exército Nacional clandestino. Janka estaria lá naquela manhã fatídica, quatro anos mais tarde, quando a Gestapo finalmente capturaria Irena Sendler. E Janka também tomaria a liderança para salvar a vida de uma amiga em comum delas: Regina.

Naquele primeiro outono da ocupação, semanas depois da chegada dos alemães, Irena dedicou-se a cada uma delas. Resistir às leis dos alemães e manter vivo o espírito de independência polonesa era uma questão de orgulho nacional que tinha o poder de unir até mesmo pessoas desconhecidas — certamente teve o poder de unir pessoas de pensamentos semelhantes e as quatro garotas da professora Radlińska.

As amigas e colegas — Irena Sendler, Jaga Piotrowska, Irka Schultz e Jadwiga Deneka — reuniram-se num fim de tarde no apartamento do segundo andar de Irena na rua Ludwiki. Ao redor da pequena mesa da cozinha, em meio a cigarros, taças de licor e uma conversa agradável, as mulheres resolveram fazer algo simples — um pequeno, mas perigoso, ato de resistência polonês contra os governantes alemães. Elas iriam driblar discretamente as regras, concordaram, e simplesmente alterar a documentação conforme necessário para continuar, como de costume, a ajudar *todos* os beneficiários. Era um plano sem qualquer objetivo abrangente ou grandioso, apenas uma resposta obstinada para problemas práticos, e não era algo que elas não tivessem feito antes algumas vezes também. Irena era uma das quatro conspiradoras, mas era a líder natural, e essa decisão uniria essas amigas na vida e na morte, apesar de não desconfiarem disso no início. Nem todas sobreviveriam a esse projeto.

Atos grandes e heroicos às vezes se originam de iniciativas modestas, e as quatro amigas não tinham como imaginar também, conforme o círculo se expandiu, o tamanho da irmandade de desconhecidos que elas estavam construindo. Nos meses seguintes, aquele círculo de confiança e coragem aumentaria rapidamente — rápido demais para o sossego de algumas — conforme foram se unindo a elas no esquema do departamento, secretamente, um grupo de amigos e colegas de outros centros do serviço social e de outras divisões municipais espalhadas pela cidade de Varsóvia. A princípio, tratava-se apenas de alterar a documentação para se posicionar contra os alemães e ajudar os beneficiários. Mais tarde, com o incentivo da professora Radlińska, e a partir de pequenos sucessos diários, transformou-se em uma destemida célula de resistência que incluiu em seu âmago mais de uma dezena de pessoas de dez divisões e instituições diferentes. No entorno, dependia da bravura e da dignidade de centenas. Mas a ampla maioria dos que se tornariam unidos nessa rede tinha, de um jeito ou de outro, conexões que remontavam ao fato de terem trabalhado com Helena Radlińska na década de 1930.

A célula de resistência de Irena era admirável em termos de eficiência — e os que a conheciam e estavam a par do segredo não se surpreenderam. Irena não era apenas uma coordenadora, ela era uma potência. Em um ano, no outono de 1940, o pequeno grupo prestava assistência social a milhares de judeus em Varsóvia.[9] Tratava-se nada mais nada menos do que cadastros falsificados e requisição de recursos, que eram então distribuídos dissimuladamente a partir da cozinha popular em que Irena atuava.[10] O sistema dela era brilhantemente simples. "O ponto de partida para receber assistência social era a coleta de dados e as estatísticas das comunidades", ela explicou.[11] "Então nós forjávamos essas estatísticas e entrevistas — isso quer dizer que fazíamos listas de nomes inventados e desse jeito conseguíamos garantir dinheiro, itens alimentícios, roupas", que elas distribuíam nos centros. Para desencorajar os alemães de verificarem as famílias fictícias, elas alegremente acrescentavam aos dossiês anotações ameaçadoras sobre doenças fatais transmissíveis, como tifo e cólera. A pequena sala de Irena tinha muito movimento e olhares cúmplices. Irena queria uma aventura, e saber que elas estavam lutando contra o opressor, mesmo sendo perigoso, a fez se sentir viva.

Se o primeiro ano da ocupação tinha sido humilhante e duro para os poloneses — judeus e cristãos —, no segundo os ocupantes apertaram ainda mais os parafusos. No outono de 1940, o controle alemão de Varsóvia tornou-se mais rígido. Como a cultura polonesa foi obrigada a recuar, a atenção se voltou para a exploração e a erradicação da nação judaica dentro do país. Com falta de trabalho manual, os alemães arrancavam os homens judeus das ruas para trabalhos forçados menores. A população judia foi submetida a novas restrições sujeitas a punições. As sinagogas foram fechadas e a comunidade foi obrigada a suportar rigorosos toques de recolher. Os judeus não podiam enviar cartas internacionais, usar telefones ou trens, ir aos parques ou sentar nos bancos públicos. Mais tarde — forçados a usar a braçadeira azul e branca com a Estrela de Davi para identificação —, eram obrigados a ir da calçada para a sarjeta quando um alemão os abordava.

Adam não foi poupado de nenhuma dessas regulamentações humilhantes. A essa altura, ele e Irena eram amantes, e o romance secreto deles não estava isento disso também. Uma jovem mulher loira passeando de braço dado com um homem judeu na Varsóvia ocupada — mesmo que fosse só um amigo — era perigoso. Eles corriam risco de violência, até mesmo de uma surra cruel e terrível. Havia brutamontes antissemitas na cidade toda, encorajados pelas leis alemãs que proibiam o namoro "inter-racial", e eles perambulavam pela cidade à procura de alvos fáceis — e Adam, obrigado a usar a braçadeira, era facilmente reconhecido como um deles.

Algo banal como um passeio de fim de semana no parque ou pegar o bonde para atravessar a cidade para ir à casa de um amigo tornou-se impossível para Adam e Irena. Ou tinha se tornado no momento em que Irena passou a usar a Estrela de Davi ao caminhar com Adam. Usava em solidariedade, ela explicou mais tarde, e no fim de 1940, antes de ter começado o pior, ainda assim dava a Adam e a ela certa proteção. Um casal de judeus estava sujeito à violência nas ruas, mas a ligação de Adam e Irena, agora proibida, ficava menos evidente se ela estivesse com a faixa.

No início de 1941, a situação estava mudando. Já no mês de janeiro, jovens malfeitores poloneses,[12] encorajados pelos ocupantes alemães — e alguns eram pagos, diziam —, faziam a ronda nas ruas de Varsóvia em plena luz do dia, surrando ferozmente qualquer um com a Estrela de Davi. Em março, a violência descambou para um *pogrom*. Por mais de uma semana, durante os feriados da Páscoa e do *Pessach*, mais de mil matadores errantes aterrorizaram os bairros judeus, assaltando e agredindo qualquer um com a braçadeira da Estrela de Davi que tivesse coragem de tentar caminhar pela rua. Os ocupantes olharam para o outro lado — e o mesmo fez, chocada, grande parte da população da cidade.

Então, nas primeiras semanas da primavera, percebeu-se que havia uma epidemia perigosa de tifo nos bairros residenciais mais pobres — bairros que, previsivelmente, eram judeus. Corria a notícia em Varsóvia de que os alemães estavam planejando estabelecer um bairro judeu do outro lado do rio, na periferia, para isolar a população atingida.[13] Ao chegar abril, houve ordem de quarentena para as áreas infectadas. E no verão, bem quando a epidemia estava finalmente perdendo forças e os habitantes de Varsóvia nem tinham tomado consciência dela, os alemães decidiram fazer algo ainda mais radical, algo que mudaria tudo para os judeus na Polônia. E mudaria tudo para Irena e Adam também.

Em meados de outubro de 1940, foram afixados cartazes em toda a Varsóvia. Os habitantes, preocupados, apertaram os casacos para se proteger do frio e penetrante vento de outono e se aglomeraram nas ruas para ler os avisos. As mesmas ordens horríveis foram anunciadas em tom autoritário nas praças pelos alto-falantes dos alemães. A notícia era chocante, e Irena e Adam não acreditaram no início. Os habitantes de Varsóvia — judeus e poloneses — deveriam começar os preparativos, o decreto dizia. Os judeus iriam se mudar para uma pequena e desprestigiada região da cidade que tinha sido pesadamente destruída pelos bombardeios. Esse novo "bairro" seria o gueto de Varsóvia. Uma área com 73 ruas — um pouco mais do que 4% das ruas de Varsóvia — tinha sido reservada aos judeus, criada a partir de uma das vizinhanças mais pobres e degradadas do centro da cidade. Os habitantes arianos deveriam abandonar imediatamente a área demarcada para os judeus e encontrar outra acomodação. Os que moravam do lado errado da fronteira teriam que se mudar, independentemente da religião.[14] Os habitantes de Varsóvia tinham só duas semanas para fazer a realocações.

A cidade ficou em pânico. As ordens afetavam mais de 250 mil habitantes — quase um a cada quatro em Varsóvia, judeus e poloneses, e não havia nenhum planejamento ou procedimento para conduzir a mudança. *Eles que briguem entre si pelos restos* — era, mais ou menos, a posição dos alemães. O conselho judaico controlado pelos alemães, ou *Judenrat*, tentou organizar um centro coordenador para unir as famílias. Se famílias judaicas e arianas pudessem simplesmente trocar de casas, com base no tamanho do apartamento e da família, muito desespero poderia ter sido evitado. Poderia ter funcionado se os habitantes ricos de cada lado da fronteira tivessem colaborado. Mas eles não fizeram isso. As famílias abastadas simplesmente não estavam preparadas para viver em apartamentos pequenos, apertados, ou se mudar para ruas que consideravam "indesejáveis" — não enquanto tivessem recursos suficientes para negociar boas moradias no mercado aberto. Rapidamente os melhores apartamentos desapareceram, comprados por famílias com posses, que então os arrendavam a preços cada vez mais absurdos. Quando as famílias de classe média começaram a entrar em pânico, o valor da moradia aumentou mais, e proprietários inescrupulosos dos dois lados da fronteira rapinavam os futuros inquilinos desesperados. As famílias gastavam dias procurando freneticamente qualquer lugar para morar, sem se importar se era muito apertado ou deteriorado, e no último momento o valor da proposta aumentava ainda mais, e assim a busca recomeçava na manhã seguinte. Os habitantes mais pobres tiveram que se mudar com urgência para cortiços lotados. Irena e suas colegas de departamento estavam testemunhando o colapso catastrófico do sistema de bem-estar social de Varsóvia.

No decorrer das últimas duas semanas de outubro, para qualquer lugar que Irena se arriscasse a ir, a multidão de infelizes nas ruas, empurrando seus pertences em carrinhos de mão e de bebê, trombava com ela na pressa de encontrar um lugar em conformidade com as ordens alemãs. Nos portões do gueto, havia filas enormes e sinuosas dos que aguardavam permissão para passar; a ordem era mantida por soldados com armas que falavam alto e grosso. Jovens mães se esforçavam para carregar sobre a cabeça embrulhos pesados de roupas de cama e de banho, e até crianças pequenas arrastavam malas abarrotadas. Havia poucas peruas e carros, e para os judeus, de qualquer forma, eram proibidos. O transporte dentro do bairro judeu era praticamente feito por carroças puxadas por pessoas, e as famílias desamparadas eram obrigadas a deixar para trás muitos de seus pertences mais adorados e também os maiores. As substituições de lugar eram duplamente estressantes, porque os alemães mudavam de ideia o tempo todo sobre quais ruas seriam incluídas no novo bairro.

O drama cruel se desdobrou por todos os lugares à vista do público, e Irena assistiu de camarote à pior parte do caos. E se o seu apartamento estivesse do lado errado da linha divisória? Irena sabia que tinha sido apenas sorte. O gueto começou bem a leste de seu apartamento em Wola. Fazer uma mudança com a mãe doente era um pensamento assustador. A saúde de Janina era fonte de constante preocupação. Mas, se seu apartamento não era longe do novo bairro judeu, o trabalho na rua Złota era ainda mais perto. A rua Złota dava de cara com o novo gueto. Das pequenas janelas no alto, ela e Irka Schultz viram toda a tragédia acontecendo diante de si.

Mas o decreto desalmado também dizia respeito à Irena muito intimamente. Ela e a mãe tinham sido poupadas, mas Adam e a mãe dele, Leokadia, não. Eles foram capturados pela loucura junto com o resto da família Celnikier: tias, tios e primos. Irena não foi forçada a se mudar com Adam para o gueto apenas porque ele era seu amante, e não marido. Se ela fosse casada com um judeu, seria tratada como uma judia.

Em 1940, Adam morava em um apartamento na rua Bałuckiego, 18, em Mokotów, na zona sul, bem fora das delimitações do gueto. Adam era judeu, e Mokotów era agora um bairro "ariano". Ele teria que se mudar, assim como outras dezenas de milhares de pessoas pela cidade toda, e o coração de Irena ficou apertado. Adam sofreu com a perda de sua casa, mas foi a perda dos livros que o devastou e o deixou incrédulo e furioso. Como historiador, candidato ao doutorado, um homem que vivia dentro dos livros e que já estava refugiado neles com dedicação cada vez maior, para ele poucas propriedades importavam mais do que a biblioteca, que não dava para levar para o gueto. Como eles carregariam os livros — mesmo que os alemães não queimassem livros de judeus por esporte nos postos de controle — se judeus como ele foram proibidos de usar tudo, exceto o tipo mais rudimentar de transporte? Irena queria dizer que achariam um jeito. Adam afastou qualquer consolação e olhou mal-humorado para as pilhas de livros em seu apartamento. Ele sabia perfeitamente bem que não tinha como levá-los e que não havia solução para o gueto.

No grupo, não foi apenas Adam que teve de enfrentar a dor de ter que deixar a própria casa e abandonar suas posses. Todos os amigos judeus de Irena na Universidade Livre da Polônia e do serviço social foram obrigados a se mudar: Ewa Rechtman; Ala Gołąb-Grynberg e sua filhinha, Rami; Rachela Rosenthal e sua menina; o mentor de Ala, dr. Hirszfeld; o amigo advogado de Irena, Józef Zysman, sua mulher, Teodora, e o menino deles, Piotr. E também, claro, a mulher judia de Adam e seus pais, incluindo a sogra, Leokadia Celnikier. Nesse triângulo amoroso pouco convencional, o lugar de Irena de repente ficou bem mais complicado. A mãe de Adam não via com bons olhos o jeito de viver do filho. Mãe e filho nunca tiveram um relacionamento fácil, e a mudança para o gueto não melhorou as coisas. Enquanto o nome da mulher de Adam permanece como segredo de família, os registros de propriedade na época da guerra mostram que alguns membros das famílias Celnikier e Mikelberg viviam juntos.[15] Regina Mikelberg, no entanto, não estava entre eles.[16] Ela se mudou com os pais e o irmão e a irmã mais nova para um apartamento na região nordeste do gueto, na rua Franciszkańska, 30. E então, como todo mundo no novo bairro judaico, Regina começou a encontrar meios de evitar que ela e a família morressem de fome.

* * *

No lado ariano, as praticidades da vida eram mais fáceis, mas Irena estava preocupada com a mesma questão: como seus amigos judeus sobreviveriam com as rações miseráveis dos alemães? Como sobreviveriam os beneficiários judeus do serviço social?

Irena ansiava por tomar providências e, com desafios desse tamanho, não se imaginava presa em casa, entediada, de braços cruzados. No trabalho, ela se dedicou a encontrar soluções e ficou mais ocupada do que nunca. Sua pequena rede de colaboradores tinha começado a falsificar registros internos para canalizar reforços assistenciais a famílias judias em necessidade. Agora ela queria outra coisa: cópias em branco de documentos oficiais que às vezes passavam por suas mãos no serviço de assistência social — documentos necessários para dar identidades arianas aos judeus.

Com novos documentos "poloneses", uma família judia poderia, enfim, driblar essas ordens se tivesse um pouco de ousadia. Ela poderia, como a professora Radlińska, ir para algum lugar da extensa metrópole de Varsóvia e passar despercebida. O problema era convencer os amigos judeus a se sujeitarem a esses riscos. Adam simplesmente se recusou. Ele não sairia do gueto. Sua teimosia deixou Irena louca de preocupação. Também a feriu. Em 1940, Adam já era desimpedido, conforme as leis dos judeus ortodoxos — ou, se não era livre, poderia ser. Na tradição ortodoxa, o divórcio era tão simples quanto oferecer à esposa uma carta de divórcio, ou *get* — um compromisso por escrito que a libera para se casar novamente. O casamento na tradição católica de Irena é que era um impedimento. Mas a recusa de Adam por essa escolha a incomodava. O que dizia sobre a relação deles? A verdade é que Adam estava mergulhado em uma depressão profunda e era incapaz de qualquer ação. E com certeza a culpa fazia parte dessa conta emocional confusa. Como ele poderia se salvar e abandonar a família?

E, de qualquer maneira, as ordens eram tão repressivas, que a maioria das pessoas na comunidade judaica ainda acreditava que estaria mais segura no gueto, separada dos alemães e dos vizinhos poloneses, muitos deles antissemitas. Todos asseguravam uns aos outros que as mudanças seriam mínimas. A maioria das pessoas acreditava que, como os guetos medievais em toda a Europa, os portões seriam fechados apenas à noite, e durante o dia a cidade cuidaria de seus afazeres. "Nós ainda vamos nos encontrar nos apartamentos uns dos outros, como sempre fizemos", eles falavam entre si. "Ainda vamos morar, apesar de tudo, na mesma cidade." Se o gueto permanecesse aberto, qual seria o perigo de verdade? Mas já em outubro começaram a construir um muro de tijolos de três metros de altura que ia desde a metade do quarteirão que separava a rua Złota de seus vizinhos até a rua Sienna, ao norte.[17] Uma pequena parte do muro ainda está lá em Varsóvia, perto do local em que ficava o trabalho de Irena durante a guerra, um dos poucos vestígios hoje do perímetro do gueto.

O novo bairro judeu era uma área da cidade originalmente concebida para 80 mil habitantes, e a maioria das áreas da vizinhança tinha ruas com casas de operários que não tinham nem mesmo as conveniências básicas modernas. Mas alguns lugares, especialmente onde ficavam as casas maiores, ao longo da rua Sienna, eram bairros burgueses nobres. Os membros mais ricos da comunidade judaica compraram rapidamente esses apartamentos, e grande parte dos amigos de Irena estava entre eles. Seus amigos eram de famílias abastadas e assimiladas e, em muitos casos, não praticavam o judaísmo havia décadas. Alguns, como a professora Radlińska e o primo, dr. Hirszfeld, tinham raízes judaicas, mas se converteram ao catolicismo. Esses fatos não significavam nada para os alemães. Outros, como Adam e Józef, julgavam-se poloneses apenas. E outros ainda, como Ala e o marido Arek, eram sionistas orgulhosos, cujos planos de emigração para a Palestina tinham sido interrompidos pelas questões políticas mundiais. Pessoas com boa formação, bem-sucedidas, com pós-graduação e carreiras profissionais, e todos falavam polonês fluentemente. Talvez o mais importante: tinham uma ampla rede de contatos fora dos círculos judeus.

Entre os judeus de Varsóvia, os amigos de Irena constituíam uma minoria perigosamente pequena. Eram os poucos privilegiados. Eram apenas uma fração da comunidade judaica da cidade que se misturava à vida cultural da Polônia, pois, na maioria das vezes, os judeus eram verdadeiramente uma nação dentro de uma nação. Na melhor das estimativas, nas palavras de um sobrevivente da guerra, "em Varsóvia havia milhares de judeus que exerciam suas profissões e, por causa delas, misturavam-se à sociedade polonesa — advogados, médicos, engenheiros, jornalistas, escritores, atores".[18] Os amigos de Irena faziam parte dessa população. Os demais — mais de 350 mil judeus na tarde da ocupação — viviam e trabalhavam em espantoso isolamento dos vizinhos "eslavos".

No começo, mesmo no gueto, o dinheiro podia comprar razoável proteção contra a pobreza e a privação. Os amigos de Irena se mudaram para as melhores áreas, e a maioria tentou ser otimista. Em outras partes do novo bairro, entretanto, as condições eram muito mais insalubres e a vida, cruel desde o início. A maioria dos que mantiveram as condutas e a língua antigas se viu em ruas onde os apartamentos eram apertados e degradados. Essas famílias não assimiladas eram em geral mais numerosas e mais pobres, e os que vieram para Varsóvia como refugiados já estavam especialmente desesperados. A maioria dessas famílias não falava polonês nem poderia considerar como amigo qualquer um dos vizinhos poloneses étnicos da cidade. Nos apartamentos sobre as lojas de rua, viviam juntas três, quatro, às vezes cinco famílias apertadas em uma pequena moradia, compartilhando banheiros de corredor e competindo por um pedaço de chão. Eram condições propícias para doenças e calamidades.

Naquele outono, uma das amigas de Irena se recusou terminantemente a ir para o gueto. Maria era assistente social e, em 1940, já fazia parte da rede secreta de Irena que fraudava o serviço de bem-estar social.[19] Ela não tinha nascido judia, nem seu marido, também amigo e colega. O marido de Maria, dr. Henryk Palester, era especialista em doenças infecciosas do Ministério da Saúde, colega de trabalho de Ala, a amiga de Irena, e do dr. Hirszfeld, mentor de Ala. O casamento de Maria com um homem quase trinta anos mais velho tinha escandalizado sua família conservadora, mas não foi apenas a diferença de idade desses dois socialistas idealistas que incomodou os pais. Foi o fato de que Henryk, um cavalheiro de pele clara, calvo, privilegiado, com um belo e afilado nariz e óculos pretos quadrados, também tinha dado um passo inusitado quando jovem, convertendo-se ao judaísmo.[20] Em 1940 aquilo significava que a família Palester — Maria, Henryk e seus dois filhos, a pré-adolescente Małgorzata e o adolescente Krzysztof — deveria estar ocupada fazendo malas para se mudar para o gueto.

Maria tinha, entretanto, outros planos. Apesar de o marido Henryk ter sido sumariamente demitido de seu cargo no governo quando as restrições de empregos foram aplicadas aos judeus, todos tinham certidões de nascimento católicas e registros de batismo. A não ser que os alemães fossem procurar por eles, Maria achou que havia mais do que uma boa chance de que pudessem passar pela guerra com seus próprios nomes, em seu próprio apartamento, seguindo em frente como poloneses católicos. Não se tratava de renegar o judaísmo de Henryk, mas também não era hora de ficar mostrando isso para os ocupantes. Quando a vizinha judia de Maria — professora e mãe de uma menina pré-adolescente — admitiu que estava planejando se mudar para o gueto como decretado, Maria a persuadiu a se arriscar também. Maria Palester estava convencida de que o gueto era uma armadilha para a comunidade judaica. Alguma coisa lhe dizia que se tratava de um imenso perigo.

Maria se recusou a passar a guerra se esquivando e se escondendo em seu apartamento. Era um jogo de confiança, ela imaginou. A melhor aposta era não se esconder. O medo denunciava um jogador, e Maria era uma jogadora de cartas arguta e experiente. Quando ficou claro que o jogo comum de *bridge* incluiria informantes da Gestapo e até mesmo alguns alemães étnicos, ela fez questão de ser atraente e comunicativa. Maria era uma mulher esguia, com cabelo escuro cacheado, maçãs do rosto salientes, e ela sabia como ser elegante. E não era nada mau ter um pouco de proteção se eles fossem descobertos, e todo mundo já sabia que subornos podiam resolver todo tipo de problema. As conexões de Maria na Gestapo seriam, antes de a guerra acabar, cruciais para Irena.

Em poucas semanas, não havia dúvida de que a família Palester tinha tomado a decisão certa. O dia 16 de novembro de 1940 caiu num sábado. As famílias judias, caminhando devagar para a cerimônia clandestina do *Shabat* nos subsolos ou sótãos,[21] ficaram chocadas ao saber que o gueto havia sido fechado completamente durante a noite. Foi como um trovão, os habitantes disseram mais tarde.[22] Ninguém percebeu que iria acontecer. Os judeus estavam proibidos de deixar a área cercada para interromper a recorrência de doenças transmissíveis, pelas quais eles eram acusados ostensivamente de serem culpados em assustadores cartazes racistas por toda a cidade.

No início, apesar da presença de soldados alemães, poloneses e judeus nos postos avançados, as barricadas eram pouco policiadas. Durante a tarde toda e por mais uma semana depois, o gueto permaneceu aberto parcialmente. Naquela semana, conforme corria a notícia por Varsóvia, um grande número de habitantes poloneses — amigos e desconhecidos — foi até os muros carregando pão e flores.[23] Outros, no lado ariano, trabalharam para enviar remessas de produtos frescos para os mercados do gueto, organizados às pressas, e famílias inteiras percorriam as barracas do mercado improvisado, que surgiu sobre vagões cobertos de lona ou sobre mesas precárias, à procura de comida.

Quando Adam e Irena caminharam pelas ruas do gueto juntos naquela primeira semana, a roupa lavada pendurada nas janelas se agitava com o vento de outono, e eles, sem serem notados, foram levados pela maré de pessoas que passava. Seria a última vez, em muitos anos, que os dois andariam assim, ao ar livre. Irena amava Adam, mas as coisas já não estavam fáceis. O fatalismo e a passividade dele a irritavam, e às vezes eles discutiam. Por que ele não ia embora com ela? Ele poderia sair do gueto com ela hoje. Ela lhe conseguiria documentos de identidade falsos. E também para a esposa e para a mãe dele, se era isso que ele queria. Não era impossível ficarem juntos. Mas Adam não iria fazer isso, ou não conseguia.

Logo as fronteiras passaram a ser vigiadas com rigor implacável,[24] e, à medida que a comida acabava, os preços de tudo no gueto aumentavam catastroficamente. As remessas para o mercado foram confiscadas, e Irena ficou horrorizada ao saber que as rações oficiais distribuídas para seus amigos equivaliam a insignificantes 184 calorias por dia.[25] Obedecer à lei significava indubitavelmente passar fome. Os contrabandistas obviamente começaram a organizar operações engenhosas, usando pequenas e ágeis crianças de rua para escalar o muro. Os alemães reagiram, acrescentando aos muros, ainda em furiosa construção, cercas de arame farpado em círculos e cacos de garrafas de vidro, e atirando nas crianças.[26] Irena ouvia o barulho dos tijolos, um contra o outro. E, a cada dia, o muro que a separava de Adam ficava cada vez mais alto.

* * *

Quando os limites do gueto foram definidos, o hospital judaico na rua Dworska ficou do lado ariano da fronteira. Os infelizes que precisavam de cuidados médicos, desde então, tinham que passar pelos postos de controle alemães. O mesmo acontecia com a equipe médica a cada manhã. Toda vez que Ala Gołąb-Grynberg se despedia da filha adormecida com um beijo na escuridão daquelas manhãs de outono, doía. Ela sabia que poderia não voltar para casa de noite. Não precisava ter atravessado a fronteira do gueto muitas vezes para perceber a dura realidade. Mas, como enfermeira-chefe, Ala não tinha escolha — não eticamente. Junto com a equipe de 75 enfermeiras e médicos, ela tinha que passar pelo aterrorizante tormento duas vezes por dia.

Durante o mês de novembro, a equipe do hospital se encontrava toda manhã, um pouco antes das sete, na rua Twarda para aguardar a autorização. Ala tentava não lembrar como era essa rua antes da guerra, um alvoroço alegre de casas de classe média e lojas de judeus. Desde a ocupação, os habitantes se esgueiravam pelos cantos dos prédios,[27] o mais distante possível dos postos de controle, e, mais à frente na rua, os alemães tinham transformado a grande sinagoga em um depósito de feno e estábulo para os cavalos. Ela estava feliz de ver Ludwik — o dr. Hirszfeld — juntando-se ao grupo, no frio matinal inclemente, com seu sobretudo e tufos de cabelo branco saindo por debaixo de um digno chapéu fedora. Só Ludwik para manter a elegância até no gueto, mesmo depois, Ala imaginava, de outra noitada no cabaré da esquina que ele frequentava. Ludwik Hirszfeld era apaixonado por um tipo de jazz sensual e por músicas românticas antigas, e a glamorosa prima de Arek, Wiera, era uma das melhores cantoras do gueto.

Sete horas em ponto, a equipe do hospital se juntou e devagar se aproximou do posto de controle no cruzamento das ruas Złota e Twarda. A antiga sala de trabalho de Irena não ficava longe, e de lá, se ela esticasse o pescoço, talvez pudesse enxergar o posto. Mas, depois que os alemães revisaram alguns documentos do departamento, houve mais perguntas do que respostas, e Irena fora sumariamente transferida para uma divisão bem distante do gueto. Perto de Ala, soldados indolentes de capacete empurravam as bicicletas pelas ruas de paralelepípedo, as armas pendiam despretensiosamente de seus ombros. Era só mais um início de um dia de trabalho também nos postos do gueto.

No posto de controle, uma placa em alemão alertava: "Área infectada com tifo. Passagem apenas com autorização". Ao seu lado, Ala ouviu o dr. Hirszfeld rosnar baixinho. Seu mentor tinha dito muitas vezes que, se quisessem criar uma epidemia de tifo, o gueto seria um excelente meio para isso. A equipe do hospital já estava na linha de frente daquela batalha sem esperança. Um em cada cinco funcionários admitidos na equipe sucumbiria à doença ao tratar os pacientes.[28] Mas, bem antes que qualquer um deles enfrentasse esse risco, havia um perigo imediato diante deles. O grupo ainda tinha que passar pelos guardas, que os empurrariam, segurando-lhes com força os braços atrás da nuca, debaixo de armas, até a porta do hospital. Naquela manhã, eles estavam sem sorte. Já tinha acontecido antes, e aconteceria de novo. Mas a cada vez eles ficavam abalados, machucados e aterrorizados. Assim que entraram na área ariana e começaram a caminhar a passos rápidos, Ala viu um punhado de jovens da SS gingando em sua direção. Ala instantaneamente olhou para o chão. "Não olhe para eles", ela disse para si mesma em silêncio. Mas olhar para outro lado não fez diferença, e ela arfou assim que a ponta de um rifle bateu forte no peito de um dos médicos que estavam na frente da escolta. Ele caiu, e Ala se virou de novo para a direção oposta ao som das botas que chutavam os ossos do médico, enquanto ele gemia deitado no chão. Os demais passaram atordoados. Mais cutucões de rifles. Mais botas e gritos de dor e palavras em alemão. Enquanto os habitantes poloneses corriam para o trabalho, assistindo a tudo atônitos, os médicos eram alinhados para fazer exercícios de polichinelo cada vez mais rápido, até tombarem em meio a uivos de risadas, e os SS seguirem adiante, procurando uma nova diversão.

Logo essas incursões fora do gueto foram proibidas. Ala não achou exatamente ruim. Em dezembro, o hospital judaico foi fechado e as equipes médicas foram designadas para clínicas menores espalhadas pelo gueto, com capacidade bastante reduzida.[29] Não foi suficiente para atender à carência avassaladora, e as coisas dentro do gueto pioraram rapidamente. Até o fim de 1940, o bairro tinha ficado famoso como um cemitério de vivos. Maria e Henryk viviam em constante perigo de serem pegos, mas tinham feito uma escolha muito melhor.

Era tudo parte da solução final, que, apesar de ter sido concebida de modo obscuro, tinha sido inexoravelmente posta em ação antes da queda de Varsóvia. Com a mesma intenção, o líder da SS, Reinhard Heydrich, lembrou a seus capangas em Varsóvia que "o primeiro pré-requisito para a solução final é a concentração dos judeus" em áreas urbanas.[30] Apenas "cidades com entroncamento ferroviário devem ser selecionadas como pontos de concentração", ele informou a seus funcionários.[31] Varsóvia era uma das maiores com os entroncamentos. Assim que a população judia de Varsóvia foi cercada, refugiados de outras cidades começaram a chegar. Todas as comunidades judias com menos de quinhentas pessoas foram fragmentadas por ordem do Governo-Geral, e os habitantes — quando sobreviviam — eram forçados a se mudar para a cidade. Mais tarde, os judeus da Alemanha também seriam deportados para o gueto de Varsóvia, aumentando ainda mais a superlotação. A consequência foi mais de meio milhão de pessoas forçadas a passar fome dentro de uma região cercada e vigiada.

Adam era um deles. Regina era outra.

No prazo de algumas semanas, Irena obteve um passe para controle epidêmico que a autorizava a entrar e sair do gueto. Conhecendo a determinação e a desenvoltura de Irena, ninguém se surpreendeu com a notícia.

4
Grupo de jovens

Varsóvia, 1940-1941

Irena tremia, mas estava se esforçando muito para se concentrar. *Rickettsia prowazekii*. Bactéria. *Pediculus humanus*. Infecção de piolho. A sala estava escura e lotada de rapazes e garotas, cada um escrevendo anotações espremidas em papel escasso.

Do outro lado do cômodo, Irena trocou um olhar de preocupação com a amiga Ala. Nos primeiros meses de 1941, Ala estava muito magra, com olheiras profundas, e as roupas maiores lhe caíam dos ombros. Naquele ano, a filha, Rami, tinha cinco.[1] Irena sabia que Ala morava com os pais, Moshe e Rachel, com o irmão mais velho, Janek, e com uma menina órfã de dois anos, Dalia — todos apertados em um apartamento ali perto, na rua Smocza, 4.

Ala era agora enfermeira-chefe no gueto, uma nomeação oficial feita pelo *Judenrat*, e o cargo permitia que ela tivesse um passe raro de entrada e saída do gueto para fazer visitas profissionais nas ruas do bairro judeu após o toque de recolher. Ela também era responsável pelo grupo de jovens da rua Smocza, 9 e, secretamente, estava organizando, com o professor Ludwik Hirszfeld, primo da professora Radlińska, cursos de Medicina Sanitária administrados pela comunidade e de treinamento médico paramilitar.[2] Alguns jovens judeus já estavam falando sobre resistência armada. O marido de Ala,

Arek, que miraculosamente tinha sobrevivido ao combate no *front* oriental e conseguido voltar para casa em Varsóvia, era um desses primeiros ativistas. Arek, entretanto, não voltou para o bairro judeu. Ele se juntou aos *partisans** e vivia na floresta, fora da cidade. As possibilidades de carreira no gueto, afinal, eram fracas para atores, e as crianças estavam famintas. Irena percebia como a situação afetava a amiga.

Falando com voz firme, o dr. Landau, o professor, enfatizava seu ponto de novo, batendo com o giz no quadro-negro improvisado. Havia uma vela na sala; ele dava aula no escuro. Não importava que estivessem aprendendo em circunstâncias difíceis ou que as aulas fossem clandestinas e perigosas, o dr. Landau era um disciplinador rígido, inflexível. Era também rigoroso e bruto. Para Irena, ele parecia um sargento ou mesmo um general.

"O saneamento é a chave para estancar a epidemia que está ganhando de nós", ele continuou, batendo com o giz no quadro-negro de tempos em tempos para pontuar outra frase. "O tifo depende de bairros lotados e populações humanas confinadas para se multiplicar assim. A taxa de mortalidade subiu de menos de mil para vários milhares por mês, e teremos que trabalhar com medidas..."

Ele foi interrompido no meio da frase pelo pisar forte de botas do lado de fora da porta. O lápis de alguém em pânico caiu no chão e fez barulho. Eram os sons familiares e assustadores das botas nazistas, e os adolescentes na sala escura podiam ouvir agora o berro horrível do lado de fora, as ordens urradas para os judeus se apresentarem. *"Raus! Juden raus!"* Ouviu-se o grito perfurante de uma criança em algum prédio próximo. Tiros. Choro.

No mesmo instante, a sala inteira voltou-se para o dr. Landau. Onde eles iriam se esconder? O que iria acontecer? O dr. Landau bateu no quadro-negro de novo, olhando para eles fixamente, proibindo com o olhar que se movessem, e continuou a aula. "A infecção ocorre quando as fezes da bactéria *Rickettsia prowazekii*..."

---

* Grupos paramilitares que tiveram ampla atuação de resistência à ocupação alemã no Leste Europeu durante a Segunda Guerra Mundial, cujo objetivo principal era executar tarefas de sabotagem, entre outras. Organizavam-se em círculos pequenos de pessoas comuns da sociedade civil, viviam na clandestinidade e usavam táticas de combate de guerrilha, baseadas no elemento surpresa. (N. T.)

O som das botas ecoou mais distante na rua, e só então uma das meninas na sala começou a tremer e a soluçar. Em meio a uma convulsão histérica, ela ficou ofegante, tentando respirar. Os outros também começaram. Irena assistiu, estupefata, ao dr. Landau se dirigir ao grupo com agressividade:

"Vocês ainda não entenderam?"[3]

Dezenas de olhos se fixaram no médico. Apenas Ala parecia calma. Irena ficou maravilhada com o autocontrole dela.

"Todos nós, dia e noite, estamos na linha de frente", o médico disse com severidade. "Somos a tropa da linha de frente em uma guerra que não para nunca. Somos soldados e devemos ser duros. Aqui não é permitido chorar!"

E então, batendo com o giz no quadro-negro, retomou o fluxo do pensamento como se não tivesse acontecido nenhum segundo de interrupção. Uma nuvem de pó branco pairou no ar por um momento. Ninguém se atreveu a tossir com receio de que o médico achasse que estavam fungando. No quarto mal iluminado, todos continuaram a escrever enquanto a voz firme do médico prosseguia com a explicação.

A presença de Irena no gueto — nas ruas ou nessas aulas secretas — não surpreendeu nenhum de seus antigos amigos da universidade que estavam encarcerados lá. Eles também não ficaram surpresos de ver colegas dela do serviço social — Irka Schultz, Jadwiga Deneka ou Jaga Piotrowska — naquele dia. No fim dos anos 1940 e no decorrer de 1941, as quatro mulheres entravam e saíam do gueto, ocasionalmente, duas ou três vezes por dia.

A rede de Irena não começou como uma operação planejada. "Eu visitava o bairro cercado com frequência", ela contou.[4] E foi assim desde o momento em que o gueto passou a existir. "Meu trabalho no Departamento de Saúde e Assistência Social da administração da cidade possibilitou que eu conseguisse um passe", ela explicou. Muitas das famílias que Irena auxiliava estavam confinadas no gueto, e por isso ela precisava ir até lá. Mas o motivo verdadeiro era pessoal. "Eu conhecia o sofrimento das pessoas que estavam apodrecendo atrás dos muros, e eu queria ajudar meus velhos amigos." Havia questões amorosas também, ela admitia. Irena queria estar especialmente com um amigo: Adam. A depressão de Adam era agora uma espiral de fúria que se transformava em raiva e amargor. Irena estava assustada. Para sobreviver no gueto, era preciso *querer* viver.

Dr. Juliusz Majkowski, um médico polonês, foi quem viabilizou o passe para sua entrada no gueto. Irena o conhecia do grupo da professora Radlińska desde os tempos da universidade, e ele já fazia parte da célula de resistência em contato com a professora. O dr. Majkowski era também, convenientemente, responsável pela Divisão de Obras de Saneamento Urbano de Varsóvia e também pelo combate à disseminação das doenças epidêmicas fora dos muros do gueto e pela eliminação dos materiais infectados. Ele simplesmente acrescentou as quatro conspiradoras — Irena, Irka, Jadwiga e Jaga — à lista dos funcionários autorizados da equipe médica a entrar no gueto e providenciou passes legais de controle epidêmico; isso permitiu que as quatro atravessassem os postos de controle livremente. Os alemães estavam com medo de serem infectados com a doença que assolava o gueto, por isso deixavam o trabalho de saúde e saneamento para poloneses "prescindíveis".

Nos portões que levavam para dentro e para fora do gueto, os homens dos esquadrões da SS, com armas apoiadas nos quadris, examinavam os documentos de Irena, bombardeando-a com perguntas e berrando instruções. Ela controlava o nervosismo toda vez. Em teoria, nenhuma delas estava se arriscando muito entrando e saindo durante as tardes após o trabalho no serviço social. Afinal, os documentos eram perfeitamente legais, mesmo que o trabalho sanitário fosse mentira; e, apesar da faixa com a Estrela de Davi que Irena sempre usava em solidariedade aos amigos ao caminhar pelas ruas do gueto, ela não era judia — exceto, claro, a razão pela qual ela entrava e saía do gueto várias vezes por dia, indo e vindo a partir de diferentes postos de controle, obedecendo a uma rotatividade rigorosa.

Os amigos de Irena estavam passando fome no gueto. Os preços dos alimentos contrabandeados eram astronômicos.[5] E os judeus não tinham permissão de ter mais do que poucos milhares de zlotys. E havia a crueldade progressiva dos soldados e dos sequestradores. Tiros ressoavam a toda hora, a maioria, entretanto, acontecia à noite, e havia gritos que ecoavam dos prédios quando a cidade estava em silêncio. "Agressões — 'divertimentos' cruéis, ferozes — são acontecimentos diários", os jornais clandestinos de Varsóvia relatavam sombriamente.[6] De manhã, os mortos ficavam esticados nas ruas, onde eram despidos, empilhados e cobertos com jornais velhos e pedras, porque os trapos que vestiam eram valiosos para os vivos.

Acima de tudo, as amigas de Irena estavam vendo crianças famintas morrerem diariamente de tifo, uma doença para a qual existia vacina.[7] Amigos morriam com frequência. A manchete no jornal polonês da resistência, *Biuletyn Informacyjny* — o *Boletim Informativo* —, noticiou que em 1941 "a densidade populacional [dentro do bairro judaico] é inimaginável.[8] Uma média de seis pessoas vive em um quarto; às vezes, entretanto, há até vinte... A lotação crescente resultou em condições sanitárias e higiênicas indescritíveis. Fome e sofrimento inimagináveis são comuns agora". O governador alemão de Varsóvia* vangloriava-se de a fome ser uma política oficial. "Os judeus vão morrer de fome e de indigência, e o que vai restar da questão judaica é um cemitério."[9]

Irena, claro, fazia contrabando. Ela podia levar apenas um pouco de cada vez. Então, a única alternativa era ir com frequência. Às vezes ela levava comida, outras, dinheiro. De vez em quando, mais extravagantemente, ela levava bonecas feitas à mão que um dos ex-professores de Adam e Irena na Universidade de Varsóvia, o dr. Witwicki, esculpia em seu esconderijo para os pequenos do orfanato do gueto do dr. Korczak. Sempre que podia, entretanto, ela entregava em mãos para Ala Gołąb-Grynberg e Ewa Rechtman frascos de vacina. No início, a pena para quem era pego contrabandeando era a prisão, e, em muitos casos, a deportação para um campo de concentração. Ao chegar o inverno, panfletos afixados por toda a Varsóvia anunciavam que os alemães tinham subido a aposta e declaravam que a pena para quem ajudasse um judeu — alimentando-os, especialmente — seria a execução sumária.

Os amigos de Irena do gueto se organizaram tão rapidamente e com tanta segurança quanto os amigos e compatriotas das divisões municipais da cidade. Todos eram jovens idealistas e altruístas, com vínculos de amizade antigos e

---

* Hans Frank. (N. T.)

experiências compartilhadas, e reagiam às necessidades de pessoas que estavam diante deles. A carência era assustadora. No centro de refugiados, um dia de manhã, uma criança judia de oito anos ficou louca. Os cuidadores a levaram embora aos gritos: "Quero roubar, quero comer, quero ser alemão".[10] Toda tarde, a caminho para ver Adam, Irena tinha que passar com atenção por cima dos corpos de crianças.

Do lado ariano, o serviço de assistência social deu à Irena e a seus colaboradores acesso a recursos e um pretexto. Dentro do gueto, a central que reunia os amigos em um projeto compartilhado intensificava sua atuação como instituição de caridade para órfãos. Dirigida pelo advogado e professor de psicologia judeu dr. Adolf Berman, chamava-se Centos (Centralne Towarzystwo Opieki nad Sierotami).* A amiga e colega de sala de Irena, Ewa Rechtman, era cada vez mais importante na Centos.[11] Ela parecia conhecer todo mundo no gueto. Ewa coordenava o grupo de jovens da rua Sienna, 16,[12] situado em um dos pedaços mais ricos e vivazes do bairro judeu, onde depois se estabeleceram o hospital de crianças do gueto e o orfanato do dr. Korczak.

No centro de refugiados e no hospital, a equipe travava uma batalha diária contra doenças e fome. Mas nem todos no gueto sofriam, especialmente nos bairros mais ricos. Enquanto cerca de meio milhão de habitantes do gueto se enfraqueciam de fome, os "aristocratas do gueto" — ricos industriais, muitos conselheiros do *Judenrat*, policiais judeus, contrabandistas especuladores, donos de clubes noturnos, prostitutas de luxo, talvez um total de 10 mil pessoas — dançavam em meio aos cadáveres. Havia 61 cafés e clubes noturnos no gueto, e a "orgia de festas", escreveu Emanuel Ringelblum, autointitulado historiador do gueto, "não tem restrições".[13] O conjunto da rua Sienna, onde Ewa trabalhava, abrigava um desses cafés onde bandas tocavam acompanhadas de uma cantoria ruidosa.[14]

Ala sabia melhor do que ninguém como eram as festas loucas e os clubes noturnos do gueto. Como o marido, Arek, seus pais eram também atores e diretores celebrados de teatro. Mas Weronika — Wiera — Grynberg era a parente mais famosa do clã das duas famílias. Prima do marido, Wiera era

---

* Central das Associações de Proteção aos Órfãos e às Crianças Abandonadas. (N. T.)

mais conhecida em Varsóvia como a sensual atriz de cabaré Vera Gran, seu nome artístico. A voz baixa, sedutora e sensual de Wiera a transformou em uma estrela do pré-guerra, e em 1941 ela era uma atração lendária no gueto. Os soldados da Gestapo, a elite do *Judenrat* e os homens da ss se reuniam no enfumaçado café Sztuka na rua Leszno, 2, a metros de distância dos portões do gueto, para ouvir Wiera cantar canções de amor a plenos pulmões. Os duetos com Władysław Szpilman, o músico imortalizado no filme de Roman Polansky *O pianista* (baseado nas memórias de Szpilman), atraíram grandes multidões de admiradores, incluindo visitas noturnas do mentor de Ala, dr. Hirszfeld, e do velho amigo de Irena, Józef Zysman, ambos frequentadores devotos do café Sztuka. Como o café ficava perto da principal enfermaria do novo endereço do hospital Czyste,[15] desde então na rua Leszno, 1, muitos médicos e enfermeiras iam para lá depois do trabalho; entretenimento e assistência social nem sempre foram incompatíveis. A representação de diversão para os ricos do gueto era o principal meio de angariar fundos para caridade dentro do bairro cercado. Os adolescentes do grupo de jovens de Ala encenavam peças para os habitantes ricos e doavam a renda obtida com os ingressos para a compra de comida e remédios para as crianças no mercado clandestino. Quando o orfanato do dr. Korczak precisava arrecadar fundos, Ala persuadia a prima célebre do seu marido a cantar de graça, e, como sempre, Wiera atraía enorme audiência com seu dom de sedução.

"Venha comigo", uma Ala sorridente insistiu com Irena. "Passe a noite no gueto e veja o que acontece no café Sztuka." Como Irena iria resistir? Pelo menos duas vezes ela aceitou o ousado convite da amiga. E Irena foi de fato ao café Sztuka. Era proibido, claro, e ela teria sido morta se fosse descoberta. Mas Irena já arriscava a vida diversas vezes por dia. Arriscar a vida de novo para passar a noite com amigos — e com Adam — dificilmente parecia fazer diferença. Em 1941, atos impulsivos de coragem ainda eram estimulantes e provocavam excitação. Perigo pessoal ainda parecia algo remoto e abstrato para Irena.

Na escuridão enfumaçada do café, Wiera cantarolava. Era bom ver até mesmo Adam sorrindo. Adam não sorria com frequência no gueto, embora sua amargura particular tivesse abrandado desde que começou a dar aulas em um dos grupos de jovens. De seu escritório como voluntário na rua

Elektoralna, 24, Adam alimentava crianças de rua famintas. Ele também entrou para a resistência judaica e estava secretamente divulgando publicações clandestinas a partir de um apartamento nas proximidades. Adam e Ewa provocavam noites de insônia em Irena. Cada um deles lutava contra o desespero. Mas Adam não dizia mais com tanta frequência que a vida no gueto não valia a pena, e ela percebeu que ele estava mais cuidadoso. Agora que Ewa voltara a trabalhar, ela também estava melhor. Foi o trabalho que os salvou — dar aulas e cuidar das crianças.

Ao perceber tudo isso naquela noite, o quadro que se revelou no clube noturno deixou-a estupefata. No café, garçons sorridentes derrubavam champanhe nos copos que serviam. Será que há champanhe circulando no gueto? Só ao tomar o primeiro gole Irena acreditou. Por todo canto, num turbilhão agitado, mulheres embriagadas, numa elegância pré-guerra, tropeçavam ao passar pelas mesas, e alguém colocou à sua frente um coquetel de salmão em meio ao tilintar entrecortado de gargalhadas bêbadas. Em algum lugar da multidão ela pensou ter visto um velho amigo, o ator judeu Jonas Turkow,[16] cuja talentosa mulher, Diana Blumenfeld, era também uma das estrelas do café. Ela se virou, mas logo desistiu e ficou só ouvindo. Enquanto Wiera cantava antigas canções sentimentais de amor e saudade, Irena apenas observava numa espécie de fascinação dentro de um universo de pesadelo. *Todo mundo está chorando*, Irena pensou.[17] *Todo mundo*. Mas eles estavam chorando pelos motivos errados. Na saída, havia uma fileira de casacos de pele nos cabides do saguão. Do lado de fora, nos degraus da porta em frente a eles, crianças famintas jaziam semicongeladas. Quando sua mão tocou a de Adam, ele a apertou com firmeza. Entre eles, palavras não eram necessárias.

Parte da atração de Wiera era o poder de sua voz, mas não fazia mal algum ela ser também bonita. Debaixo daquele toque de seda, entretanto, Irena via apenas uma mulher empedernida e cruel. Wiera Grynberg era uma das sobreviventes mais resolutas do gueto. Algumas amigas de Irena na resistência ouviam rumores sobre a deslealdade da estrela. Wiera não cantava apenas no gueto. Era também a principal atração no café Mocha, na rua Marszałkowska, no bairro ariano, onde ela divertia alemães empolgados. Mas ela era um pouco mais do que apenas simpática com a Gestapo. Dizia-se que Wiera fazia parte de um grupo de judeus que colaboravam com os alemães para roubar os minguados recursos de seus vizinhos,[18] e mais tarde esse tipo de traição custaria vidas no círculo de amigos de Irena.

A luxúria descuidada poderia ser a regra nas noites dos cafés das ruas Sienna ou Leszno, mas de dia Irena respirava aliviada e grata pelos adolescentes nos grupos de jovens, cujo espírito de equidade e justiça não era menos do que inspirador. Um dia naquele inverno, Irena chegou sem fôlego à sala de Ewa. Suas bochechas estavam vermelhas por causa do vento intenso daquele famoso inverno frio. No gueto, um generoso sobretudo era uma bênção. Cumprimentando Ewa, Irena lhe deu um sorriso largo e se livrou do casaco. Imediatamente, ela mostrou seu tesouro, e Ewa riu do que Irena estava fazendo. Ela tinha passado pelos postos de controle naquela tarde com três doses de vacina contra tifo escondidas. Às vezes, ela colocava os frascos em uma bolsa com fundo falso; outras, como nesse dia, ela os enfiava em um sutiã com pequenas aberturas para os enchimentos. A maioria das mulheres tinha um desses agora. Era uma piada em Varsóvia durante a guerra que os seios das mulheres da cidade toda tinham crescido dramaticamente desde a chegada dos alemães.

Batendo palmas com alegria, Ewa chamou o grupo para uma reunião de última hora e mostrou as três doses. Mas agora eles tinham um sério dilema moral. "Quem deve ser vacinado?"[19] Ewa fez a pergunta para a turma de crianças e adolescentes. Apesar do espírito de camaradagem e entusiasmo do grupo, era uma decisão de vida ou morte para os menores, mas Ewa deixou que eles decidissem. Com imensa tranquilidade, eles apresentaram seus argumentos e decidiram rápido. As crianças concordaram que as doses deveriam ser dadas em dois meninos cujos pais tinham morrido e que estavam cuidando sozinhos de duas irmãs mais novas, e para a menina do grupo que mais se empenhava. Trabalhar duro na Centos significava vigílias noturnas cuidando de bebês doentes com tifo e era arriscado.

Irena via Adam, Ewa e Ala todos os dias no gueto. E havia outros dois velhos amigos do grupo da professora Radlińska que compartilhavam com eles no gueto esse tipo de camaradagem: Rachela Rosenthal e Józef Zysman. Os cinco alunos e assistentes sociais e o velho dr. Korczak constituíam o núcleo do círculo judaico de Irena.

Rachela trabalhava na rua Pawia, um quarteirão ao sul de Ala, e Irena nunca parou para falar com uma delas sem dizer "oi" para a outra. Rachela coordenava outro grupo de jovens lá, e o seu era um dos maiores e mais animados do gueto. Mais de 25 mil pessoas viviam na rua Pawia; a região tinha sido uma área tradicional de judeus antes da ocupação. Rachela trabalhava com dezenas de voluntários adolescentes, oferecendo assistência social de modo improvisado. O encanto carismático de Rachela e sua incontrolável vontade de brincar — mesmo no gueto — eram responsáveis por tornar seu grupo especialmente popular. A família de Rachela vivia em um dos maiores prédios de apartamentos da região[20] e a cercou de amor; além disso, ela acreditava fundamentalmente no poder de uma gargalhada infantil. Mãe de uma menina mais ou menos da mesma idade que a filha de Ala, Rami, Rachela organizava atividades lúdico-educativas e improvisava brincadeiras para as crianças pequenas do gueto. Mas a rua em que trabalhava era uma das mais desalentadoras. A rua Pawia emprestou seu nome à prisão da Gestapo, Pawiak, que ficava em uma das esquinas, uma verdadeira casa de horrores.

Józef liderava outro grupo de jovens na rua Ogrodowa, no gueto central, próximo à sede da difamada força policial judaica, e Irena já tinha entregado suprimentos contrabandeados para seu velho companheiro de luta dos tempos do serviço social. Józef tinha sido um proeminente jurista antes da ocupação alemã, e mais de uma vez Irena havia aguardado com ele nos corredores do tribunal, cada um encostado em um corrimão da escada contando piada. Józef defendia pessoas que eram ilegalmente despejadas de suas casas por proprietários inescrupulosos, e Irena era uma de suas testemunhas preferidas no serviço social. Ela se divertia com o certo e o errado, e podia ser, Józef contava, rindo, para os outros advogados, muito persuasiva. Entre uma e outra audiência com os juízes, Józef lhe falava sobre os melhores clubes noturnos em Varsóvia, como se ela fosse o tipo de garota que se interessava por isso.[21]

Os advogados do gueto agora provocavam imenso desgosto em Józef. Vários membros da força policial do gueto eram ex-advogados e até mesmo juízes que adotavam zelosamente o cumprimento da lei por interesse próprio e por oportunidade financeira.[22] Integrantes do serviço policial judaico, que se reportava à Gestapo, eram notoriamente corruptos e cruéis. Seus soldados patrulhavam os muros do gueto, recrutavam habitantes para cumprir cotas alemãs de trabalho escravo e com frequência recheavam os bolsos como criminosos, arrancando dos habitantes, colegas judeus, pesados subornos e resgastes.

Por isso, Józef, ao contrário, fez o que pôde para controlar o poder crescente deles. Junto com Adam e Arek, concentrou suas forças no movimento de resistência judaico que tomava forma aos poucos.[23] Com um pequeno grupo de amigos que pensavam de modo semelhante, Józef se juntou à imprensa socialista clandestina,[24] que divulgava jornais e panfletos conclamando os cidadãos à ação dentro e fora dos guetos.

A célula secreta de Józef se encontrava para reuniões de planejamento toda semana em um galpão de ferramentas na rua Leszno, que ficava atrás da velha paróquia da St. Mary.[25] O terreno da igreja católica se estendia até os muros do gueto, e passagens secretas levavam de um lado a outro. No fim do imenso jardim, sentados sobre vasos derrubados e manejando melancolicamente cigarros que não podiam ser acesos por receio de serem percebidos, os conspiradores planejavam os pontos de distribuição e discutiam pequenos detalhes sobre como transportar documentos que não fossem detectados pelos alemães. Junto com eles, na maioria das vezes, estava uma mulher polonesa pequena e destemida — uma mulher que, para os que a conheciam bem, suspeitava-se ter o dedo em tudo de bom que acontecia no gueto. O coração de Józef se enchia de alegria ao ver sua velha amiga Irena Sendler sentada com eles à sombra.

5
O CHAMAMENTO DO DR. KORCZAK

Varsóvia, janeiro de 1942

QUANDO CHEGOU o inverno de 1941-1942 — início do segundo ano no gueto —, Irena estava maturando silenciosamente outro projeto ainda mais ousado.

Quando as mulheres do serviço social se encontraram no lado ariano naquele inverno e se juntaram ao redor da mesa da cozinha do apartamento de Irena, falaram baixinho enquanto a mãe dormia no quarto. Não estavam tão despreocupadas como antes. Tinham visto o suficiente até então para saber o que poderia acontecer com elas se fossem descobertas. A Gestapo já havia promovido expurgos no Departamento de Assistência Social, e um supervisor foi deportado para o campo de concentração em Auschwitz. Suas inadiáveis conversas ao entardecer eram cada vez mais sobre medidas de segurança. Fora daquele espaço, agora que a rede tinha aumentado, cada uma tinha um codinome. Jadwiga Deneka escolheu o nome "Kasia". Irena, "Jolanta". O risco de identificação crescia a cada pessoa nova que incluíam no grupo — e agora havia mais de uma dezena de colaboradores. No santuário íntimo, as velhas amigas e conspiradoras podiam pelo menos ser francas e honestas. Mas isso não significava que não estivessem tensas.

O núcleo no lado ariano era ainda o mesmo pequeno grupo de meninas da professora Radlińska, todas agora também contrabandistas: Irena Sendler,

Irka Schultz, Jadwiga Deneka, Jaga Piotrowska e sua irmã, Janka Grabowska. Falsificar pedidos de requerimentos e transportar alimentos e remédios para dentro do gueto era bastante perigoso, mas as mulheres estavam planejando uma nova ação clandestina — uma ação cujos riscos eram ainda mais altos. A questão é que seriam necessárias seis pessoas para realizá-la. Mais pessoas precisariam ser trazidas para a rede. Elas teriam que decidir outra vez em quem poderiam confiar. Teriam de deliberar, especialmente, sobre Jan Dobraczyński.

Sobre ele, havia um dilema.

Jan Dobraczyński era gerente de uma das divisões do Departamento de Assistência Social de Varsóvia, e, pela sua linhagem de família, ele deveria ser um colaborador-chave. O pai, Walery, foi um dos fundadores do serviço social em Varsóvia, junto com a professora Radlińska e outros professores da Universidade Livre da Polônia. Na verdade, o pai de Jan tinha sido o diretor dos programas de bem-estar social da cidade até sua aposentadoria em 1932, e, depois de quarenta anos no cargo, Walery ainda conhecia todo mundo da área.

Havia rumores, entretanto, de que seu filho tinha outro tipo de reputação. Jan havia seguido os passos do pai, ingressando no serviço social um ano depois de ele ter se aposentado, mas suas verdadeiras paixões eram a escrita e a religião. Jan não fazia parte de nenhum grupo de esquerda e, com certeza, não era socialista. Diferentemente dos conspiradores, ele não era discípulo da professora Radlińska. Jan era alguns meses mais novo que Irena, mas já se comportava como um homem de meia-idade: conservador, orgulhoso de seus valores tradicionais e católico devoto. O que incomodava Irena, entretanto, era a sua repulsiva posição política. Jan tinha sido membro ativo do partido ultranacionalista de extrema direita por anos — o partido por trás do odioso gueto dos bancos.

Isso significava que Jan era também antissemita. Ele acreditava na Polônia para os poloneses — e na sua cabeça os poloneses, por definição, eram católicos. Quando se tratava da "questão judaica", Jan gostava de pensar que era justo. Mas a verdade era que ele não se importava em dizer que era óbvio que *deveria* haver certos limites para essas pessoas. Os judeus tinham poder demais. Eles controlavam alguns setores inteiros da economia, excluindo os poloneses, e, conforme ele enxergava, mais cedo ou mais tarde a situação acabaria em conflito. O que os judeus esperavam?[1]

Apesar de Jan secretamente atuar nos movimentos de resistência também — porque a resistência uniu a direita e a esquerda durante a guerra na Polônia —, seus supervisores alemães o consideravam cooperativo e confiável. Depois do primeiro expurgo oficial no departamento, Jan foi promovido a diretor da Unidade de Cuidados e Proteção para Adultos e Crianças, passando a supervisionar mais de uma dezena de diferentes instituições e proporcionar assistência social a milhares de beneficiários.[2] Essa era a raiz do dilema. Jaga insistia que Jan, nessa posição, poderia ser útil para elas. O trabalho de Jaga aproximou-a de Jan, e elas tinham que pensar nas possibilidades. Irena assentiu. Era verdade. A posição de Jan era uma vantagem.

As convicções políticas, no entanto, falavam contra ele. Irena não tinha certeza de que podia confiar nele mais do que já haviam confiado. Jan sabia que elas estavam falsificando documentos para burlar as normas alemãs. Ele, inclusive, ajudou a encobrir rastros — não por se importar em ajudar as famílias judias, mas por ser da resistência. Mas Irena e a célula precisavam que Jan lhes desse um pouco mais do que apenas olhar para o outro lado estrategicamente. E a questão permanecia: Jan Dobraczyński iria realmente arriscar o próprio pescoço para ajudar os judeus? Era difícil para Irena não expressar aversão toda vez que pensava em Jan Dobraczyński. Mas ela também percebeu que as bochechas de Jaga coraram ao defendê-lo das difamações de seu caráter. Irena observou a amiga atentamente. Jaga estava apaixonada por Jan? Irena se deu conta de que a química era evidente.[3] Irena, cuja própria família a descrevia como "agnóstica com uma vida amorosa desregrada",[4] uma mulher casada apaixonada por um homem casado, relativizava essas coisas. Ela não queria julgar. Mas Jan Dobraczyński?

Irena refletiu sobre Jan por semanas. Ela não confiava nele, mas confiava em Jaga, e o endosso fervoroso da amiga significava algo. Ela não queria se desentender com Jaga de jeito nenhum. Em janeiro, as coisas chegaram a um ponto crítico.

Numa manhã, o chefe da polícia alemã chamou Jan com uma típica solicitação autoritária. Ele queria que as crianças de rua do lado ariano fossem recolhidas. A unidade do serviço social poderia tirá-las da rua permanentemente, ou a polícia iria exterminar os jovens parasitários. O tifo estava dizimando o gueto, e era apenas uma questão de tempo antes de a epidemia se espalhar mais ainda, para além do bairro cercado. Os pequenos mendigos cobertos de piolho funcionavam como vetores. A doença já havia matado vários alemães. Tratem os piolhos das crianças e as tirem das ruas de uma vez por todas: eram as orientações do chefe. Caso contrário, ele faria com que os alemães tomassem conta do assunto. Jan não queria sequer imaginar como os nazistas cuidariam do assunto.

O trabalho de Jan era supervisionar o alojamento dos órfãos poloneses e das crianças de rua em instituições locais. Sua divisão fazia as entrevistas de admissão e, sobretudo, revisava as certidões de nascimento e os registros de batismo para documentar o histórico familiar das crianças. Com documentos corretos, elas chegavam e partiam de modo organizado, enviadas posteriormente para lugares seguros na cidade. Crianças judias não tinham o direito de ficar fora do gueto e não eram elegíveis para a assistência.

A incumbência de identificar as crianças de Varsóvia e cuidar delas,[5] entretanto, era responsabilidade das assistentes sociais nas seções locais — e especialmente de jovens como Jaga Piotrowska e Jadwiga Deneka. Jan, na verdade, passava grande parte do dia longe do Departamento de Assistência Social, trabalhando clandestinamente para a resistência polonesa. Oficialmente, os alemães insistiram para que ele fizesse horas extras. "Por um salário absurdamente baixo, preciso ficar preso no escritório por dez horas", ele reclamava.[6] Mas Jan logo encontrou um modo de contornar a situação: "Claro que não fico sentado lá por dez horas, mas tento estar no início e no fim do expediente". O que ele fazia nesse ínterim, os alemães, ao que parece, nunca notaram.

Jan repassava o trabalho para as seções locais e Jaga, prontamente, informava Irena e os outros. A equipe percorria a cidade e recolhia as crianças mendicantes. Crianças de rua eram levadas em caminhões de carga para um dos abrigos da cidade, e o esquema montado das mulheres previa que fossem limpas, examinadas pelos médicos e enviadas — com o carimbo de aprovação de Jan como diretor de alojamento de órfãos — para um dos domicílios assistenciais nos quais elas mantinham contato regular com os assistentes sociais.

Por toda a Varsóvia, as ruas estavam cheias de crianças famintas. A indigência não estava restrita ao gueto. Órfãos e inanição faziam parte da realidade sombria da guerra. Desde o início da ocupação, o número de crianças abandonadas ou órfãs que elas estavam alojando nas instituições de caridade da cidade tinha dobrado. Enquanto antes costumavam mandar seiscentas crianças por ano para o Lar de Crianças Padre Boduen,[7] uma das instituições de caridade da Igreja com a qual Jaga trabalhava com mais frequência, agora eram mais de 1.200. Nem todas as seiscentas crianças extras eram, entretanto, rigorosamente falando, católicas.

Alguém poderia dizer que havia "irregularidades" periódicas — épocas em que a documentação se tornava um pouco criativa. Falsificar os documentos da assistência social para obter benefícios sociais para as famílias judias pobres, o plano original de Irena e de suas colaboradoras do departamento, ficou significativamente mais difícil quando as famílias judias foram aprisionadas no gueto e todo auxílio tinha que ser contrabandeado através dos postos de controle. Cada vez mais, a equipe de conspiradoras de Irena tinha que achar novos meios de obter os esquivos documentos necessários para "completar" os documentos falsos, a fim de ajudar os judeus que foram bastante corajosos para arriscar viver no lado ariano da cidade a criar uma identidade "polonesa". Isso, em geral, significava encontrar certidões de nascimento em branco ou falsificá-las, e para tal havia diferentes abordagens criativas. O método mais simples era também o mais triste. Ao morrer uma criança cristã em um dos orfanatos, era importante garantir que a morte não fosse nunca relatada. O nome e o número de registro eram repassados para criar uma nova identidade e assegurar um lugar para a criança judia órfã.

Para fazer uma troca macabra dessas era necessário sincronização e paciência. Agora, nessa tarde de inverno, dezenas de corpinhos magros de crianças enchiam a sala, meninos e meninas capturados na operação de remoção dos mendigos de rua. Durante a guerra, as crianças não deixavam escapar risinhos nem davam gargalhadas, sobretudo essas crianças. Órfãos sem-teto viviam e morriam aos montes nas ruas do bairro ariano em Varsóvia, e esses eram os sobreviventes.

Irena os reconfortou com sua voz tranquila e baixa. Ela era minúscula e delgada, dificilmente maior do que alguns dos meninos. Mas era um fenômeno em termos executivos. As mulheres tinham um esquema que funcionava com eficiência: as meninas do departamento cortavam os cabelos das crianças, recolhiam suas roupas e as encaminhavam para um bom banho com sabão de lixívia. O cheiro forte do sabão ardia os olhos e a sala era muito fria, mas as crianças ficavam assustadoramente quietas.

Irena e Jaga sabiam que, entre essas crianças, elas encontrariam alguns meninos cujos corpos nus e trêmulos revelavam um segredo perigoso. A circuncisão era uma sentença de morte. Os chantagistas e criminosos paravam na rua qualquer homem ou garoto suspeito de ser judeu e exigiam que mostrasse o pênis para inspeção, muitas vezes com consequências cruéis. Naturalmente, entre as crianças recolhidas deveria ter um punhado de judeus. As crianças do gueto mais desesperadas arriscavam a vida pulando o muro com a esperança de esmolar e contrabandear comida suficiente para elas e também para suas famílias. O que as mulheres não esperavam é que mais da metade naquele dia fosse judia. A expressão atormentada de Jaga dizia tudo: que desastre.

Uma sucessão de crianças chegava o dia inteiro, um carregamento atrás do outro, e, quando a polícia alemã apareceu de surpresa para "supervisionar" os banhos e a desinfecção de piolhos da primeira leva, Irena e Jaga trocaram olhares nervosos. Jaga gesticulou, indicando a porta dos fundos, e alisou o vestido para cumprimentar tranquilamente os alemães. Irena assentiu de imediato. Dois mininhos circuncidados foram ajudados a sumir pela porta de serviço. Jaga interferiu e se opôs com um sorriso. "Levem eles para a casa dos meus pais", ela sussurrou rapidamente, antes de se virar. "Tem certeza?" Jaga encolheu os ombros. O gesto queria dizer: "Há outra opção?".

As duas crianças assustadas,[8] sem família para cuidar delas, iriam passar a noite na casa da rua Lekarska, onde Jaga morava com os pais, Marian e Celina; a irmã, Wanda; o marido, Janusz; e a filhinha, Hanna. Era inimaginavelmente corajoso. A casa de Jaga — perto do hospital de guerra alemão e do Centro Médico Volksdeutsche — ficava em uma rua lotada de sentinelas, dia e noite.

Mas elas não podiam levar todas as crianças para casa. Nenhuma delas podia se arriscar assim. Quando os caminhões pararam de chegar naquela tarde, a soma final era, sem engano algum, de 32 crianças judias. O que elas iriam fazer? Não podiam devolvê-las para os alemães. Deviam contar a verdade para Jan? "Chegou a esse ponto", Irena reconheceu com tristeza. Jaga parecia tão convencida de que Jan era uma pessoa boa... Irena ainda hesitava. Reconheceu que a amiga não entendia essa suspeita.

No fim, qual era a alternativa? Elas teriam que encontrar locais seguros para as crianças, e isso dependia da ajuda de Jan como diretor da área. Trinta e duas crianças era um número alto demais para fazer desaparecer pela porta dos fundos em uma cidade ocupada. Obter dezenas de *Kennkarte* forjados — os importantíssimos documentos de identidade emitidos pelos alemães — de uma hora para outra era impossível. Salvar as crianças significaria fazer isso sem documentos oficiais, e para tanto elas precisariam da cooperação e do silêncio de Jan. Não havia outro jeito. Elas teriam que contar a Jan, e então concordaram que Jaga iria ter essa conversa com ele.

Jan ficou mortificado ao compreender o que Jaga queria. O que ele mais queria era agradá-la. Ele também sabia perfeitamente o que significaria se os alemães viessem a pegar as crianças. Irritado, Jan pensou que Irena não precisava lhe explicar isso. A pena por deixar o gueto era a execução, e essas crianças tinham sido encontradas do lado ariano da cidade. Sim, ele sabia disso. Mas a pena era de execução sumária também para qualquer gentio que as ajudasse. E, na sua opinião, era uma operação extremamente insensata.[9]

Basicamente, a decisão final estava nas mãos de Jan. Foi para ele que o chefe da polícia havia dado ordens e iria pedir um relatório. *Se fossem uma ou duas crianças, seria diferente,* Jan pensou. Então, ele poderia arriscar, mas 32 crianças era um número muito alto. Será que as mulheres não percebiam? Ele implorou a Jaga que o entendesse. Simplesmente não concordava em autorizar 32 transferências de órfãos condenados, não quando os alemães o consideravam responsável pela operação. Ele não estava disposto a pedir aos diretores de orfanatos — velhos amigos de seu pai e de sua família — que ficassem com tantas crianças sem documentos arianos.

Ao fazer a ligação telefônica, contou a verdade para o supervisor alemão. Sim, *havia* crianças judias. Dezenas. Depois, ao desligar, tinha todas as razões para estar trêmulo. O alemão era odioso. Mesmo em se tratando de alemães, ele era odioso. Ele ainda poderia aparecer e matar todos na rua apenas por diversão. Mas Jan tinha feito o melhor que podia. Em teoria, eles tinham chegado a um acordo. Não ficaria barato. Jan não disse nada a esse respeito. Mas nada era de graça com os alemães. Jan tinha 24 horas. Ele teria que mexer uns pauzinhos e também chamar um médico. Ele já sabia que Irena ficaria furiosa. As crianças teriam que voltar para *dentro* do gueto.

O pai idoso de Jan era amigo do "velho médico" Janusz Korczak,[10] o lendário educador e ativista pelos direitos das crianças na Polônia, então diretor do lotado orfanato do gueto que ficava ao lado do grupo de jovens de Ewa Rechtman. Mas Ewa não era a única do grupo com um fraco pelo amável médico. Todas as meninas da professora Radlińska o admiravam desde os primeiros dias no *campus* da Universidade Livre da Polônia, onde o dr. Korczak dava aulas junto com a professora. Jadwiga Deneka tinha feito estágio em uma de suas escolas inovadoras no período anterior à guerra e o considerava como seu mais querido mentor. Ala Gołąb-Grynberg mexeu os pauzinhos na família e até suportou a prima Wiera para arrecadar fundos para as crianças do médico. E Irena amava o doutor e as impacientes pessoinhas que se amontoavam ao seu redor com excitação quando, nas suas idas e vindas diárias ao gueto, ela levava docinhos de presente ou as caprichadas bonecas judias que o professor Witwicki fazia, atendendo aos detalhados pedidos das crianças. O dr. Korczak não era nenhum desconhecido para elas. Mesmo assim, para Irena isso não tornaria as coisas melhores.

No inverno de 1941-1942, não era rigorosamente necessário entrar no gueto para dar um recado ao médico. Os telefones dentro e fora do gueto ainda funcionavam em alguns lugares — um lapso impressionante, que, por sorte, permitiu mais de uma operação de resgate arriscada. Jan apenas torcia para que o médico o ajudasse. Ele precisava de algum lugar para enviar as crianças. "[A] meu pedido", Jan disse, "meu pai telefonou para ele."[11] Se Jan colocasse as crianças de volta através do muro sem que os policiais atirassem nelas, o médico concordaria em ficar com os órfãos? O dr. Korczak concordou. O gueto também não era um lugar de escolhas.

Eles tinham apenas algumas horas para organizar a arriscada operação. Naquela semana, havia um buraco no muro no bairro de Muranów — se os alemães ainda não o tivessem fechado. Se tivessem, tudo bem, teria outro. Os órfãos do gueto sabiam exatamente onde havia buracos: os supostos resgatadores teriam apenas que perguntar às crianças.

Irena não acreditava no que Jan estava contando. Ela se amaldiçoou em silêncio. Deveria ter achado outra solução. Ele iria devolver as crianças para o gueto? Ela saía e entrava daquele inferno três, quatro vezes por dia, por isso nunca concordaria com aquilo. Só alguém sem a menor ideia do que acontecia lá chegaria a uma não solução tão patética e covarde. Haveria duras retaliações. Irena confessou mais tarde que foi uma discussão horrível. Jan ficou abalado. Ela não mediu as palavras de tanta raiva.

Jan, entretanto, fez um acordo com o inspetor alemão.

A melhor hora para esse tipo de operação secreta era antes do amanhecer, sob a escuridão. Após o toque de recolher, contudo, as patrulhas nas ruas tinham ordens para atirar para matar. Naquela noite, Jan teria que ajudar as crianças a se arrastarem de volta para o gueto através de um buraco no muro assim que os últimos habitantes angustiados corressem para casa para se proteger antes que as ruas ficassem perigosamente calmas. O dr. Korczak garantiu a Jan que, do outro lado, alguém do orfanato estaria esperando. Jan iria ele próprio até o muro com as crianças. Se fosse honesto consigo, sua consciência já o estaria perturbando. Ele não esperava nenhuma solidariedade por parte de Irena. Ela não queria ter nada a ver com a operação de Jan, de tanta repulsa que sentia.

Na rua, as crianças ficaram ao lado dele. Jan estava atento a qualquer barulho. Passos agora seriam presságio de desastre. Na neve, qualquer coisa soava mais alto, e a respiração das crianças no ar frio formava nuvens de vapor. Mesmo com luvas, Jan sentiu a ponta dos dedos começarem a gelar e tentou massageá-las dentro do bolso. A cabeça doía de tanta atenção, e, quando a palavra secreta que estavam esperando foi dita por um rapaz, Jan prendeu a respiração sem querer. Ele entendeu pela primeira vez que existia do outro lado do muro uma operação de crianças. Houve uma briga rápida e ruídos, e então uma passagenzinha foi aberta em instantes. As crianças não esperaram pelas orientações. Uma por uma, sem hesitação, elas deram um sorriso cansado de despedida e se contorceram para dentro do outro mundo. Tinha uma menina com uma fita colorida no cabelo. "Até logo, sr. Dobraczyński", ela sussurrou. Tinha o menininho que tropeçou com o sapato grande que arranjaram para ele. E os irmãos atrevidos, que, Jan não tinha dúvida, pulariam o muro de novo antes de terminar a semana. Ele aguardou até ouvir os passos suaves do outro lado. "Eu mesmo acompanhei os meninos até o muro do gueto", Jan disse, "poucos minutos antes do toque de recolher. Todos atravessaram e, então, desapareceram da lista oficial dos jovens mendigos."[12]

A operação foi bem-sucedida. Quando Irena foi vê-las no dia seguinte no orfanato do gueto, o velho médico garantiu que as crianças tinham chegado com segurança. Ela deveria se sentir aliviada. Tentou entender a lógica da decisão de Jan. Mas para Irena tratava-se de uma derrota no nível mais profundo. Nunca mais ela ficaria de braços cruzados enquanto crianças fossem devolvidas para o gueto. Nos meses seguintes, ela tomaria novas providências, mais corajosas. Iria levar clandestinamente mais alimentos e mais remédios para dentro do gueto. Seria mais ágil. Ela e Irka Schultz levariam para o bairro secretamente cerca de mil doses de vacina. Outros amigos e colaboradores em sua rede de ajuda humanitária cada vez maior e mais corajosa — incluindo Jaga Piotrowska — iriam levar outras 5 mil. Ela portaria maços de dinheiro vivo em suas roupas íntimas e remédios em sua bolsa com fundo falso. A essa altura, em todo o bairro judeu, as pessoas diziam de ouvido em ouvido que Irena — conhecida pela maioria pelo codinome Jolanta — era a mulher que dava conta de qualquer coisa.

Irena iria trabalhar ainda mais desesperadamente. E ela não contaria a Jan Dobraczyński o que estava planejando.

6
O GUETO SACRIFICADO

Varsóvia, 1941-1942

A CHEFE DE Irena, Irka Schultz, caminhou devagar para longe do posto de controle do gueto. Uma sensação de alívio a invadiu. Era sempre assim. Coisas cruéis, imprevisíveis, aconteciam nos portões, e ela se considerava uma mulher de sorte nas tardes em que não testemunhava nada que doesse em seu coração por horas depois. Um tiro ressoou ao longe. Um cachorro latiu. Um bonde passou estrepitoso. Todos os sons da vida na Varsóvia ocupada. Mas, ao ouvir o barulho rascante da tampa de bueiro sob seus pés, Irka levou um susto. Não era um som incomum, e então ela percebeu que a dor daquela tarde estava chegando afinal.

Ela ouviu o barulho de novo, o sonzinho discreto de algo raspando e uma criança fungando desconsoladamente. Depois de olhar rápido para os lados, Irka ficou de joelhos. Para poder se apoiar melhor, tirou as luvas e ergueu a tampa. O gelo sujo da rua espalhou manchas úmidas em sua saia.

Irka sabia que havia apenas uma razão para qualquer pessoa estar engatinhando pelos encanamentos da cidade: crianças de rua judias e traficantes do gueto faziam a travessia perigosa para o lado ariano em busca de comida por meio desses canais subterrâneos.

Irka perscrutou dentro do bueiro. O cheiro horrível fez seus olhos aguarem, e ela desviou o rosto. Quando olhou de volta, um rostinho de criança estampado de medo e fome olhou para ela. A menininha tinha o cabelo loiro bem penteado e grandes olhos azuis, mas estava mais do que desnutrida e completamente imunda. Fraca demais para pular para fora sozinha, ela se esforçava. Irka puxou-a gentilmente e sussurrou dentro do bueiro para ver se mais alguém estava vindo. "*Witaj! Czy jest tu ktoś?* Olá! Tem alguém aí?"

A criança estava sozinha. Talvez tenha sido deixada para trás por andar muito devagar. Irka levou um susto ao ver um pedaço de papel preso no vestido da menina com uma agulha de costura. Em uma letra tremida, estava escrito um único número — a idade da criança —, um pedido telegráfico da mãe para alguém, algum desconhecido, ajudar a filha. Esse detalhe permaneceria com Irka para sempre.

Irka percebeu que a menina estava fraca, mas ela teria que andar pelo menos um pouco. Desordeiros antissemitas e chantagistas mesquinhos rondavam as regiões próximas ao gueto procurando qualquer pessoa que parecesse desesperada ou faminta o bastante para ser um judeu. Do lado ariano, os judeus eram extremamente vulneráveis à extorsão. *Calma*, Irka insistiu consigo mesma. Ande devagar. O medo era o maior indício. Pais que enviavam os filhos para fora do gueto reforçavam insistentemente para que usassem o melhor disfarce de todos: rostos felizes. Voltando-se para a menina, ela deu um sorriso levemente forçado e lhe tocou o rosto sem dizer nada. Então pôs os dedos em seus lábios. *Silêncio*. Os olhos da criança se arregalaram.

Enquanto caminhavam para a discrição de uma rua menor, Irka pensou rápido. A menina precisava de um médico. As mãos dela estavam muito magras e quentes, e Irka tentou não as apertar forte demais. *Catastrófico*. A palavra ficou ecoando em sua cabeça, obstinadamente.[1] O orfanato na rua Nowogrodzka era a única opção. Havia médicos na equipe.

Irena Sendler tinha montado um esquema para esse tipo de situação. Não era a primeira ocorrência. Elas encontravam crianças judias cansadas e abandonadas do lado errado do muro com uma frequência deprimente, e aquilo era um sinal. Ela limparia a criança o melhor possível e falaria com Irena. Então, Irka telefonaria para o Lar de Crianças Padre Boduen. Desta vez, quem sabe, ela perguntaria para a amiga Władysława: "Posso passar aí hoje para deixar aquele casaco que peguei emprestado?". *Hoje* significava que era uma emergência.

* * *

Na época em que Jan Dobraczyński devolveu as crianças para o gueto, as conspiradoras do departamento estavam, quase com certeza, alojando crianças judias abandonadas no lado ariano da cidade em famílias adotivas polonesas e em instituições de caridade quando apareciam a oportunidade e os documentos ilegais. No início do inverno de 1941-1942, elas passaram a promover ações ainda mais organizadas e arriscadas. Era o que Irena vinha planejando.

As condições no gueto estavam se deteriorando muito rápido naquele inverno. Todo mundo concordava que poucos invernos, pelo que se lembravam, tinham sido tão frios e implacáveis. E, portanto, ao chegar a primavera em Varsóvia em 1942, Irena Sendler não estava mais ajudando famílias judias só de vez em quando. Ela e sua célula estavam sistematicamente ajudando judeus a obterem os documentos de que precisavam para "desaparecer" na cidade. No outono de 1941, um golpe de sorte lhes revelou um novo modo de fazer isso. As mulheres haviam feito contato com um padre local em uma cidade distante, Lwów,[2] cuja paróquia tinha sido queimada junto com todos os seus registros. O padre ofereceu a elas o que tinha sobrado de certidões de nascimento em branco que estavam guardadas e que não precisariam ser verificadas pelas autoridades alemãs. Irka tinha feito a viagem perigosa para pegá-las e as trouxe de volta no trem enfiadas em uma velha valise, que ela carregou com calculada despretensão. Se as mulheres encontrassem regularmente um suprimento como esse de documentos em branco, o problema estaria resolvido. Lwów estava prestes a ter uma explosão de nascimentos.

Naquele inverno, as mulheres usaram algumas das preciosas certidões de Lwów para salvar um velho amigo e sua família. O professor Witwicki e a família ainda estavam escondidos, e novos documentos poloneses os tirariam do perigo constante. Irena ainda levava para as crianças do gueto as bonecas feitas à mão pelo professor,[3] esculpidas em um aposento tranquilo na rua Brzozowa, na Cidade Velha. Irena tinha levado um novo estoque dessas bonecas para o orfanato do dr. Korczak especialmente para as crianças de rua menores de Jan Dobraczyński. Ela ainda se angustiava com a situação das 32 crianças, das quais, a essa altura, Irena já reconhecia os rostos e sabia os nomes.

Ela também insistiu com os amigos — Adam, Ewa, Rachela, Józef e Ala — para fugirem do gueto e se esconderem no lado ariano. A morte rondava o bairro cercado. Ela conseguiria documentos de identidade; encontraria locais seguros, implorou. Mas eles balançaram a cabeça negativamente, com tristeza, e Irena não conseguiu esconder o sentimento de frustração e preocupação. "É muito arriscado esconder um judeu, Irena", Ewa repetiu diversas vezes. A vida não era tão diferente agora — não de fato, Ewa insistia. É exatamente como no lado ariano, onde há também crianças de rua famintas. "Todas as crianças precisam de um pouquinho de afeto e um monte de pão", disse Ewa. Irena tentou obstinadamente convencê-la. Mas Ewa não arriscaria a vida dos amigos. Por fim, Ewa foi firme. "Por favor, não me peça", ela implorou, apertando a mão de Irena gentilmente. "Não vou ficar com você. Não posso comprometê-la assim."[4]

Com Adam a conversa foi ainda mais alucinante. Ele estava bravo e exaltado. Ao seu redor só havia morte e sofrimento. Os homens loucos da ss usaram pedestres para exercícios de tiro ao alvo. As ruas do gueto estavam cheias de corpos toda manhã, como se fossem entulho. Homens choravam nas ruas, mendigando. E os poloneses odiavam os judeus quase tanto quanto os alemães. Irena queria que ele se escondesse no meio deles? Ela tentou persuadi-lo, mas seus argumentos soaram defensivos, e Adam a repeliu. O amor deles sobreviveria a isso? O pensamento a incomodou. Perder Adam partiria seu coração. Ele mergulhou de volta nos livros adorados e se ensimesmou. Refugiou-se no passado tentando encontrar respostas para o pesadelo atual nos fatos históricos dos impérios antigos. Quando ela tentou abraçá-lo, fazer um carinho em seu braço ou arrumar a gola de sua camisa, ele se esquivou, e uma pequena parte dela conjecturou: seria apenas o gueto se interpondo entre eles? Ou será que nesses momentos ele pensava em sua esposa judia e no sentimento de fracasso que a mãe atribuía a ele? Será que o fato de ele ser judeu e ela "ariana" separaria os dois, como era a intenção dos ocupantes? Culpa e vergonha perseguiam cada consciência dentro dos muros infernais. Crianças choramingavam nas ruas por uma migalha de pão em frente às lojas, e não havia escolha para quem tivesse um pão no bolso a não ser evitar os olhos aterrorizados e seguir andando. Era assim que se sobrevivia. Também com a vergonha.

Além disso, Adam disse que não poderia deixar o grupo de jovens. Irena sabia que era o trunfo dele, seu modo de pôr um fim na discussão. Ela não podia dizer nada. O grupo de Adam cuidava dos órfãos menores e mais doentes do gueto, e, assim como o dr. Landau, o professor das aulas secretas de medicina na clínica de Ala, ele também acreditava ardentemente que travava uma batalha na guerra contra a barbárie. Sua segurança, Adam lembrou Irena amavelmente, não importava. Ela estava arriscando a vida todos os dias pelas crianças de rua. Estava arriscando a vida ao levar vacinas para dentro do gueto. Se ele lhe pedisse que ficasse em casa para evitar o perigo, ela ficaria? Irena sabia que não. Adam também faria o mesmo.

Então, em vez disso, Irena e as amigas dos dois lados do muro se dedicaram a uma missão ainda mais impressionantemente corajosa. Irena nunca mais deixaria uma criança voltar para o gueto. Encontrariam abrigos do lado ariano para muitas crianças judias. Na primavera de 1942, cerca de 4 mil crianças viviam sozinhas nas ruas do lado ariano, e 2 mil delas eram judias.

Algumas crianças do lado ariano eram órfãs sem-teto tentando sobreviver sozinhas, mendigando e roubando. Mas famílias desesperadas já estavam enviando seus filhos amados e famintos pelo muro — crianças como a menininha que Irka Schultz encontrou naquela tarde em um bueiro. Às vezes, os pais iam com eles, e as famílias tentavam se esconder juntas por algum tempo, mas quase sempre os pais morriam a tiros durante os cercos ou nos campos mais tarde. Outras vezes, um sentimento íntimo de dever separava famílias antecipadamente. Era bem mais fácil salvar certos membros da família do que outros. Essa era a realidade do bairro judaico. Quem abandonaria pais idosos? Eles não conseguiriam cruzar a passagem perigosa pelo muro. As crianças que já sabiam andar eram enviadas por pais doentes ou guiadas por contrabandistas para serem entregues a amigos ou desconhecidos. Centenas de crianças fizeram a assustadora travessia pelo esgoto. Em 1942, Wanda Ziemska tinha oito anos ao pisar nas águas negras. "À beira da entrada do esgoto, disse adeus para o pai, que ficou", ela lembra.[5] "A travessia pelo esgoto era bem complicada. Em alguns pontos parecia um rio imundo... Lembro como foi difícil sair do esgoto. Eu não conseguia passar de um degrau a outro." Irena tinha chegado a soluções ousadas quando ouviu falar de crianças em perigo se escondendo no lado ariano.

Não demorou muito para Irena dar mais um passo adiante. Qual seria o destino das crianças que já estavam órfãs *dentro* do gueto? Os bebês não tinham a iniciativa de fugir. Não havia pais para enviá-los. Ela via essas crianças todos os dias no grupo de jovens de Adam.[6] E, por mais que Adam trabalhasse duro para salvá-las, não estava funcionando. Havia fome e doenças demais para corpinhos tão pequenos.

Então, Adam e Irena fizeram simplesmente o óbvio. Começaram a levar os órfãos para fora do gueto naquele inverno. Com o passe para controle de epidemias, não era ilegal se a criança estivesse gravemente doente. Crianças prestes a morrer por causa de tuberculose podiam ser transportadas de ambulância para um dos sanatórios judeus que restavam em Otwock. De novo, ela estava seguindo os passos do pai. Às vezes, uma tosse não significava tuberculose, e a criança podia ir para a casa de algum amigo em seu antigo povoado. Se ela não podia salvar Adam, juntos pelo menos eles salvariam algumas dessas crianças.

Se os casos falsos fossem descobertos, os riscos, claro, seriam colossais. Dar um pedaço de pão para um judeu significava morte — para quem dava e para quem recebia. Enviar uma criança para fora do gueto para se esconder na casa de uma família polonesa valia uma bala na cabeça em uma esquina de rua. Mas as consequências draconianas também significavam, como Irena não deixava de perceber, que se podia fazer mais do que simplesmente contrabandear vacinas. Morre-se apenas uma vez, e ela e Adam estavam unidos pelo menos na ação.

Mais tarde, haveria uma miríade de rotas para dentro e para fora do gueto, e Irena iria usá-las para resgatar as crianças judias. No dia em que Irka encontrou a menininha no bueiro de Varsóvia, as mulheres já tinham estabelecido um dos primeiros protocolos de cooperação com o Lar de Crianças Católicas Padre Boduen. Tratava-se apenas de um prolongamento do trabalho delas na assistência social, e Jaga Piotrowska e Irka Schultz eram as mulheres à frente da rede nessa operação.

Havia duas colaboradoras novas indispensáveis no início de 1942. A primeira era a afetuosa e jovenzinha Władysława — Władka — Marynowska. O cabelo loiro preso em cascata no alto da cabeça lhe conferia um ar de heroína romântica, e as amigas se admiravam também como ela sempre aparecia rindo nas fotografias. Governanta e assistente social de bebês, crianças e mães polonesas sem-teto no Lar de Crianças Padre Boduen, nesse ano Władka também se tornou mãe de um bebê forte. Seu trabalho era avaliar possíveis pais adotivos, e isso significava que ela sabia mais do que ninguém como encontrar cuidadores que estivessem dispostos a ficar com crianças pelo valor anual de moradia e alimentação que a cidade oferecia.

Convidar Władka para participar da conspiração foi uma decisão fácil, que nasceu da necessidade. Não se convence alguém à toa para participar de uma rede como essa, especialmente alguém com filhos pequenos — a não ser que pudesse ajudar. E Władka já era uma velha amiga. Mas, naquele inverno, as mulheres estavam diante de uma crise: elas tinham uma criança judia que precisava de um lar e estavam faltando documentos de identidade falsos. Em voz baixa e ansiosa, Irena e Irka refletiram. Irka ficou angustiada. Ela confiava em Władka. Mais do que isso, confiava no julgamento de Irena. Mas a Gestapo já estava de olho no Lar de Crianças Padre Boduen, e Irka ficou preocupada que os riscos fossem grandes demais. "Mas a criança vai ficar segura, Irena?" A pergunta ficou no ar. Irena vivia com essas questões. "Fique tranquila em relação à criança", Irena acudiu.[7] "Władka Marysnowska está lá." Irka assentiu e pegou o casaco. Iria imediatamente fazer o convite.

A caminhada do Departamento de Assistência Social na rua Złota até o orfanato era curta. Irka andou rápido em direção ao sul para a rua Nowogrodzka por alguns poucos quarteirões. O posto de controle do gueto no cruzamento das ruas Złota e Twarda tinha sido fechado com tijolos e arame farpado em 1941, quando a fronteira do gueto mudou para o lado norte. As mudanças no muro eram constantes. Como Irena, Jaga e Jadwiga, Irka ainda entrava e saía do gueto várias vezes por dia, e esse bebê era "dela". Era difícil não se sentir protetora. O orfanato ficava em um prédio imponente de tijolos, e ela ainda estava pensando no que dizer enquanto subia as escadas quando Władka a cumprimentou com um sorriso amistoso, salvando-a do prolongamento de sua agonia. Será que elas poderiam dar uma volta? Władka apertou os olhos demonstrando esperteza. Qualquer coisa era melhor do que conversar ali no prédio, onde era de conhecimento geral que havia espiões da Gestapo infiltrados.

Irka podia confiar em Władka. Ou achava que podia. Mas ela ainda hesitava. A guerra colocava todo tipo de gente decente em situações impossíveis.

Władka aguardou. Irka respirou fundo. "Há um bebê." Ela titubeou. "Há várias crianças. Precisamos arranjar creches..." O rosto de Władka se iluminou. "Claro, Irka, não tem problema. Apenas leve-as para o departamento e..."

Irka respirou fundo e a interrompeu: "Władka, não há documentos de identidade". Então ela esperou. Pronto. Estava feito. Só um tolo não entenderia a situação, e Władka Marysnowska não era nada tola. Uma criança sem documentos de identidade quase com certeza era judia. Władka refletiu. Com a ponta de suas botas, chutou um pedaço de gelo e então olhou para o céu. Viu os rastros das nuvens. Talvez tenha pensado em seu próprio filhinho, Andrzej. Ela precisava pensar em sua segurança. A Gestapo estava por todo lado. Uma ama de leite ou uma mãe desesperada poderia ser uma espiã. Velhos amigos poderiam até ser agitadores nesse louco mundo da ocupação. Não se tratava de querer ou não ajudar, mas de confiar ou não em Irka. Władka se virou, olhou para a amiga, e Irka olhou-a de volta. Respirou fundo. "Sim, vou aceitar a criança." Irka Schultz também respirou fundo. "Obrigada."

"Não pedi nenhuma explicação", Władka disse mais tarde.[8] "Ela me pediu para aceitar aquelas crianças e encontrar um abrigo para elas com uma família adotiva. Concordei em ajudar sem perguntar nada." Virando-se para a direção do orfanato, Władka inclinou a cabeça. "Preciso voltar. Venha outra hora e conversamos sobre como vamos proceder com os alojamentos."

Ao voltar, Irena tinha outro contato, uma pessoa que, segundo suas explicações, poderia levar as crianças para Władka de vez em quando. O novo contato era uma mulher de 26 anos, "Sonia". Era o codinome da enfermeira polonesa Helena Szeszko, uma das novas inclusões à rede em expansão de Irena Sendler.

Ala Gołąb-Grynberg foi quem convidou Helena para participar da conspiração. Helena Szeszko era uma agente influente na célula médica da resistência na clandestinidade. Ala era a enfermeira-chefe no gueto. Elas tinham trabalhado juntas, lado a lado, por meses. Na cidade inteira, havia dezenas de pequenas células, cada uma trabalhando em segredo e isoladamente. Devagar, os grupos estavam encontrando pontos de conexão.

A necessidade de assistência médica clandestina era imediata. Afinal, os judeus escondidos no lado ariano e os agentes da resistência machucados e presos no gueto não podiam ser atendidos em hospitais locais, e a necessidade de suprimentos era desesperadora no bairro judeu inteiro. Outro velho amigo estava no âmago dessa rede de irmãs: o dr. Juliusz Majkowski, um dos líderes do centro de doenças infecciosas. Ele entregou passes para controle epidêmico a Irena, Irka, Jaga e Jadwiga. E um também para Helena. Isso significava que ela também podia entrar e sair do gueto. E podia levar crianças judias doentes e suprimentos escondidos nas ambulâncias municipais.

Władka não sabia de nada disso. Ela não soube de nada durante anos. Saber era perigoso. "Era suficiente saber que [Irka] tinha que levar as crianças para fora do gueto e colocá-las em um lugar seguro", ela disse.[9] E era suficiente saber que Sonia — e às vezes também Ala Gołąb-Grynberg — apareceria na sua porta sem avisar. O marido de Ala, Arek, ainda entrava e saía do gueto trabalhando com a resistência judaica, e seus contatos na clandestinidade — junto com a posição superior de Ala no *Judenrat* — significavam que Ala também podia entrar e sair de fininho à hora que precisasse. Algumas vezes, a filha de Ala relembra hoje, sua mãe a levava junto nessas viagens para o outro mundo. "Minha mãe me levou", ela diz.[10] "Não lembro como. Algumas vezes estive fora, indo e voltando."[11] Mas, na maioria das vezes, Ala ia sozinha.

No orfanato, as mulheres estabeleceram um código. Havia um telefone no Lar de Crianças Padre Boduen, e, quando alguém ligava para Władka, as conversas não passavam de frivolidades femininas. Conversavam trivialidades como emprestar cachecóis ou saias. Faziam planos de tomar chá ou perguntavam sobre as mães doentes. Tinha sempre um dia e uma hora certos. E havia sempre algo sobre cores. Cor e roupa eram como a criança seria identificada — naquele momento e mais tarde. Władka mantinha um cuidadoso registro das roupas e da aparência das crianças, especialmente das que chegavam sem documentos de identidade. De que jeito, depois da guerra, os pais as encontrariam? As anotações simples de Władka em pouco tempo motivariam Irena a fazer algo audacioso e incrível. A despretensiosa contabilidade que Władka manteve das crianças de rua e órfãos que passaram por seus cuidados foi quase com certeza o motivo de Irena, a partir de então, guardar uma lista original de todas as crianças.

Crianças saudáveis loiras e de olhos azuis ou que não tivessem um estereótipo judaico poderiam ser incorporadas à vida do orfanato assim que os documentos falsos apropriados fossem adaptados e pudessem receber um número de registro oficial. Documentos falsos eram uma das especialidades de Helena Szeszko. Helena e o marido, Leon, começaram a participar da clandestinidade criando uma célula que forjava documentos de identidade. Crianças que pareciam "polonesas" não provocavam em Irena Sendler os pesadelos que atormentavam seu sono em 1942. Uma vez seguras do lado ariano, salvar as crianças não era ainda tão incerto. Era preciso coragem para sair. Muitas vezes, as crianças eram atores perfeitos. Ala pertencia a uma família reconhecida no meio teatral. Agora, ela ensinava as crianças a se fingirem de doentes para serem salvas. Em geral, nas arriscadas caronas de ambulância com crianças escondidas, Ala e Helena contavam com o medo de infecções que os alemães tinham, e simplesmente escondiam as crianças debaixo de pilhas de panos sujos ou dentro de caixões já ocupados. Era horrível, mas não era isso que provocava os terrores noturnos de Irena. O que a sacudia e acordava de noite eram os sonhos com crianças que tinham traços semíticos "ruins".

O medo de Irena não era infundado. Essas crianças não podiam ser vistas nem por um instante do lado ariano e chegavam ao orfanato dentro de sacos de juta carregados por operários, entregues na porta dos fundos como roupa suja para lavar ou batatas. Para essas entregas, Władka tinha que garantir que uma família adotiva estivesse pronta para pegar a criança imediatamente e mantê-las quietas e escondidas o tempo todo. Raramente essas crianças ficavam no Lar de Crianças Padre Boduen mais do que algumas horas. Às vezes, elas vinham com Helena, outras vezes, com Irka ou Ala e, ocasionalmente — quando o número de crianças cresceu na primavera de 1942 —, com Jaga Piotrowska e Jadwiga Deneka.

Quando essas crianças não eram alojadas de imediato, as mulheres não tinham escolha a não ser se arriscarem seriamente mantendo-as em suas próprias casas até que o arranjo fosse feito. Irena, Jaga, Jadwiga e Władka esconderam crianças em seus apartamentos algumas vezes.

Na casa de Władka, seu filho Andrzej, quando em idade escolar, tinha a importante responsabilidade de ajudar a mãe a cuidar de crianças menores muito doentes. Hoje, Andrzej é um distinto cavalheiro idoso com um sorriso afetuoso e modos elegantes que ainda vive em Varsóvia. Ele se lembra daqueles dias com a mãe e de que seu trabalho era levar as crianças judias escondidas até o banheiro no corredor e vigiar com atenção.[12] Pequenos organismos se recuperando da inanição, ele diz com uma expressão sombria de quem se recorda, sofriam terríveis problemas gástricos.

As crianças entravam e saíam do Lar de Crianças Padre Boduen, e a Gestapo estava ficando cada vez mais desconfiada. Os agentes alemães fizeram uma varredura nos registros oficiais de Władka procurando por qualquer evidência. Mas os registros verdadeiros nunca ficavam nos arquivos. Władka não seria tão tola. Quando não encontraram o que procuravam na papelada administrativa, os brutamontes da Gestapo apontaram armas para a cabeça de Władka no corredor e intimidaram toda a equipe com ameaças de execução em massa. Ao chegar a primavera de 1942, a rede de trabalho delas aumentou, e também os cuidados com a vigilância. As crianças que entravam e saíam oficialmente eram minuciosamente monitoradas, e os documentos eram esquadrinhados pelos ocupantes. O que indicava, Irena concluiu com obstinação, que um número maior de crianças teria que chegar e partir, correndo riscos ainda mais altos, extraoficialmente.

A Gestapo ainda não sabia, mas era a rede de Irena que estavam perseguindo. Irena era a comandante tática do exército em ascensão de cidadãos, que agora agrupava mais de vinte pessoas da clandestinidade, das divisões de assistência social e da comunidade judaica. Com esse número, os riscos eram enormes — e ninguém corria mais perigo do que ela.

Quando Irka Schultz encontrou a menina no bueiro, deveria ter sido fácil. Mas a operação inteira quase foi arruinada por causa de outro risco que elas não tinham levado em conta com cuidado suficiente. A criança tinha "boa aparência". Irka passou o código de emergência para Irena, e então para Władka. Ela precisava imediatamente de cuidados médicos, e o orfanato tinha uma equipe de médicos. Como a criança clara parecia tão puramente polonesa, Irena e Irka resolveram arriscar pelos canais legítimos no Lar de Crianças Padre Boduen.

As mulheres logo concordaram com um plano e uma história. Irka levaria a criança para o orfanato e a entregaria para a atendente na recepção. Seria necessário avisar formalmente os soldados alemães, notificando sobre a órfã, e Irka escreveria com sua cuidadosa letra como ela, assistente social, no estrito curso de suas funções, havia esbarrado com a menininha numa escadaria qualquer longe do bairro judeu. Não apareceria nada na investigação, e a criança poderia ficar no orfanato. Afinal, o mundo estava cheio de órfãos de guerra.

O plano, entretanto, deu totalmente errado desde o primeiro momento. Na clínica do orfanato, uma enfermeira grosseira pegou a criança e indicou com severidade um conjunto de cadeiras bem distante da porta de entrada para que Irka aguardasse. "Espere aqui, *pani*." Irka se sentou. *Burocracia*, ela pensou. Com os alemães, sempre havia mais burocracia. Nem passou por sua cabeça que, atrás das portas, sua vida estava por um fio. A médica de plantão tinha visto a criança faminta e já estava ao telefone com a polícia, pedindo que agissem. A médica não imaginou que a criança era judia. Ela achou, em vez disso, que a menina havia sofrido maus-tratos e que Irka era a mãe solteira dela. Quando a polícia polonesa chegou para levá-la para a delegacia mais próxima, Irka ficou perplexa e em choque.

Como provar que você não é a mãe de uma criança? Irka perguntou ao policial. Ela precisava muito saber a resposta. Irka insistiu durante toda a tarde que a criança não era dela. Explicou que simplesmente a encontrou. Ninguém, o policial disse com sarcasmo, acreditava naquela história. Irka ficou atordoada e, logo depois, começou a ficar assustada. De jeito nenhum poderia dizer a verdade. Seria uma sentença de morte para ela e para a criança. Ajudar uma criança judia significava execução, e era óbvio para qualquer um de onde vinha uma criança saindo do esgoto.

Eles andaram em círculos, voltando sempre para o mesmo ponto de partida. Por fim, o oficial fechou a pasta e ficou de pé, alisando o uniforme. "Vamos fazer uma investigação meticulosa, *pani* Schultz", o oficial a alertou, entediado. "Até lá..." Não era preciso explicar. E saiu batendo a porta atrás dele. Irka afundou a cabeça entre as mãos pensando nas consequências. A criança seria entrevistada. Certamente a garotinha iria trair-se sem querer falando algumas palavras em iídiche. Era uma criança. Não saberia o que fazer. Irka ficou acordada na cela dura a noite toda pensando apenas em uma coisa: uma tragédia estava prestes a acontecer. Como ela iria se comunicar com Irena?[13]

Quando um rapazinho jogou uma mensagem rabiscada para ela e saiu correndo, Irena logo viu que a notícia não era boa. Władka tinha ouvido algo sobre um problema na clínica. Por vários dias, enquanto a data do julgamento se aproximava, as mulheres da rede quebraram a cabeça para encontrar uma saída para salvar Irka de uma sentença de prisão que estava começando a parecer cada vez mais certa. Não só pelo fato de a prisão ser um lugar cruel. Criminosos condenados iam direto para os campos de concentração. Enfim, Irena precisou admitir a derrota. Havia apenas uma solução, mas que colocaria todas em risco. Irena e seus contatos no orfanato teriam que confiar na médica indignada como a mais nova e involuntária conspiradora. O diretor do orfanato foi convocado para explicar à médica que Irka não era a pessoa responsável por tratar a criança com brutalidade. Era o gueto.

A médica, horrorizada, concordou de imediato em tirar a acusação, e o corajoso diretor interferiu na polícia oferecendo alegremente um testemunho falso. Com um desconsolado dar de ombros, ela explicou que, de alguma maneira, a prova tinha sumido. A verdadeira mãe da criança apareceu, e não havia como saber para onde tinham ido. Para casa, em algum lugar, claro. O subterfúgio funcionou — porque o que mais a polícia poderia fazer na verdade? —, mas Irena admitia que todos os lados saíram perdendo. Tudo era muito suspeito e deu margem a muita conversa e atenção. Conversa e atenção eram perigosos. Agora Irena tinha mais uma conspiradora involuntária para administrar e uma operação de alto risco que estava perigosamente prestes a se tornar um segredo aberto. Não dava para continuar assim. Precisava encontrar um meio mais seguro de transferir as crianças para os orfanatos da cidade. As transferências tinham que se dar em um nível mais alto da cadeia.

E era urgente. Uma nova preocupação tomava conta do gueto. Quando visitou Ala na rua Smocza, ela contou sobre os rumores alarmantes que seus contatos na clandestinidade tinham ouvido. Rumores sobre mortes no leste estavam se espalhando por Varsóvia. Em janeiro, um homem judeu de trinta anos, Szlama Ber Winer,[14] fugiu de um campo em Chełmno e chegou à cidade com histórias aterrorizantes. Ele contou que milhares foram mortos na floresta, em câmaras imensas de gás, e os que ouviam choraram quando ele disse ter testemunhado os gritos agonizantes de pais obrigados a urinar nas covas abertas de suas famílias e depois forçados a deitar entre eles para serem executados com uma rajada de disparos. E havia rumores, também, de que em breve os alemães iriam recolher todas as crianças menores de doze anos e levá-las para um campo de concentração especial, uma cidade de crianças. Muita gente no bairro judeu achava que essas histórias não passavam de boatos malucos. Os que acreditavam nelas — jovens como Adam — começaram a falar em uma resistência judaica armada, e as famílias passaram imediatamente a fazer planos para tirar os filhos e as filhas do bairro. O aumento repentino de crianças retiradas do gueto por Irena e suas conspiradoras na primavera de 1942 não foi coincidência.

Irena teria que chamar mais pessoas para compartilhar o segredo. O Lar de Crianças Padre Boduen era apenas uma das instituições de assistência social e orfanatos que ela usava para alojar as crianças, mas a operação no Lar precisava ser aperfeiçoada e expandida. Ela teria, também, que encontrar novas possibilidades com famílias adotivas por meio de outras conexões clandestinas. Alguém tinha autoridade para tanto: o diretor do Departamento de Serviço Social Jan Dobraczyński, cujas convicções políticas Irena questionava.

Jan Dobraczyński tinha evitado o perigo antes e devolveu dezenas de crianças para o gueto. Como confiar em um homem com convicções políticas tão diferentes das dela, com sentimentos antissemitas? Jaga pediu que Irena se lembrasse de que estava errada em seu julgamento. Jan foi guiado por suas crenças católicas, e ele não faltou com a ética, mesmo que Irena e ele não concordassem quanto à direção do norte verdadeiro.* A expressão de Jaga indicava que Irena estava sendo tacanha e intransigente. "Precisamos da ajuda dele", Jaga falou gentilmente. Mesmo assim, Irena resistiu.

Algo mais a estava incomodando. E as listas que elas estavam guardando? Jaga entendeu o problema. Ela também estava preocupada. Só Irena e suas conspiradoras mais próximas sabiam os nomes reais das crianças cujas identidades estavam desaparecendo. Só Irena sabia de tudo. E se alguma coisa acontecesse com ela? Alguém seria capaz de reencontrar por toda a cidade as crianças escondidas sob falsos nomes?

E se...

Irena precisava encontrar uma solução.

---

* Termo em geral usado na navegação. O norte verdadeiro, ou geográfico, é o que usa o eixo de rotação da Terra como referência, ou seja, as linhas imaginárias entre os polos Sul e Norte, diferente do norte magnético (bússola) e do norte da quadrícula (mapa desenhado no papel). (N. T.)

7
A caminho de Treblinka

Varsóvia, julho de 1942

DESDE JUNHO DE 1941, alguns prisioneiros judeus e poloneses tinham trabalhado em um campo de trabalhos forçados em um pequeno povoado perto do rio Bug, a menos de cem quilômetros a noroeste de Varsóvia. A poucos quilômetros de distância dali havia o entroncamento ferroviário em Małkinia, e, no inverno de 1942, os prisioneiros trabalharam nas minas de cascalho cercadas pelas florestas.

Em abril de 1942, os prisioneiros foram enviados para um novo projeto de construção.[1] Havia uma ramificação da linha férrea construída a partir do entroncamento em Małkinia, uma pequena faixa em zigue-zague, e extensas trincheiras foram escavadas. Os trabalhadores dos povoados próximos foram convocados para montarem quartéis. Os soldados que supervisionavam os campos eram cruéis e executavam diariamente alguns trabalhadores judeus. O campo estava coberto de mortos, deixados para os cachorros de noite.

Em 15 de junho de 1942, o novo projeto estava finalmente terminado: um campo para judeus. O ponto central era um extenso prédio de concreto e tijolos cercado por arame farpado. "Os homens da ss", lembrou Jan Sulkowski, um prisioneiro polonês obrigado a trabalhar no prédio, "disseram que era para ser um banheiro público... Veio um especialista de Berlim para colocar azulejos e contou que já havia construído câmaras assim em outros lugares."² Parecia limpo e convidativo. Havia vestiários para se despir, com ganchos para as roupas, armarinhos e um posto com um caixa para guardar coisas valiosas, e pilhas de sabão e toalhas. Todos teriam que pagar um ingresso para entrar no banheiro público, e o preço seria vinte zlotys.³

Mais tarde, teria um hospital de campanha da Cruz Vermelha, com uma faixa chamativa em vermelho e branco, no qual os que estivessem muito doentes ou com muita dificuldade para caminhar até o banho receberiam tratamento especial mais rápido. A estação de trem de mentira, com os horários de chegadas e partidas imaginárias afixados, seria construída meses depois, quando a notícia da terrível verdade chegaria a Varsóvia. Em 23 de julho de 1942, ao receber os primeiros judeus do gueto, havia apenas uma plataforma ferroviária simples para saudar o desembarque no campo de morte em Treblinka e uma bandeira que tremulava sobre o telhado quando as câmaras estavam funcionando. Havia um comunicado na plataforma, em alemão e polonês:

> Atenção, judeus de Varsóvia! Vocês estão em um campo de transição, de onde serão mandados para um campo de trabalhos forçados. Como medida de segurança contra epidemias, vocês devem imediatamente entregar suas roupas e sacolas para desinfecção. Ouro, prata, moeda estrangeira e joias devem ser entregues no caixa em troca de um recibo. Tudo será devolvido depois mediante apresentação do recibo. Para lavar o corpo antes de continuar a jornada, todos os recém-chegados devem comparecer à casa de banho.⁴

Na hora, uma orquestra tocaria canções em iídiche⁵ e alegres marchas de campo para encobrir os sons dos cachorros latindo e dos gritos.

Henia Koppel tinha 22 anos no verão de 1942. Ela morava no gueto com o marido, Josel, um banqueiro rico e muitos anos mais velho do que ela. Seu pai, Aron Rochman, um homem de negócios bem-sucedido, morava não muito longe dali com a família de Henia, e por um tempo a riqueza combinada das duas famílias lhes ofereceu alguma proteção no gueto. Bastante prudente, Josel guardou grande parte de sua imensa fortuna em uma conta numerada na Suíça, e havia ainda cédulas escondidas debaixo das tábuas do assoalho ou enfiadas no fundo do colchão, de modo que eles tinham dinheiro naquele verão para comprar uma das cobiçadas autorizações de trabalho para Henia. A autorização permitia que ela trabalhasse como escrava no gueto, na fábrica de Walter Többens, exercendo a função de costureira. Trabalhar para os alemães proporcionava certa medida de segurança. Em breve haveria uma migração em massa aos campos de trabalho. Havia alertas e anúncios cifrados. O gueto estava coletivamente segurando a respiração desde abril pelo menos. Os alemães não enviaram imediatamente as pessoas que já estavam trabalhando na cidade para os campos de trabalho fora de Varsóvia, então autorizações de trabalho eram preciosas. Ao chegar julho, as autorizações estavam à venda acima de 5 mil zlotys — algo equivalente aos dias de hoje a 15 mil dólares. Custavam mais ou menos o mesmo que outro artigo cobiçado naquele verão: cápsulas de cianureto.[6]

Havia um erro terrível no plano de proteção à Henia com a autorização de trabalho. A fábrica Többens não deixava as mães levarem os filhos para a excruciante jornada de trabalho. Elżbieta — a bebê "Bieta" — tinha seis meses e ainda mamava no peito. Então, a família recorreu à amiga Ewa Rechtman. O primo mais velho de Elżbieta já estava a salvo, escondido no lado ariano graças à intervenção de Ewa e à franca coragem de Irena, que o retirou do gueto passando pelos postos de controle.

Ao bater à porta da família, Irena Sendler tinha uma proposta bastante ousada. Mas era também verdade que tanto para a família Koppel como para todas as famílias do gueto as opções estavam rareando rápido. Henia e Josel a deixariam tentar salvar sua bebê? Salvar a bebê era também o único meio de sobrevivência para Henia, Josel sabia. Sua maior força de caráter era a inteligência.

As famílias faziam sempre a mesma pergunta angustiante para Irena: "Que garantia você pode nos dar quanto à segurança de nosso bebê?", Josel Koppel perguntou ansioso e sério. Irena podia apenas responder honestamente a essa preocupação aflita: "Não posso prometer nada a não ser que vou arriscar minha vida hoje tentando", ela disse. Ela não podia sequer prometer que sairiam vivas do gueto. A morte estava à espera delas se fossem descobertas no posto de controle. Elas poderiam ser fuziladas por acaso na soleira da porta enquanto saíam, aliás. As pessoas eram fuziladas todos os dias no gueto pelas razões mais triviais. Josel suspirou e assentiu com a cabeça. Era verdade. O que não tornou a decisão da família nem um pouco mais fácil; contudo, o gueto já era uma sentença de morte para a bebê. Henia e Josel concordaram em dar a filha para a pequena e determinada desconhecida.

Irena presenciou cenas como essa muitas vezes, e era com tais momentos que sonhava, e eram eles que a deixavam sem sono ao acordar. Os pesadelos iam e vinham, e Adam abraçou-a quando ela finalmente lhe contou e disse baixinho que estava esgotada e cansada. Agora Irena observava Henia segurando a bebê, que dormia em seus braços, respirando seu cheiro, e seu rosto ficou molhado de lágrimas, que não paravam de cair. Não havia escolha a não ser agir depressa. Muito em breve a família não conseguiria terminar o que tinha começado. Às vezes, Irena também não sabia se ela conseguiria.

Irena esticou os braços e começou a pegar a bebê. Henia suplicou com seus olhos verdes. As lágrimas brotaram dos olhos de Irena e as duas mulheres se entreolharam por um momento. Henia ninava Bieta com suavidade, e então com um pouco mais de firmeza. A bebê continuou dormindo. Isso era bom. Irena encostou a mão no pequeno peito apenas para verificar se a respiração não estava muito fraca e confirmou com a cabeça. O sedativo estava funcionando. Henia Koppel deixou a filha ir.

Irena prometeu de novo. Sim, ela enviaria notícias informando se tinham conseguido sair com segurança. Sim, ela garantiu a Henia, aconteça o que acontecer, a colherzinha de prata com a data de nascimento do bebê gravada acompanharia Elżbieta sempre. Mas agora Irena e o jovem empreiteiro que a ajudava nessa missão, Henryk, enteado de um de seus colaboradores, tinham que agir rápido. Eles estavam prestes a arriscar suas vidas para retirar a bebê de seis meses do gueto.

Irena acomodou a bebê dentro de uma caixa de madeira de ferramentas e ajeitou o cobertor ao redor dela bem justo, de modo que não bloqueasse a passagem de ar da bebezinha. Fechou a tampa e a tranca de metal fez um barulho de encaixe. Henryk enfiou a caixa com destreza no meio das pilhas de tijolos na carroceria da caminhonete e olhou para Irena com um sorriso tenso. Seu passe de trabalho como empreiteiro permitia que entrasse e saísse do gueto, e ele era mais um integrante da rede. Irena sentou no banco do passageiro e a caminhonete deu a partida assim que Henryk trocou de marcha. Irena se virou bruscamente, rezando para que nenhum dos tijolos saísse do lugar ou caísse.

Eles dirigiram em silêncio até a rua Nalewki, passaram pelas padarias fechadas e por placas de rua enferrujadas. Passaram por prédios estreitos e por pessoas famintas e em farrapos que lotavam as esquinas da agitada avenida. Ao chegarem ao portão da rua Nalewki, Irena gemeu. "Droga." Ela queria que essa parte acabasse logo, mas tinha uma fila longa essa tarde. Cruzar o posto de controle era a parte mais perigosa de qualquer dia. O tempo passava, a espera era agonizante. As mãos de Irena, frias de suor, deixaram o trinco da porta escorregadio. *Como se pudessem escapar agora de qualquer maneira*, ela pensou. Uma vez no posto de controle, não tinha como voltar atrás. Finalmente um soldado fez um gesto para que eles andassem, e Henryk, seguro, entregou o passe com tranquilidade. Irena ficou impressionada. O guarda olhou atentamente para Irena e então para Henryk. "O que tem atrás?" Os olhos dele se estreitaram, e dessa vez Henryk se embaraçou na resposta. Eles não iriam sair vivos do gueto, afinal de contas. Era sempre uma possibilidade. Henryk saiu devagar do caminhão e acompanhou o guarda como tinha sido ordenado. Irena aguardou.

Ela ouviu os sons das portas de trás abrindo e fechando. O soldado bateu nos tijolos com as botas pesadas e vasculhou os cantos e debaixo da lona. Irena segurou a respiração. E então, um instante depois, Henryk sentou-se de volta ao seu lado e os guardas acenaram para que eles passassem pelos portões em direção à liberdade. Do lado ariano, Irena, aliviada, segurou o braço de Henryk. Ele diminuiu a velocidade e parou em uma esquina. "Você vai ficar bem pelo resto do trajeto sozinho, Henryk? Vai ser melhor." Henryk assentiu com a cabeça. Irena escorregou do banco e acenou para ele do lado de fora quando a caminhonete partiu, e então ela foi para outra direção. Henryk precisava levar a bebê na caixa de ferramentas para a mãe adotiva. Irena sabia que ela representava maior perigo à missão caso estivessem sendo observados.

A mãe adotiva de Henryk, Stanisława Bussold, dona de casa de meia-idade e uma das agentes de "pronto atendimento" confiáveis de Irena, era um dos contatos que trabalhavam com Ala Gołąb-Grynberg e Helena Szeszko no corpo de médicos clandestinos. Pronto atendimento foi como Irena passou a chamar, um tanto burocraticamente, os "pontos de distribuição de pronto amparo",[7] e eram operações arriscadas. Nas primeiras horas e dias da criança fora do gueto, alguém tinha que providenciar banho, alimentação e cuidados médicos, sempre necessários após meses de inanição. Se tivesse uma "aparência ruim", a criança passaria por remodelações, como clarear a cor do cabelo ou, no caso dos meninos judeus circuncidados, travestir-se de menina polonesa, para sua própria proteção. Se a criança fosse mais velha, as tutoras do "pronto atendimento" também ensinariam orações católicas e como falar polonês. Os treinos de catecismo eram o "teste" favorito dos alemães para flagrar judeus, e saber uma oração infantil de cor era uma ferramenta básica para a sobrevivência em tempos de guerra. Nas primeiras semanas do lado ariano, as crianças tinham que aprender a apagar qualquer indício de identidade judaica.

Contrabandear crianças em caixas de ferramentas era uma operação de alto risco, e Irena estava procurando desesperadamente por opções melhores em 1942 — opções que permitiriam transportar não apenas uma criança, mas dezenas. "Tornou-se necessário levar as crianças para o lado ariano naquela primavera", Irena disse com franqueza, "pois era um inferno dentro do gueto. Sob as ordens de Hitler e Himmler, as crianças estavam morrendo nas ruas com o consentimento do mundo inteiro."[8] E Irena recorria ao seu expediente costumeiro quando precisava de respostas. Procurou pelas amigas e pela professora Radlińska.

Helena Radlińska ainda estava no convento, na rua Gęsia, desde o outono de 1939, mas a velha professora não vivia isolada. O pequeno aposento funcionava como núcleo de um ousado salão de encontro da resistência. Irena encontrou pessoas entrando e saindo ao bater à porta da professora. Algumas eram estudantes, com os cadernos pregados contra o peito, das aulas secretas da professora. Outras pareciam ter a mesma idade de Irena. Alguns poucos rostos ela reconheceu dos tempos da Universidade Livre da Polônia. Em algum momento no decorrer do inverno de 1941-1942, três desses rostos eram velhos amigos de classe: Stanisław Papuziński, sua parceira, Zofia Wędrychowska, e a cunhada, Izabela Kuczkowska, ou Iza. Juntos, os três ex-alunos da professora tinham formado uma audaciosa célula de resistência que a professora Radlińska coordenava de seu escritório no convento. Na primavera de 1942, a professora estava no centro de várias redes que ajudavam a salvar crianças judias.

Durante meses, Iza foi responsável por uma operação de contrabando de alimentos e remédios para o gueto, transportando-os pelos corredores dos subsolos do prédio do tribunal, na rua Leszno. A partir desse momento, Stanisław, Zofia e Iza iriam solucionar parte do problema para o qual Irena estava desesperadamente procurando uma saída. A rua Leszno atravessava o gueto, e haveria portas de entrada e saída se fosse possível simplesmente passar pelos postos de controle no piso principal. Se Iza, com a ajuda de um zelador do prédio, entrava com suprimentos, com certeza daria para levar as crianças para fora na direção contrária, eles raciocinaram — contanto que Irena encontrasse um lugar para escondê-las com segurança. E, para isso, ela tinha uma rede secreta inteira de assistência social. Dezenas de crianças em idade escolar saíram do gueto naquela primavera guiadas pelos corredores do prédio do tribunal.

E aquela não foi a única rota que Irena passou a usar. Leon Szeszko, cuja esposa, Helena, era uma das enfermeiras da equipe e colaboradora extremamente dedicada, desenvolveu outra ideia desafiadora. Leon trabalhava no departamento de transporte civil.[9] Ele sabia de um bonde da linha Muranów que passava diariamente dentro e fora do gueto. De noite, os carros vazios ficavam estacionados na imunda estação, situada no outro lado do gueto, na parte norte. Quem notaria um pacote esquecido ou uma velha e gasta mala enfiada debaixo do assento no primeiro e tranquilo trajeto da manhã? Irena logo enxergou as possibilidades também. Bebês adormecidos cabiam confortavelmente em malas. Alguém teria que enfrentar as ruas do gueto nas horas anteriores à madrugada para fazer a entrega no pátio ferroviário vazio, claro — alguém com a rara permissão de sair depois do toque de recolher. Poucas pessoas do gueto tinham essa permissão — Ala Gołąb-Grynberg era uma delas e tinha também a experiência necessária para ministrar a dose exata de sedativo em um minicorpo.

Em breve, quando o bonde de Muranów sacudisse vazio pelos trilhos ao raiar do dia, pacotes imperceptíveis sacudiriam junto em direção ao sul, sem serem vistos pelos guardas nos postos de controle de arame farpado. Na primeira parada do lado ariano, Irena entraria depressa, apenas mais uma habitante ansiosa para começar a manhã. Debaixo de seus pés haveria um pacote, aguardando-a calmamente. Ela percorreria um longo caminho, olhando com tranquilidade pela janela, até saltar o último passageiro que a tivesse visto subir. Então Irena arrumaria o cabelo e recolheria seus pacotes.

E havia outros meios também. Outra pequena célula clandestina se reunia perto da Igreja Católica de Todos os Santos, que fazia fronteira com o gueto. A fronteira seguia as curvas e quebradas da rua Twarda, e a igreja tinha portas para as duas direções. O primo da professora Radlińska, dr. Ludwik Hirszfeld, trabalhava lá em segredo com os contatos de Ala para contrabandear suprimentos médicos pelos túneis cavados nas criptas e nos subsolos da igreja. E a própria Irena ainda escapava para as reuniões de imprensa da resistência que aconteciam no galpão da velha reitoria, onde seu amigo, o advogado Józef Zysman, propôs outra rota que Irena poderia usar para salvar as crianças. Falando baixo, Józef explicou que o padre Czarnecki estava com eles na resistência. O padre Marceli Godlewski também iria conseguir novas certidões de nascimento.[10] Qualquer criança com "boa aparência" que aprendesse bem as orações e fosse um ator destemido podia, simplesmente, sair pela porta da frente do lado ariano.

Ala esteve na linha de frente durante vários meses ajudando Irena e suas colaboradoras a transportar crianças para o lado ariano. Como enfermeira-chefe dos hospitais do gueto e contato do *Judenrat* com a Sociedade Judaica de Proteção à Saúde, Ala ainda tinha um passe para o gueto.[11] Por meses, ela o usou para levar as crianças para fora do bairro judeu, entregando-as no apartamento de outra conspiradora da rede de Irena, Róża Zawadzka, colega e assistente social.[12] A órfã sob os cuidados de Ala, Dahlia, tinha três anos ao ser retirada do gueto por ela e levada em segurança para as mãos determinadas de Irena e de sua rede. Mas Ala não suportou a ideia de se separar de Rami, sua menininha de seis anos. Então ela esperou. Ala agora tomou uma decisão angustiante. Não dava mais para esperar.

O que preocupava Ala na primavera de 1942, ao presenciar o nó de forca que era o gueto apertando o pescoço de seus habitantes, era por mais quanto tempo os passes para controle epidêmico seriam permitidos. Havia rumores sobre deportações em breve. Irena implorou a Ala que agisse rápido para salvar a ela e a Rami. "Vou encontrar um lugar para vocês duas, Ala." Ala balançou a cabeça com tristeza. Ela também não iria partir. Mas concordou enfim em levar a filha. Um dia em 1942 — Rami não se lembra de qual mês ou por qual portão elas passaram para sair do gueto —, Ala saiu com a filha para visitar Róża. Não era a primeira vez que elas iam para lá juntas, então nada parecia anormal a princípio. Por muito tempo, Ala e Róża conversaram baixinho, e, ao chegar a hora de ir embora, Ala beijou Rami amorosamente e fechou a porta do apartamento atrás de si. "Um dia ela me deixou com a Róża", Rami conta. "Ela me visitou uma vez. Depois, nunca mais a vi."[13]

No começo, Irena trocou a filha de Ala de um orfanato para outro, pois Rami era uma das meninas difíceis de alocar. Ela não se parecia com uma criança polonesa típica conforme os padrões alemães. Róża e Irena, por fim, encontraram uma família adotiva para a pequena garota na casa de dois aristocratas poloneses e ativistas clandestinos, Jadwiga e Janusz Strzałecki, que tinham uma filha, Elżbieta. Mas Rami queria a mãe.

Lidar com o número alto de crianças, na casa das centenas, e levá-las para fora do gueto não era a parte mais difícil da operação. Irena estava enfrentando complicações logísticas para alojá-las rápido e em segurança no lado ariano. Não havia mais opções. Ela precisava da ajuda de Jan Dobraczyński.

Ela e Jan não eram aliados políticos naturais, e Irena não tinha esquecido a discussão violenta que tiveram sobre o destino das 32 crianças de rua. Mas agora a conspiração totalizava 25 pessoas do lado ariano da cidade e pelo menos a mesma quantidade dentro do gueto. Dez de seus colaboradores poloneses — as quatro conspiradoras originais incluídas — estavam engajados retirando crianças do gueto junto com Ala, Helena, Iza e algumas adolescentes do grupo de jovens de Ala. Os números crescentes com alojamentos e documentação eram difíceis de administrar sem a ajuda de alguém do topo da hierarquia no departamento de orfanatos. Jaga tinha certeza de que Jan não iria desapontá-las dessa vez. Irena finalmente compartilhou seu segredo com Jan Dobraczyński.

Ela convocou uma reunião com as mulheres no departamento de Jan e um grupo de meia dúzia delas — Irena e Jaga na liderança — dirigiu-se para a sala dele.[14] "Um dia, minha equipe, as assistentes sociais do departamento, veio até mim com esse assunto", Jan explicou. "Aquele grupo todo... estava, já havia algum tempo, de livre e espontânea vontade, coordenando operações de retirada de crianças judias do gueto e alojando-as em seções dos centros de atendimento, com cadastros e entrevistas falsificados, depois de organizar o assunto todo diretamente com os chefes de diferentes centros. As possibilidades, entretanto, tinham se esgotado."[15]

E Jan não se negou a ajudar. Na primavera de 1942, recusar-se a ajudar a resistência tinha seu próprio perigo. Os que colaboravam com os alemães já estavam enfrentando a justiça nas cortes secretas polonesas, que puniam com uma sentença própria de morte. Jan não concordou por essa razão, entretanto. Ele já estava na resistência polonesa de direita, e ninguém questionava seu patriotismo. Jan concordou porque sua fé e sua consciência o incomodavam. Ele se lembrava das crianças que tinha devolvido para o gueto, e também aquilo o deixou perturbado depois.

Jan reconheceu espontaneamente nos anos seguintes que seu envolvimento na rede do departamento não era nada comparado aos riscos a que Irena e as amigas se submetiam. Ele fez o que Irena pediu. "[Mas] não cuidei dessas crianças. Não as transportei. Não falsifiquei documentos", ele admitiu.[16] O que Jan poderia fazer, Irena explicou, era usar seus contatos para chegar a um acordo com as freiras do Lar de Crianças Padre Boduen e com instituições por toda a Polônia sobre a transferência de "órfãos" judeus. E Jan concordou em fazer os acordos. "Bem rápido", Irena relatou, Jan cumpriu a promessa, procurando contatos na resistência para encontrar parceiros confiáveis. "Jan Dobraczyński fez um acordo com a resistência", ela explicou, "que concordou em direcionar as crianças judias para os centros." Com as freiras que dirigiam os lares, Jan fez um acordo permanente. A qualquer hora que Irena precisasse transferir uma criança judia secretamente, ele mesmo assinaria a requisição. "Normalmente", Jaga explicou, "o executivo da seção não assinaria esses documentos. A assinatura de Jan era simplesmente um código [um sinal] de que estávamos lidando com uma criança, como dissemos então, que precisava de atenção e cuidados especiais."[17] A partir daquele momento, Ala esteve em contato quase constante com Jan Dobraczyński como intermediária do gueto.[18] Cada vez mais era Ala quem coordenava a logística crescente com as instituições de caridade católicas quando uma criança do gueto precisava ser salva.[19]

Para onde Bieta Koppel acabaria indo, ninguém ainda sabia com certeza, mas sucessos como esse significavam tudo para Irena. Por enquanto, a criança ficaria escondida na casa de Stanisława Bussold,[20] que teria que encontrar alguma história para explicar para os intrometidos *Volksdeutsche*[*] como uma mulher de mais de cinquenta anos de repente tinha uma criança de seis meses chorando em casa. Logo, no curso normal das coisas, Bieta mudaria do "pronto atendimento" para um abrigo permanente. Quando se mudasse, apenas Irena saberia para onde ela iria e que Henia e Josel Koppel eram seus pais. Era uma cadeia de conhecimento tão frágil quanto a vida de Irena e dos delicados pedacinhos de papel nos quais a verdade estava escrita, mas era para a segurança de Bieta. Irena acrescentou mais um nome na lista de crianças. "O que tínhamos naquela lista", Irena revelou com seu jeito pragmático típico, "eram os verdadeiros primeiro e último nomes da criança... com base em sua certidão de nascimento, e também o endereço atual. Essas informações eram necessárias para poder providenciar dinheiro, roupas, remédios para elas, e também... para que pudessem ser encontradas depois da guerra."[21] No pedaço de papel, ao lado do nome "Elżbieta Koppel", estava escrito a lápis o nome de sua nova identidade, "Stefcia Rumkowski".

Dias depois de a bebê Bieta ser levada para fora dos muros do gueto em segurança, um homem sentou-se na escuridão do gueto pensando no destino das crianças de Varsóvia. O dr. Janus Korczak estava acordado em um pequeno aposento da rua Sienna, 16, escrevendo. Ele tinha passado o dia todo com um sombrio presságio. O médico tinha sessenta e poucos anos e, no dia seguinte, 22 de julho de 1942, era seu aniversário.[22]

Tinha sido uma vida boa e longa — apesar dos últimos poucos anos terem sido terrivelmente sofridos. Ele tinha estado dentro e fora da prisão durante a ocupação por causa de pequenos gestos de rebeldia contra os alemães. Sua recusa em usar a braçadeira com a Estrela de Davi tinha sido quase fatal. O dr. Korczak não tinha ilusões em relação ao gueto ou sobre o quanto sua vida na prisão tinha lhe custado. Ao se olhar no espelho, era

---

[*] Terminologia supostamente cunhada por Hitler para se referir a pessoas de origem alemã há muito tempo estabelecidas fora da Alemanha, especialmente na Europa Oriental ou Central, portanto sem cidadania alemã. A literatura de memórias sobre a Segunda Guerra Mundial afirma que os *Volksdeutsche* contribuíram com o governo nazista de forma muito mais ativa do que apenas o silêncio. (N. T.)

visível o quanto estava destruído. Ele era um homem velho e magro, careca e curvo, e estava cansado.

No outro aposento, Stefania talvez já estivesse dormindo. Ele e Stefania Wilczyńska, outra diretora do orfanato, eram companheiros e juntos viviam havia anos um para o outro e para as centenas de crianças de suas escolas e orfanatos, e era um estranho meio casamento. Stefania era apaixonada pelo médico. Todo mundo percebia, menos Janusz Korczak. Ele só enxergava as crianças. O médico não conseguia dormir. Em seu diário, ele despejava os pensamentos e desejos no papel. "É difícil", ele escreveu, "nascer e aprender a viver. O que sobrou para mim é uma tarefa muito mais fácil: morrer... Não sei o que direi para as crianças como despedida. Eu gostaria de dizer tanta coisa... [São] dez horas. Tiros: dois, vários, dois, um, vários. Talvez a janela esteja mal fechada. Mas não vou interromper a escrita. O oposto: meus pensamentos decolam (um único disparo)."[23]

O sentimento de morte do médico era tristemente justificado. De manhã, começou o reassentamento que os habitantes do gueto estavam esperando com angústia. Não houve aviso. Enquanto Janusz Korczak se sentava de madrugada para pensar, quem estava do lado de fora dos muros do gueto talvez tenha visto algo sinistro e amedrontador: dezenas de homens armados cercando a área. Na escuridão, o gueto estava fechado e os soldados se esgueiravam para se posicionar nos telhados próximos e nos postos de controle, preparados para atirar em qualquer residente determinado a escapar.

Na hora do café da manhã, o líder do *Judenrat*, Adam Czerniaków, tinha ordens. *Grossaktion Warschau** tinha começado. A remoção dos judeus para fora da cidade, ele foi informado, estava começando exatamente agora. Czerniaków escreveu em seu diário naquele dia: "Fomos informados de que todos os judeus... serão deportados para o leste. Até as quatro da tarde de hoje um contingente de 6 mil pessoas deve ser disponibilizado (no mínimo), e essa será a cota diária".[24] Ele foi encarregado pessoalmente de garantir que a polícia judia cumprisse a cota de colegas judeus que seriam embarcados nos trens daquele dia na Umschlagplatz, a plataforma de carregamento dos vagões.

---

* Nome da operação secreta de deportação e assassinato em massa de judeus do gueto de Varsóvia. (N. T.)

Qualquer habitante do gueto que trabalhasse para a polícia judia, que fosse membro do *Judenrat* ou que fosse capaz de trabalhar estava isento das ordens de reassentamento. Naquela semana, o valor das autorizações de trabalho emitidas pelos alemães dobrou de novo, e o gueto ficou imediatamente cindido entre afortunados e desafortunados. Os que de fato não estavam aptos para trabalhar — e seriam, então, destinados aos vagões — eram os doentes, os com inanição, os idosos e todas as crianças do gueto.

Irena correu para o gueto na hora em que soube da notícia sobre a deportação. Ela precisava ver Adam. Precisava saber se ele estava a salvo; caso contrário, iria desfalecer de pânico. Adam sabia que Irena ficaria desesperada e, quando ela conseguiu chegar no grupo de jovens, ele estava aguardando para tranquilizá-la. Ele não tinha sido capturado nos primeiros dias de cerco — e provavelmente não seria pego nos próximos também, disse para Irena. A notícia no gueto era de que apenas os idosos, os muito jovens e os que não fossem capazes de trabalhar seriam levados. Adam era exatamente o tipo de pessoa que flexionava o braço brincando, com um sorriso cansado, uma espécie de gesto silencioso que dizia: "Veja, sou jovem e forte". Adam sempre fazia Irena sorrir. Por enquanto, ele tinha um trabalho, e um trabalho significava segurança. Rachela, Ewa, Józef e Ala estavam a salvo também. Todos tinham trabalhos. Irena tentou se convencer de que nenhum deles estava em perigo iminente.

Mas Adam e Irena tinham consciência de que não era assim tão simples. O grupo de jovens estava desorganizado e tinha muito menos membros do que o habitual. Os pais estavam mantendo seus filhos por perto desde que a notícia se espalhou pelo bairro judeu; o medo e a incerteza nas ruas eram palpáveis. Aqueles recolhidos mais rapidamente foram os órfãos e as crianças de rua, que não tinham ninguém a quem recorrer. O trabalho de Adam o mantinha em segurança. Mas uma voz na cabeça de Irena ficou repetindo uma pergunta horrível. Quando as crianças forem deportadas, os grupos de jovens não terão mais importância. "Então, o que acontecerá?"

Em 23 de julho, segundo dia da ação, o líder do *Judenrat*, obrigado a pronunciar a nova ordem de 10 mil corpos e sabendo que significava ajudar a assassinar crianças e bebês, suicidou-se com cianureto em seu escritório em decorrência de uma longa crise tardia de consciência. Os alemães apenas nomearam outros judeus proeminentes e policiais judeus para se encarregarem de determinar as cotas. A princípio, naturalmente, havia poucos voluntários para os reassentamentos. As cenas que se passavam nas ruas eram cruéis, e a maioria dos habitantes preferia ficar dentro dos apartamentos, fora de vista. Quando as cotas começaram a não ser cumpridas, a polícia isolou as ruas com cordões, esvaziou os prédios e fez os habitantes marcharem sob armas para a estação. Não demorou para que a marcha com passos de ganso* da polícia judia ecoasse pelas ruas do gueto toda manhã, a partir das oito horas, para os recolhimentos. Discutir ou resistir significava execução imediata na calçada.

Inicialmente, ter autorização de trabalho às vezes fazia diferença. Durante as batidas nas casas, os habitantes com sorte balançavam o documento como se fosse um talismã mágico. Tinham custado o valor das últimas economias da família, comprados a preços astronômicos. Mas já havia uma pressão crescente para chegar ao número de corpos a qualquer custo — tudo o que realmente interessava eram as cotas alemãs. As "seleções" eram feitas na rua. De um lado ficavam os selecionados como apropriados para grupos de trabalho ou trabalho escravo nas fábricas de munição alemãs. Do outro, os fadados do dia para o reassentamento em Treblinka. Um membro do Estado Secreto Polonês que testemunhou os cercos no primeiro dia — um homem que conhecia Irena — escreveu: "Quarta-feira, 22 de julho de 1942. Então esse é o fim do gueto que lutou desesperadamente por dois anos para se manter vivo... a polícia judia tem caçado humanos desde o meio-dia... [M]ultidões são encaminhadas para o entroncamento da praça da rua Stawki... [Q]uando um vagão lotou, foi fechado com arame farpado... Está chovendo e presenciar essa agonia é... insuportável".[25]

Irena, com o passe para controle epidêmico, ainda entrava e saía do gueto várias vezes por dia junto com Irka, Jaga, Jadwiga e Helena. A estratégia alemã era manter a ilusão, por mais tempo possível, de que se tratava apenas de reassentamento do setor improdutivo da população do gueto. Cuidados médicos e controle epidêmico faziam parte da ficção. Por causa do passe para controle de doenças, elas estavam entre os relativamente poucos poloneses de Varsóvia que foram testemunhas oculares do horror que estava por vir. E todas iriam arriscar a vida para tentar barrá-lo.

---

* Estilo de marcha adotado pelos exércitos nazistas. (N. T.)

8
A FADA MADRINHA DE UMSCHLAGPLATZ

Varsóvia, julho – agosto de 1942

RETIRAR AS CRIANÇAS do gueto passou a ser imprescindível. Nas primeiras horas das deportações, Irena ficou extremamente aflita para falar com a amiga e conspiradora Ala Gołąb-Grynberg. Não conseguiu encontrá-la em lugar algum a tarde toda. Ala não estava no grupo de jovens. Ao observar o aposento silencioso e o círculo arrumado de cadeiras, Irena lembrou de ter estado ali recentemente com Ala assistindo às aulas sobre tifo do dr. Landau. Em casa na rua Smocza, perto do centro, ela também não estava.

Na segunda manhã, Irena começou a ficar fora de si de preocupação. Atormentada, procurou-a na clínica médica, onde Ala ainda era enfermeira-chefe do gueto. Finalmente, alguém contou que Ala já estava em Umschlagplatz. Irena se desesperançou. Ela iria para Umschlagplatz. Precisava salvar Ala.

Na área de embarque, o arame farpado e o sofrimento da multidão pulsante agrediram os sentidos e a sensibilidade de Irena. Lágrimas quentes brotaram de seus olhos, e ela ficou sem palavras. Milhares de corpos amontoados sem dó sob o calor do verão. O cheiro de excrementos, de suor e de medo era poderoso. Não havia banheiros nem salas de espera. Somente a praça fétida, assando sob o sol, e medo e sofrimento sem fim. Ela olhou fixamente para a multidão, esticando o pescoço para enxergar por cima da cabeça das pessoas. Nunca encontraria Ala. Mas precisava encontrar.

Ao seu lado direito, ocorreu um tumulto repentino, e depois um clarão. Na ponta dos pés em meio à multidão, Irena procurou de novo. Ali perto, de relance, acreditou ter reconhecido o cabelo preto e crespo da amiga. Mas ele desapareceu no meio do empurra-empurra. Então, finalmente, Irena avistou Ala. Do lado de fora, bem próxima à cerca de arame farpado, em um canto de Umschlagplatz, surgiu, do nada, uma clínica improvisada, no prazo de poucas horas desde as deportações. Enfermeiras e médicos circulavam freneticamente. Ala — a amável Ala de voz macia, alma de poeta, espírito de lutadora... Irena percebeu imediatamente que Ala despontava naquela manhã como uma das mais importantes heroínas do gueto. Era a conspiradora-líder de uma missão de resgate fora de série, uma manobra encenada com fascinante superioridade bem debaixo do nariz dos alemães.

Não tinha começado como manobra, Ala explicou rápido para a amiga. Mas, ao fim e ao cabo, era necessário usar as mesmas armas para lutar. Ala contou que, quando a notícia do reassentamento castigou o gueto no dia anterior, ela correu até o hospital. Médicos e enfermeiras judeus — amigos e colegas — vagavam de um lado para outro, ansiosos. A equipe do hospital tentava acalmar uns aos outros aventando a possibilidade de que fossem, mesmo, apenas reassentamentos. Ala, informada por seus contatos na clandestinidade, sabia que não eram. Tinha ouvido histórias sobre Chełmno e acreditava no homem abalado que as contou. Mas o destino mal importava agora. Enviar pessoas doentes e em delírio para uma jornada difícil para o leste era equivalente a uma sentença de morte, não importava para onde. Um amigo lhe segurou o braço ao passar apressado. "Ala, precisamos de uma clínica médica na estação de trem. Pense em todas aquelas pessoas." Ala se virou para ele. Nachum Remba estava certo. Ala concordou.

Nachum Remba não era médico. Aos 32 anos, era funcionário do *Judenrat*, responsável pela administração dos financiamentos e da documentação para as clínicas. Assim como Ala e Arek, ele e sua mulher, Henia Remba, eram ativistas na resistência judaica.

Nachum era alto, de cabelos escuros e um pouco brincalhão, sempre contando piadas irônicas que faziam as pessoas rir. Ala gostava de seu senso de humor sarcástico e do otimismo determinado. Mas não havia muito sobre o que rir no gueto naquela manhã. Nachum teve uma ideia maluca. Ala se associaria a ele? E se eles agrupassem alguns médicos e enfermeiras de verdade e montassem uma estação "médico-sanitarista" e um ambulatório do lado de fora da praça Umschlagplatz? Seria necessário, ele alertou, um pouco da sua brilhante e corajosa atuação teatral. Nachum e Ala eram de famílias de dramaturgos conhecidos e muito unidas, nas quais as piadas internas eram usuais. Nachum não conseguiu evitar. Ala revirou os olhos e imediatamente concordou em ajudar.

E assim fizeram. Ala e Nachum simplesmente fingiram que tinham permissão para montar a clínica. Requisitaram uma área perto das plataformas de carregamento, um espaço delimitado por arame farpado, e passaram a atender questões médicas urgentes. Identificavam qualquer um muito fraco ou muito jovem para viajar e insistiam que precisavam de tratamento e, às vezes, até de transferência para o hospital. Também encontraram um jeito de salvar membros importantes da resistência judaica — incluindo Arek, que estava em algum lugar na floresta com os *partisans*.

Logo depois, um magrelo de vinte anos, Marek Edelman, um dos líderes do grupo paramilitar Organização Judaica Combatente (Żydowska Organizacja Bojowa, ou ŻOB), juntou-se à rede na unidade "oficial" de resistência. Marek tinha o cabelo de um preto intenso e um jeito de moleque, mas dentro do gueto já despontava como uma das duas ou três pessoas mais importantes do movimento de resistência do bairro cercado. Um dia, ele lideraria os judeus do gueto em um levante dramático. Mas no verão de 1942, na clínica em Umschlagplatz de Ala, Marek era responsável pela coordenação das transferências entre o abrigo da faixa lateral e o hospital do gueto.[1] Os laços de Marek Edelman com a resistência significavam que ele não tinha ilusões a respeito do destino dos vagões. A clínica começou como um projeto para salvar os mais fracos e vulneráveis e para livrar os ativistas mais dedicados do gueto, mas rapidamente transformou-se numa corrida para salvar quem quer que fosse possível.

O que a "brigada de resgate" realizou foi inacreditável. Nachum Remba representou sua parte até o fim. Representava por sua própria vida e pela vida dos outros. Convenceu os alemães de que era o médico-chefe do gueto, e Ala, a enfermeira-chefe. Fingiram que acreditaram no estratagema alemão de que se tratava apenas de um reassentamento. Para continuar com a fachada, os alemães presunçosos debocharam dos médicos e das enfermeiras ingênuos e ludibriados. Manter a ordem durante as liquidações era o principal objetivo dos ocupantes, e alguns judeus a mais ou a menos, agora, não iria fazer diferença.

Em poucos dias, Nachum Remba se tornou a pessoa mais famosa em Umschlagplatz, e sua autoridade como médico-chefe do gueto — com a ajuda de alguns subornos bem direcionados e um avental branco de médico — manteve-se sem ser questionada até mesmo pelos alemães. Ele e Ala insistiam que os doentes graves ou muito jovens fossem liberados de fazer a viagem de trem. Requisitaram uma ambulância de hospital e começaram a enchê-la de adultos e crianças. Marek Edelman andava no meio da multidão desorientada, os bolsos cheios de documentos assinados por Ala atestando que seus destinatários afortunados estavam doentes demais para viajar.

A brigada não conseguiu salvar todos. Era evidente. Das 300 mil pessoas deportadas da praça ferroviária naquele verão e durante parte do outono, um pequeno grupo de meras duzentas ou trezentas foi salvo na breve janela de três semanas que existiu. Centenas de vidas relevantes. Vidas que ecoam ainda de modo exponencial por gerações. Entre as vidas que foram salvas estão as das crianças do orfanato da rua Twarda, 27, que os alemães marcaram para deportação para Treblinka. Salvaram um combatente da resistência, Edwin Weiss. Salvaram um velho amigo, Jonas Turkow,[2] o ator judeu que conhecia bem Irena Sendler e a prima de Ala, Wiera Gran. Ala também conseguiu arrancar da multidão uma das irmãs mais novas de Jonas.

Sobre o dia em que foi salvo, Jonas se lembrava apenas de, mais tarde, ter ficado impressionado com a coragem genuína de Nachum Remba. Jonas foi resgatado à beira do pânico no meio da multidão em Umschlagplatz, enquanto os habitantes se empurravam e se avolumavam dentro do curral cercado por arame farpado. No meio deles, Nachum apareceu com um sorriso calmo no rosto, exibindo confiança e tranquilidade. Jonas sabia que qualquer um que abordasse um alemão daquele jeito teria sido baleado instantaneamente. Ele e outros já tinham visto isso acontecer. Na plataforma de carregamento, uma bala era a resposta para uma questão judaica. Mas Nachum não fazia perguntas, ele dava ordens. "Este aqui está muito doente para fazer a difícil viagem para o leste", ele dizia, indicando o sujeito e encolhendo os ombros amavelmente como se não tivesse nenhum interesse particular. Nachum conhecia a suprema sabedoria judaica do gueto: sem medo e sem tristeza. As pessoas que Nachum arrancava das massas eram conduzidas para a enfermaria. Jonas foi um deles. Vida ou morte: era cruelmente aleatório.

Na enfermaria, Ala mandava os pacientes "doentes" para a cama. Em torno de Jonas, as enfermeiras ocupavam-se com rolos de ataduras brancas. Para Jonas, parecia um sonho. Será que já estaria morto? Um alemão apareceu na porta e o ritmo ficou mais frenético. Jonas entendeu que ainda estava no gueto. Deitado bem quieto, ele tentou não chamar a atenção até o médico alemão desaparecer. Finalmente, o sinal de que estava tudo certo foi dado. As portas da clínica fecharam. As ambulâncias estavam chegando para transportá-los.

Em seguida, os pacientes passavam por um verdadeiro corredor polonês. Não havia garantia de segurança também — e especialmente — na clínica do gueto. Na porta, os frios alemães e seus assustadores lacaios ucranianos faziam inspeções minuciosas. Um homem perto de Jonas não parecia bastante doente. A ponta de um rifle desabava sobre pessoas assim, e Jonas ouviu o gemido de agonia do homem ao ser arrastado para a plataforma de carregamento. Ala e Nachum assistiam a tudo, horrorizados. Ala deu às enfermeiras a única ordem que conseguiu pensar. "Vamos ter que quebrar as pernas deles se parecerem saudáveis demais. Expliquem as opções para eles." Valia qualquer coisa para convencer os alemães de que alguém não podia viajar.[3] Os gritos de agonia não eram atuação. Ala não pôde usar as doses remanescentes de sedativo nesses casos. Precisava delas para as crianças. O casaco branco esvoaçante pendia de seu corpo magro, e mais de uma vez Ala fez coisas ousadas e imprudentes. Era para isso que ela guardava os remédios no ambulatório. Crianças agitadas e assustadas, incapazes de dissimular uma doença, foram gentilmente sedadas para serem salvas, pois os soldados tratavam as crianças menores com mais crueldade.[4] Bebês eram atirados ao chão, e, presos pelos calcanhares, eram jogados contra os vagões ferroviários até seus crânios estourarem, enquanto as mães histéricas choravam de angústia. Então Ala enfiava os pequenos debaixo do casaco e passava com eles pelas sentinelas, segurando-os sob as axilas, e os acompanhava até a ambulância que os aguardava. Ela e Remba tinham desviado uma ambulância, e Ala empurrava os pacientes para dentro. A ambulância só precisava levá-los até Irena.[5]

A extravagante manobra de Ala e Nachum continuou por semanas. Irena ia falar com Ala todos os dias, sempre perguntando como poderia ajudar. Nas plataformas de carregamento, as mães agora confiavam seus bebês a Ala, a mulher que todos chamavam de "fada madrinha". Ala e Nachum trabalhavam na plataforma dezesseis horas por dia. Eram uma presença constante, em constante movimento. E na tarde de 6 de agosto estavam entre as últimas testemunhas involuntárias de uma das tragédias mais cruéis do gueto. Naquela manhã, como prelúdio da liquidação completa do "pequeno gueto", os homens da SS chegaram para levar as crianças do orfanato do dr. Korczak.[6] Junto com as quase duzentas crianças do médico estavam os 32 meninos e meninas de rua que Jan Dobraczyński tinha devolvido para o gueto pelo buraco do muro menos de um ano antes. Meninos e meninas que Irena já considerava como filhos.

Os rumores de que o orfanato do dr. Korczak seria esvaziado percorreu as ruas do gueto logo após as nove horas da manhã. Irena normalmente fazia visitas diárias ao gueto de tarde, quando terminava o expediente e quando o carregamento em Umschlagplatz estava em curso. Naquele dia, ela resolveu ir mais cedo, bem antes do meio-dia.[7] Presença familiar no orfanato do gueto, era também uma das convidadas prediletas das apresentações das peças amadoras de teatro. As crianças gritavam de alegria com seus presentinhos e palhaçadas, e ela sempre passava por lá para ver especialmente as crianças de rua. Ao tomar conhecimento de que todas as crianças seriam deportadas, Irena correu para a rua Sienna esperando de algum modo alcançar o médico a tempo de alertá-lo ou de ajudá-lo.[8]

Mas a SS já tinha chegado havia muito tempo no orfanato com as determinações. "As crianças serão levadas sozinhas", uma das testemunhas lembrou, e o médico teve quinze minutos para organizá-las.[9] O dr. Korczak se recusou resolutamente a deixar as crianças. "Não se deixa uma criança doente sozinha de noite", ele afirmou com franqueza, a voz mal contendo a fúria, "e não se deixa uma criança sozinha em tempos como este."[10] O oficial alemão da ss que liderava a procissão riu e disse ao professor para ir junto, então, se quisesse, e amavelmente pediu ao menino de doze anos que segurava o violino para tocar uma melodia. As crianças partiram do orfanato cantando.[11]

O trajeto para a plataforma de carregamento foi árduo. Com as crianças, a marcha pelo gueto, da parte sul à parte norte, talvez tenha levado de três a quatro horas.[12] Primeiro Irena os viu passando na esquina da rua Żelazna e, então, virando para a rua Leszno. O dia já estava sufocante — "insanamente quente",[13] Irena disse — e as crianças tinham que parar de vez em quando para descansar, mas ao virarem a esquina eles ainda estavam marchando confiantes. Irena entendeu de imediato que o médico havia preservado as crianças de sentirem medo ou de saberem o que iria acontecer. Os moradores judeus, angustiados, mantinham-se distantes das ruas bloqueadas, e Irena se lembrou mais tarde de que havia apenas um punhado de pedestres. Os que se arriscavam nas ruas andavam rápido, cabeça baixa, em direção ao seu destino, desejando ser invisíveis. Mas, naquele dia, dezenas, incluindo Jonas Turkow, assistiram das janelas ou das esquinas, em surpreendente silêncio, à travessia de quase cinco quilômetros do médico com os órfãos.[14] O rosto do médico era uma máscara petrificada de autocontrole, mantida com muita dificuldade; Irena sabia que ele estava doente e sofrendo. Mas, naquela manhã, sua coluna estava ereta, e ele ainda carregava um dos bebês exauridos.[15] *Estou sonhando?* O pensamento vagou pela mente de Irena. *Isso está acontecendo? Que culpa essas crianças têm?*[16] Na esquina vazia, seus olhos encontraram os do médico por um momento. Ele não parou para cumprimentá-la. Não sorriu. Não disse nada. O médico apenas prosseguiu. As crianças marchavam em fileiras de quatro, vestidas com suas melhores roupas de passeio e disciplinadas. Então Irena se deu conta do que as crianças menores estavam carregando.

Carregavam nas mãos as bonecas esculpidas pelo dr. Witwicki, o velho professor de psicologia da Universidade de Varsóvia.[17] Irena tinha contrabandeado as bonecas através dos postos de controle do gueto. Tinha presenteado as crianças dos centros, e, ao serem obrigadas a levar apenas um objeto na viagem, foi o que meninos e meninas escolheram. "Com as mãozinhas firmes segurando as bonecas perto do peito, elas seguiam para a última caminhada", Irena disse.[18] Ela sabia o que as crianças não sabiam. Que estavam indo para o pátio ferroviário e para a execução.[19]

Em Umschlagplatz, os soldados as conduziram com açoites e cutucões de rifles, 100 ou 150 de cada vez, para as suas posições. Policiais alemães, ucranianos e judeus, muito mais altos do que as crianças, gritavam ordens. Sob o sol quente, após o corredor polonês confuso e massacrante, as crianças e o médico esperaram até de noite para que os vagões fossem carregados.[20] Irena os acompanhou até o fim? Caso tenha acompanhado, deve ter visto Ala e Nachum nos arredores do curral.

Nachum e Ala viram as crianças só no último instante, quando o embarque no vagão de trem estava prestes a começar. Nachum, horrorizado, correu para perto do médico, com a esperança de impedi-lo. Testemunhas contam que Nachum foi uma das últimas pessoas a falar com Janusz Korczak e Stefania antes de os vagões serem carregados. Dessa vez, Nachum não estava tranquilo como era sua característica. Estava desesperado e com os olhos arregalados. Implorou para que o velho médico o acompanhasse para falarem com os alemães. "Vamos pedir um adiamento ao *Judenrat*, doutor. Por favor, venha comigo. Podemos impedir isso." Janusz Korczak balançou a cabeça devagar. "Não posso deixar as crianças sozinhas, nem por um momento."[21] O médico sabia que, se virasse as costas, os alemães iriam tocar as crianças para dentro dos vagões, e ele não seria autorizado a ir com elas.

Assustadas, as crianças se viraram para o dr. Korczak, aguardando orientações. O médico olhou para Nachum com tristeza por um bom tempo pela última vez. Esse olhar permaneceria na memória de Nachum e o assombraria. Então, virando as costas para ele e para o gueto, Janusz e Stefania serenamente mostraram o caminho para as crianças, e o médico entrou atrás delas no vagão de carga. Em cada braço levava uma criança cansada de cinco anos. "Nunca vou me esquecer dessa cena", disse Nachum sobre a dignidade do médico e a dignidade ainda maior das crianças que confiaram nele em relação a essa jornada final.[22] "Não foi só um embarque no vagão de carga — foi um protesto silencioso e organizado contra o barbarismo." Ao presenciar as crianças entrando silenciosamente no vagão sem janelas, cujo chão já estava coberto com a cal que iria queimá-las — à medida que as portas foram pressionando aquela quantidade de corpos e sendo fechadas hermeticamente com arame farpado —, o jovem e resiliente ator, inevitavelmente, desmoronou na plataforma.

Irena também estava inconsolável. "Relembrando aquela trágica procissão de crianças inocentes marchando para a morte", Irena disse mais tarde, "realmente fico imaginando como o coração das pessoas que assistiram a tudo, eu incluída, não se partiu... Não, nossos corações não se partiram."[23] Mas naquela noite "usei meu último grama de força para ir para casa", Irena disse. "Então tive um ataque de nervos..." Assustada com o tamanho desespero de Irena, sua mãe finalmente não viu outra opção a não ser chamar um médico para sedá-la. "De todas as minhas mais dramáticas experiências de guerra, incluindo a 'estadia' e a tortura na prisão Pawiak, ser torturada pela Gestapo na rua Szucha, vendo gente jovem morrer... nenhuma provocou comoção tão intensa como a cena do dr. Korczak com suas crianças marchando para a morte", Irena disse.[24]

Ala e Nachum continuaram lutando corajosamente todos os dias na plataforma ferroviária. A cada manhã, Ala convocava suas energias de reserva e se empenhava no trabalho que no início havia unido ela e Irena: salvar crianças. Mas, à noite, depois que os vagões de carga partiam para a abominável viagem em direção ao leste, nas horas anteriores à chegada da polícia judaica para os preparativos para a próxima rodada de deportações, Ala se deitava no porão sombrio da rua Smocza pensando. Numa daquelas noites no decorrer da primeira ou segunda semana de agosto, Irena a visitou. O pequeno aposento dava para os telhados do gueto de Varsóvia. As duas boas amigas sentaram-se juntas de mãos dadas, vendo o pôr do sol. Ala estava triste e séria. Irena implorou.

Rami estava segura do lado ariano. Arek tinha se juntado ao grupo de guerrilheiros judeus nas florestas de Varsóvia que se organizavam para a resistência armada. Ala se comunicava constantemente com colegas do Estado Secreto e poderia sair do gueto a qualquer momento. Irena conhecia um abrigo, na casa de amigos, onde Ala poderia se esconder. Ela própria iria escondê-la se fosse necessário. Implorou à amiga que a deixasse ajudar. "Ala, neste envelope há documentos de identidade. Fique com eles." Ala os deixou sobre a mesa. "Irena, olhe para mim." Irena entendeu. Ala era uma mulher magra, morena, beirando os quarenta anos no verão de 1942, com feições claramente judias e "aparência ruim"; Irena não podia fingir que não era perigoso. Documentos de identidade não seriam suficientes para salvar Ala se os alemães viessem procurá-la.

Mas não era a única razão. Ala não tocou nos documentos. "Travava uma intensa e silenciosa batalha interna", disse Irena sobre a conversa daquela noite.[25] "Eu a compreendi. A filha estava lá fora, o marido (Arek) estava na floresta, lutando, mas esse era o lugar que ela amava — onde havia seu trabalho, suas responsabilidades, os doentes, os velhos, as crianças." Irena compreendeu porque, naquele momento, ela também travava internamente uma luta silenciosa e intensa. Ela também estava dividida entre querer esperar para salvar as crianças e querer se salvar e a Adam.

Ala precisava travar sua batalha por um tempo mais longo. Precisava refletir. Não podia fugir ainda, pois fugir significava deixar seu povo. Ao redor dela, outros estavam tomando decisões diferentes, e Irena tentou persuadi-la. "Não há vergonha em partir." Os amigos de Irena já estavam partindo. O primo da professora Radlińska e antigo colaborador de Irena, dr. Ludwik Hirszfeld, fugiu do gueto, escapando pelas criptas sob a Igreja de Todos os Santos guiado por Jan Żabiński, o zelador do zoológico de Varsóvia e soldado no Exército Nacional do Estado Secreto. Dezenas de refugiados estavam escondidos nas jaulas vazias dos animais na propriedade do zoológico, onde Irena era frequentadora assídua e bem-vinda.[26]

Ala não criticava o médico. Não queria julgar as ações dos outros diante dos riscos atuais. Não havia certo ou errado na cabeça de Ala; havia apenas as leis das circunstâncias e da consciência. Depois que Irena deixou a amiga, prometendo voltar em breve para conversar mais, Ala ficou acordada por um bom tempo, refletindo. O envelope de Irena ainda estava sobre a mesa. Finalmente, Ala tomou uma decisão. Pegou um toco de lápis e, alisando um pequeno pedaço de papel, começou a escrever o que sabia que poderia ser uma última carta. Era endereçada a Jadwiga Strzałecka, a amiga e diretora do orfanato do lado ariano que estava cuidando de Rami. As palavras eram um adeus para a pequena e muito amada filha. "Deixo minha filha aos seus cuidados, eduque-a como se fosse sua", ela escreveu.[27] E então estendeu a mão para tocar o envelope com os documentos de identidade. Já sabia que nunca iria usá-los. Colocou-os cuidadosamente dentro de sua pasta. De manhã, daria os documentos para uma mulher judia na rua — um último presente de sobrevivência. Conforme Ludwik Hirszfeld falou sobre Ala mais tarde, "ela sofreu, dividida entre o instinto de maternidade e a vocação de enfermeira e assistente social. O último venceu... ela ficou com os órfãos".[28]

Como os cercos estavam se aproximando, até Adam concordou finalmente em deixar que Irena e seus contatos no Estado Secreto o levassem e o restante da família para fora do gueto. Adam havia resistido. Assim como outros amigos judeus de Irena, ele estava determinado a continuar a trabalhar e a ajudar as crianças no grupo de jovens. Era um trabalho que Irena mais do que qualquer outra pessoa entendia e com o qual se importava. O compromisso de ajudar as crianças abandonadas e órfãs do gueto os vinculava, e olhando para Adam do outro lado do aposento, abaixando-se para cuidar das crianças pequenas, seu amor e sua paixão por ele se intensificaram. E não era só pelas crianças. Os laços familiares de Adam, complicados e angustiantes, alimentaram a sua indecisão.

Foi o que a testa franzida de Adam disse para Irena repetidamente durante o mês inteiro de julho, e ela tentava esconder sua preocupação, que talvez fosse até misturada com um toque de ciúmes. De noite em sua cama de solteira, ouvindo a respiração ofegante da mãe, Irena passou a rezar. Seus lábios pronunciavam as palavras em silêncio ao pedir pela vida — e pelo amor — de Adam.

No fim do mês de julho, a situação tornou-se ainda mais crítica. Adam ficou assustado quando sua tia Dora foi baleada em Varsóvia, provavelmente não muito longe da propriedade que ela e o tio Jakub tinham junto com outros membros da família Mikelberg.[29] Ao receberem a notícia de que a prima de dezoito anos, Józefina, havia sido baleada em Otwock ao ser flagrada se escondendo dos alemães, o medo tomou conta da família.[30] Quanto tempo teriam até que sua mãe fosse mais uma vítima das deportações dos alemães?

Irena lhe implorou para que a deixasse encontrar um refúgio seguro para ele e Leokadia, e então Adam concordou.

Salvar Leokadia era perigoso, mas não impossível, e naquele verão a mãe de Adam fugiu do gueto. Era um empreendimento arriscado ajudar habitantes judeus a atravessar as fronteiras do gueto, claro, mas, assim que uma mulher judia estivesse do outro lado com um documento ariano, sua sobrevivência dependeria majoritariamente de uma boa encenação no papel da mulher polonesa. Um homem judeu circuncidado, entretanto, cuja religião podia ser verificada de imediato, vivia em constante perigo, e Adam era um desafio particular por outra razão ainda. Apesar da nova identidade polonesa, que o transformou no gentio Stefan Zgrzembski, seu rosto contava uma história totalmente diferente. Adam teria que ficar escondido de todo mundo o tempo inteiro, exceto de seus tutores e — se ela conseguisse — de Irena. Pois Irena queria desesperadamente, até mesmo com certa imprudência, encontrar um local para ele se esconder onde os dois pudessem ficar juntos, e isso era, talvez, a parte mais difícil da equação.

Irena dirigiu-se a outra velha colega que tinha trazido para a rede. Maria Kukulska era responsável por um dos mais importantes "prontos-socorros" para as crianças contrabandeadas de Irena em um espaçoso apartamento no bairro de Praga que dividia com a filha adolescente. Subindo as escadas do apartamento de Maria, Irena debatia consigo mesma: poderia pedir isso, mesmo para uma amiga tão querida e corajosa como Maria? Não iria fingir. Estava pedindo a Maria para arriscar sua vida e a de sua filha para receber Adam. O medo era apavorante. Irena apertava entre as mãos a xícara quente de chá que Maria tinha servido a ela. Maria olhou para a amiga e então riu. "Você o ama, não é verdade, Irena?" Irena riu também e concordou. Nesse caso, não havia dúvida. Claro que Adam iria se mudar para o quarto sobressalente de Maria.

Naquele verão, Regina Mikelberg, entretanto, foi embarcada em Umschlagplatz em um dos trens para o campo da morte. Quando as portas foram fechadas com dezenas de pessoas presas no vagão fétido, Regina ficou desesperada. Os vagões se movimentaram vagarosamente em direção contrária a Varsóvia, e os gritos de medo e o crescente fedor foram demais para a esguia mulher de 32 anos. Ela ainda tinha uma irmã no gueto. Tinha sua família. E, talvez, sendo realmente a primeira mulher judia de Adam, ela tinha um marido a quem recorrer, apesar dos laços fracos que os uniam agora. Fosse qual fosse a verdade, Regina conhecia Adam e Irena, e isso seria parte de sua salvação. Se conseguisse a liberdade, Janka Grabowska e Irena encontrariam um lugar para escondê-la. No sufocante calor do vagão de carga, onde os corpos se empurravam mutuamente, um raio fraco de luz brilhou através de uma janelinha suja de ventilação. A abertura era estreita. Regina, entretanto, era esguia e determinada. Um homem deixou que ela pusesse os pés em seus ombros, e ela se esticou em direção à abertura. Os olhos tristes e expressivos dele a incentivaram a se arriscar. Com um empurrão forte, ela se jogou pela janela e caiu sobre os trilhos duros. Sem olhar para trás, correu na escuridão enquanto o trem sacolejava adiante com destino a Treblinka.

Ao tentar encontrar Rachela Rosenthal, outra menina da professora Radlińska e também líder de um dos grupos de jovens do gueto com Ewa e Adam, o coração de Irena ficou pesado. Rachela não estava em lugar algum. E lugar algum, todos sabiam agora, significava com certeza os trens com destino ao leste. Sua intuição lhe sussurrou o horrível pensamento de que Rachela — intempestiva e inteligente — talvez tivesse ido de bom grado para tentar achar a filhinha perdida de cinco anos. Rachela estava vivendo o pesadelo de todos no gueto. Ela virou de costas, e a família inteira tinha desaparecido nesse intervalo em Umschlagplatz. Havia um forte incentivo para seguir todos.

A perda da filha simplesmente a desequilibrou. Era uma dor intensificada por outro fato cruel do gueto. O desaparecimento da filha foi a única coisa que deu a Rachela alguma chance digna de sobrevivência naquele verão. Durante os cercos, "as pessoas mal se incomodavam com as crianças", uma jovem lembrou.[31] As crianças "vagavam, negligenciadas, no meio das massas de humanos" durante as seleções nas ruas. Qualquer um com mais de 35 anos e mães com crianças pequenas eram selecionados automaticamente para a plataforma ferroviária. As crianças que entendiam muito bem os procedimentos fugiam dos pais para salvá-los. "Como eram sábios e compreensivos, aqueles pequeninos", a jovem testemunha relembra, "tentando persuadir as mães para seguirem em frente sem eles."

Irena procurou e por fim abandonou a esperança. Mas naquele verão, por um surpreendente acaso, Rachela estava entre os sobreviventes. Andava amortecida pela tristeza, obrigada a integrar um grupo de trabalhadores escravos que saía toda manhã para fora do gueto. Irena tinha razão em se preocupar com o fato de Rachela não se importar mais com a sobrevivência. Ela não ergueria um dedo para se salvar, não depois de ter falhado em salvar a filha. Outras pessoas do grupo de trabalho, entretanto, estavam determinadas a fugir dos alemães, e, no fim de um turno, quando os soldados estavam de costas para eles, um jovem sussurrou no ouvido de Rachela: "Vamos fugir do gueto. Fique pronta". E então as pessoas se dispersaram por todas as direções. Rachela ficou sozinha no meio de uma rua desconhecida no lado ariano da cidade, e ela queria sua filha. Como não tinha planos, começou a andar. Naquela noite, vagou pelas ruas sem esperança, pronta para morrer, desejando que alguém atirasse nela. O toque de recolher soou, seria inevitável. Não teria que esperar muito agora. Uma garota passou por ela na rua e parou de repente à sua frente. "Rachela!" Rachela olhou e a reconheceu das reuniões do Partido Socialista antes da guerra. A jovem mulher polonesa — na resistência e ativista como Irena — logo percebeu o perigo em que Rachela se encontrava. "Venha comigo. Há um abrigo para onde vou levá-la", a mulher apressou-a. Rachela se deixou levar para se esconder.

Por semanas depois do seu desaparecimento, Irena procurou pela amiga no gueto, mas não conseguiu encontrá-la. Mas, assim como Ala, Rachela estava também destinada a se tornar uma heroína. Escondida do lado ariano, ela logo se juntou à amiga polonesa na resistência e se tornaria, antes de a guerra terminar, uma guerrilheira clandestina impetuosa.

E havia Ewa Rechtman. Como Ala, Ewa também não conseguia se convencer a deixar as crianças do grupo de jovens — não enquanto todos os dias os pequeninos eram recolhidos e deportados. Ewa era, Irena disse, "a mãe deles, o pai, a irmã, a amiga... E eles, por sua vez, tornaram-se seu lenitivo".[32] Das quatro amigas que antes da guerra se sentavam à mesa dos cafés, rindo e conversando em iídiche, Ala, Rachela e Irena tinham tido até agora — deixando de lado as sérias tragédias pessoais — muita sorte. Ewa não teve sorte naquele verão.

"Era um dia quente e lindo",[33] Irena lembrou mais tarde, "quando as hordas de tropas alemãs, armadas até os dentes, cercaram o 'pequeno gueto'", onde Ewa estava trabalhando. Ewa ficou presa com as crianças órfãs nas ruas bloqueadas. Irena convocou as amigas para uma missão de resgate assim que soube, determinada a arriscar qualquer coisa e improvisar de algum jeito um plano para salvar Ewa e as crianças da deportação. A ambulância que Ala requisitou, dispensada de Umschlagplatz, saiu a toda velocidade em direção ao sul pelo gueto. As mãos de Irena tremiam. Elas usariam de novo a estratégia de Umschlagplatz, talvez. Irena convenceria de algum jeito os soldados de que Ewa estava muito fraca para viajar. Ou iriam escondê-la em algum lugar. Elas haviam feito isso com muitas crianças. Irena não tinha um plano, apenas uma missão. Com o passe para controle epidêmico nas mãos, regateou com os guardas, tentando convencê-los de que ela e sua equipe estavam lá em situação de emergência e com autorização para realizar uma missão médica no bairro. Se conseguissem pelo menos chegar até Ewa... Quando um dos caminhos era interrompido, tentavam desesperadamente outro — qualquer coisa para ter acesso às ruas bloqueadas.

Do outro lado das barreiras, os cães latiram e Irena ouviu tiros. Alguém gritou ordens. Ouviram um grito de angústia. O resto foi um silêncio aterrador. Um jovem guarda pareceu hesitar quando os olhos de Irena imploraram para que a deixasse passar, mas ele reconsiderou. A cada esquina, recusavam a entrada no bairro cercado durante a *Aktion*. No fim daquela tarde quente de agosto em Varsóvia, perdida em meio à massa apinhada de corpos, Ewa Rechtman foi posta em um dos vagões de gado em Umschlagplatz, e as portas foram fechadas com arame. Ao contrário de Regina, ela não se espremeu em direção à liberdade no último minuto. Ewa morreu em agosto, em Treblinka, nos "vestiários" de azulejo branco.

Os pesadelos assombravam Irena. Os sonhos foram ficando cada vez piores, e ela se sentia cansada ao acordar. Nos sonhos com Ewa, eram sempre os mesmos horror e ineficiência, sempre os mesmos pensamentos horríveis. Irena às vezes ouvia em seus sonhos algo mais, o único alívio naqueles tormentos noturnos: a voz da amiga falando com ela de novo, como sempre, "tranquila, amorosa e extremamente gentil".[34]

Tudo o que tinha acontecido antes — a rede dos departamentos, os contrabandos e segredos — não era nada, Irena reconhecia, em comparação com a magnitude desses crimes e perdas. Pior ainda, no meio de agosto, as deportações não tinham chegado à metade. Elas prosseguiriam por mais um mês, com uma rapidez intensa. Irena iria se igualar aos alemães passo a passo em raiva e indignação contra a barbárie. "Rapidamente, nos demos conta de que a única maneira de salvar as crianças era tirando-as de lá"[35] — disse, e ela estava absoluta e radicalmente determinada a fazer isso.

9
A ÚLTIMA ETAPA

Varsóvia, agosto – setembro de 1942

O GUETO FOI esvaziado naquele verão em sessões organizadas e, três semanas após o início da deportação, foram afixados nos muros comunicados exigindo que os habitantes dos quarteirões que incluíam as ruas Elektoralna e Leszno deixassem suas casas e se apresentassem para as seleções na manhã de 14 de agosto de 1942.

Até o dia 14 de agosto de 1942, 190 mil pessoas tinham sido transportadas para a morte em Treblinka. Não havia mais feiras de rua no gueto, e apenas um pingo de comida chegava ao bairro judeu pelos canais clandestinos. Foram três semanas em que muitos não tinham se alimentado, e nem todos no gueto desde então se dirigiam involuntariamente para a plataforma de carregamento, por uma simples razão: os alemães tinham mudado de estratégia e prometiam rações generosas de pão e de geleia para os que se "voluntariassem" para a realocação.

E daí se a morte nos aguarda no leste? As famílias, então, pensavam assim. A morte certa por causa da fome os aguardava no gueto. Muitas vezes eles também persistiam em ficar juntos a qualquer preço. As irmãs gêmeas do ator judeu que Ala e Nachum tinham salvado de Umschlagplatz, Rachel e Sarah, tinham decidido ir voluntariamente. Jonas e a esposa, Diana, imploraram para as mulheres não irem. Ala já tinha resgatado uma das irmãs da morte na plataforma ferroviária. Mas aquilo apenas as deixou mais assustadas e mais decididas. "Não se imaginavam vivendo uma sem a outra", Jonas disse depois.[1] Se tivessem que morrer, morreriam como irmãs. Testemunhas da resistência relataram, horrorizadas, centenas de pessoas em fila, aguardando pacientemente na estação de transporte em Umschlagplatz. Esperaram, sob guarda armada, por dias até terem a chance de embarcar na plataforma. Tinha tanta gente, que as testemunhas relataram: "Os trens, partindo já duas vezes por dia com 12 mil pessoas cada um, não têm capacidade para acomodar todos".[2] Quase todos foram mortos em Treblinka, inclusive Rachel e Sarah.

Os que não faziam fila para a deportação se escondiam em sótãos e subsolos durante os cercos nas ruas. Mesmo os que tinham autorização para trabalhar ou proteção do *Judenrat* sabiam que era melhor se esconder do que arriscar serem vistos quando o bairro era esvaziado. O policial judeu tinha a ingrata tarefa de entregar sete colegas do gueto por dia para os vagões de carregamento — ou ele próprio seria acrescentado às deportações. "Nunca", os sobreviventes lembraram mais tarde, "um policial judeu tinha sido tão inflexível no cumprimento de uma ação."[3]

Naquela semana, uma menina de dez anos foi pega durante os cercos na rua Elektoralna. Katarzyna Meloch já era órfã. O pai, Maksymilian, tinha morrido em 1941 quando os alemães ocuparam Białystok. Naquela época, alemães e russos estavam em guerra de novo, e ele e a mãe dela, Wanda, teriam fugido porque Wanda tinha documentos de identidade russos. Mas, em junho, Katarzyna estava em um acampamento de verão, e eles não iriam embora sem a filha. Maksymilian foi enviado ao *front* como recruta e morreu lá, e Katarzyna e a mãe foram colocadas com os outros judeus no gueto da cidade. No meio da noite, várias vezes, Wanda acordava a filha para perguntar: "Filha, você se lembra?". Katarzyna sabia que a resposta era sempre: Rua Elektoralna, 12. O endereço da família da mãe em Varsóvia. "Você vai ter que se virar se acontecer alguma coisa comigo. Se estiver sozinha, lembre-se de seu tio."

Um dia, algo de fato aconteceu com a mãe dela. Wanda notou as mudanças em Białystok e percebeu o perigo. Os russos eram o inimigo, e a Gestapo perseguia as multidões à procura de inimigos. Por fim, chegaram em Wanda. "Uma comunista", disse o homem da Gestapo chacoalhando seu passaporte.[4] E, então, leu mais: "Claro, uma judia!". Wanda implorou para que não a prendessem. Ela não tinha interesse político; queria apenas salvar a filha. "Sou apenas uma mãe", implorou. Mas o alemão mandou que entrasse no carro acoplado à moto mesmo assim, e foi a última vez que viram Wanda. Katarzyna foi levada para o orfanato do gueto e seguiu a orientação da mãe. Escreveu para o tio, Jacek Goldman, e a família da mãe a levou clandestinamente para dentro do gueto de Varsóvia. Katarzyna viajou de Białystok até Varsóvia sozinha no inverno de 1941-1942.

Em maio de 1942, ao completar dez anos, Katarzyna estava morando no gueto de Varsóvia em um apartamento apertado compartilhado com a família do amável tio Jacek e da avó, Michelina. Katarzyna não tinha mãe nem pai, então o tio Jacek fez uma festa infantil pelo seu aniversário no terraço do último andar de um prédio incendiado, onde tinha funcionado antes o Espírito Santo, hospital no qual 32 anos antes Irena Sendler havia nascido e Stanisław Krzyżanowski tinha trabalhado como médico.

Mas em agosto a família não estava morando mais no apartamento. Tio Jacek encontrou um esconderijo na chaminé das ruínas do hospital, onde os alemães não iriam achá-los durante as deportações. Na manhã de 14 de agosto, Katarzyna deveria estar escondida bem ali. Mas a menina tinha dez anos, e em vez disso estava no pátio brincando nos escombros com várias outras crianças. De repente, alguns policiais judeus avistaram Katarzyna e a identificaram como um alvo fácil. Um dos homens pegou-a bruscamente pelo pescoço, ela gritou desesperada pela família. O homem segurou-a com força e a arrastou aos prantos em direção a um grupo de mulheres e crianças destinadas à seleção em Umschlagplatz.

Dentre os tijolos caídos e os restos espalhados dos últimos pertences da família, Michelina ouviu o grito assustado da neta. O que ela poderia fazer? Michelina saiu do esconderijo com cuidado e em silêncio. Ela era funcionária do hospital judaico, por isso a família tinha proteção do *Judenrat*. "Você não pode levar a criança. Temos documentos." O policial olhou para a velha e deu de ombros, impassível e desinteressado. Michelina tinha perdido Wanda. Estava determinada a não perder a filha de Wanda. Michelina chamou rapidamente a atenção de Katarzyna. Ao longe ocorria um tumulto passageiro. Quando o homem se virou para ver o que estava acontecendo, Michelina gesticulou. *Corra*, suas mãos disseram. *Corra rápido*. E Katarzyna correu. De onde se escondeu, entre tijolos caídos e metais retorcidos, a menina assistiu ao soldado segurar Michelina e a empurrar aos trancos em direção ao grupo destinado à plataforma ferroviária.

Em Umschlagplatz, Michelina foi empurrada em direção à multidão, com calor e assustada, tendo que aguardar sob o sol por muitas horas. Então, inesperadamente, viu um casaco branco e um rosto familiar andando ao longo do arame farpado. Pode ter sido Nachum Remba, o mais provável, porém, é que tenha sido Ala, sua colega. Michelina foi arrastada rapidamente para a clínica improvisada e depois nunca soube como tudo aconteceu, mas, quando o trem saiu naquela noite em direção a Treblinka, ela não estava nele. Pela manhã, conseguiu voltar para o esconderijo da chaminé.

Naquela noite, sem esperanças em relação à Michelina, a família se recolheu no esconderijo e fez planos urgentes. Tio Jacek disse que fugiriam do gueto para se juntar aos *partisans* na floresta a fim de lutar e pôr um fim naquela loucura. Uma das tias de Katarzyna disse que ficaria escondida com as crianças. Tio Jacek nunca voltou da floresta, e parte da família de Katarzyna conseguiu sobreviver por vários meses fugindo, até serem assassinados juntos. Mas Katarzyna não estava com eles. Sua salvação aconteceu de forma inesperada, graças a uma velha amiga de sua mãe.

No período anterior à guerra, Wanda Goldman tinha sido professora de latim, e Jadwiga Salek era uma de suas alunas, na época uma menina da classe operária em Łódź. Wanda e Jadwiga, professora e aluna, ficaram amigas, e então a vida as levou para direções diferentes. Jadwiga mudou-se para Varsóvia e se tornou professora em 1930 na escola-orfanato do dr. Janusz Korczak, no bairro de Żoliborz, extremo norte da cidade. Ela se juntou ao movimento socialista polonês e depois se tornou assistente social da cidade no departamento responsável por encontrar famílias adotivas para órfãos. Em 1942, ela tinha 32 anos e seu nome de casada era Jadwiga Deneka: uma das primeiras colaboradoras de Irena. Jadwiga, Ala e Irena estavam prestes a salvar Katarzyna.

No decorrer do mês de agosto, Irena e Ala retiraram crianças do gueto em ritmo intenso. Foi no período entre agosto de 1942 e janeiro de 1943 — os seis meses seguintes — que a grande maioria das crianças que elas salvaram foi resgatada. "Testemunhamos cenas horríveis",[5] Irena disse sobre aqueles dias. "O pai concordava, mas a mãe não. Às vezes íamos embora sem levar os filhos dessas famílias infelizes. Eu voltava no dia seguinte e, não raro, descobria que todos tinham sido levados para a estação ferroviária em Umschlagplatz para serem transportados para os campos da morte." Essas cenas se desenrolavam também nos pesadelos recorrentes de Irena. Nunca mais ela se livraria dos sonhos indesejáveis. Os sobreviventes de Varsóvia daqueles anos — e, sobretudo, os sobreviventes do gueto — falam dessa perseguição em comum. O único bem naquilo tudo era que, com os alemães focados na deportação de milhares de judeus diariamente para Treblinka, havia possibilidades em outra direção. As amigas simplesmente tiraram vantagem da atenção monomaníaca dos alemães para retirar do gueto o maior número de crianças possível.

Uma dessas crianças foi Katarzyna. Jornalista aposentada em Varsóvia, Katarzyna não sabe se Jadwiga Deneka reconheceu a filha da amiga ou se foi ao gueto procurando por ela especificamente. Assim como Irena, Jadwiga tinha um passe para o gueto e entrava e saía do bairro judeu todos os dias, retirando crianças às escondidas. Talvez Ala e Nachum tenham tomado conhecimento da criança em Umschlagplatz por meio de Michelina e contataram Jadwiga e Irena. O que Katarzyna lembra hoje é que certo dia, entre os dias 20 e 25 de agosto, quando os judeus em Otwock estavam sendo liquidados e, consequentemente, houve uma breve calmaria nas deportações do gueto, Ala levou-a na ambulância de resgate da brigada, passando pelos portões para o lado ariano.[6] Jadwiga aguardava depois dos portões. Katarzyna subiu as escadas com a amiga da mãe para um pequeno apartamento na rua Obozową, 76, no bairro de Koło, onde Jadwiga e o irmão Tadeusz mantinham um "pronto atendimento" para os "filhos de Irena". "Eu saí do gueto", Katarzyna disse, "em um verão muito quente (1942). Do apartamento no bairro de Koło lembro dos imensos tomates na janela amadurecendo ao sol. Saindo de um bairro em que não se pensava se era inverno ou verão, eles chamaram a minha atenção."[7]

Os "prontos atendimentos" — pontos de ajuda emergencial de Irena[8] — eram decisivos no sistema da rede para salvar crianças, e havia pelo menos dez dessas casas, talvez mais, dispersas pela cidade. No apartamento de

Jadwiga[9] durante a guerra, moraram escondido duas famílias judias com filhos pequenos, e crianças entravam e saíam constantemente. Irena escondeu uma criança em seu apartamento. Jaga Piotrowska e o marido esconderam mais de cinquenta judeus no apartamento deles durante a ocupação. Crianças foram escondidas na casa de velhos amigos de Irena, como Stanisław Papuziński, Zofia Wędrychowska, Maria Palester e Maria Kukulska. Também ficaram escondidas na casa da ativista Izabela Kuczkowska, da governanta do orfanato, Władysława Marynowska, e da parteira, Stanisława Bussold. E havia talvez mais meia dúzia de outros prontos atendimentos. Todos receberam crianças do gueto em suas casas nas primeiras horas e dias, para a segurança delas, e as prepararam para suas vidas novas em seus próximos destinos. Alguns esconderam judeus por anos e foram pais adotivos por décadas depois.

Em 1942, graças a Jan Dobraczyński e sua assinatura-código nos documentos de transferência, as crianças eram normalmente enviadas para refúgios em conventos assim que as novas identidades "polonesas" eram encontradas. Dezenas de crianças ficaram escondidas no Lar de Crianças Padre Boduen; outras dezenas passaram pelo orfanato e seguiram depois para outros lugares com a ajuda de Władysława Marynowska e de Jaga Piotrowska. Algumas foram alojadas em casas religiosas em Otwock, e mais de trinta crianças judias foram, por fim, escondidas no convento Irmãs de Amparo na cidade de Turkowice, no extremo oriente. O inspetor da cidade tinha conhecimento de que havia crianças judias no convento e concordou em olhar para o outro lado com a condição de que tivessem documentos arianos convincentes caso fossem falsos.[10]

Quando chegaram os documentos falsos de Katarzyna,[11] seu novo nome era Irena Dąbrowska, filha de uma mulher desconhecida, Anna Gąska, e sua certidão de nascimento deixou-a um ano mais velha. Foram situações que o destino exigiu que ela memorizasse completamente. O menor escorregão — qualquer coisa que pudesse denunciá-la como judia — seria fatal em sua nova vida. Felizmente, Katarzyna tinha crescido falando polonês. Se não tivesse, salvá-la teria sido muito mais difícil. Quase todas as crianças que Irena e sua rede salvaram naqueles verão e outono eram de famílias de judeus não ortodoxos, com formação profissional e, se não eram bebês, já falavam polonês.

Depois do abrigo de emergência, Katarzyna seguiu a rota costumeira para crianças da rede de Irena. Foi para o Lar de Crianças Padre Boduen, codificada como criança com "cuidados especiais", e então as freiras a transferiram para as irmãs da instituição religiosa na isolada e rural Turkowice. Tanto no "pronto atendimento", no apartamento de Jadwiga, como no orfanato da igreja, mulheres de pele clara treinaram com ela os costumes e os rituais de uma jovem católica. No convento, para clarear seu cabelo escuro, as freiras o trançavam toda manhã com fitas brancas, e pediam que repetisse o catecismo. Mas, para uma criança judia, lembrar não era a parte difícil. Era esquecer. Esquecer o que tinha visto no gueto; esquecer a família, as palavras, as experiências e a língua. Para uma criança judia, era crucial não revelar a verdadeira identidade, havia chantageadores à espreita. A maior ameaça, entretanto, frequentemente vinha da tagarelice infantil inocente, mas perigosa.

Normalmente, as crianças resgatadas do gueto eram batizadas e se tornavam católicas. Com esse costume, houve uma série de registros religiosos autênticos e documentos que não tinham que ser falsificados ou manufaturados. Às vezes, entretanto, os pais judeus apenas balançavam a cabeça negativamente quando Irena contava que o batismo era parte do disfarce para que seus filhos pudessem ser escondidos. Para essas famílias, o batismo em outra religião era um impedimento insuperável. A lei religiosa judaica é explícita, os pais ortodoxos contavam para ela. "Não podemos afastar nossas crianças da nação judaica simplesmente para salvá-las neste momento." As famílias judias em todo o gueto discutiam entre si as questões e solicitavam a orientação do rabino. "Não vamos consentir com a destruição espiritual de nossas crianças", os judeus diziam uns aos outros.[12] "Se mais de 300 mil judeus forem aniquilados em Varsóvia, qual o objetivo de salvar centenas de crianças? Deixe-as morrer ou sobreviver junto com a comunidade toda." Outros pais deixavam de lado as questões religiosas. "Salve meu filho", esses pais diziam a ela. "Faça o que for necessário para salvar minha filha." Fez-se uma fratura na comunidade judaica, e Irena e sua rede estavam no centro dessa controvérsia. Dependia-se muito da confiança pessoal de quem estava "salvando". Por isso também as crianças que Irena e sua rede retiraram do gueto e ajudaram a esconder eram, na grande maioria dos casos, órfãos, filhos de velhos amigos ou de famílias culturalmente não ortodoxas.

Uma fenda estava também se abrindo na rede de Irena. Ela não era uma mulher devota. Os valores e, acima de tudo, sua convicção política e sua ação eram seculares. Ela também cresceu cercada pela mesma cultura judaica de Adam e não desprezava sua beleza ou seu poder. Jan Dobraczyński e Jaga Piotrowska, entretanto, estavam ficando cada vez mais próximos, e os dois eram católicos ardorosos. Devido à sua fé, era grande a influência de Jan sobre as freiras do convento e os diretores de lares religiosos. Ela salvou vidas, e Irena era grata pela assinatura dele nos documentos. Para Jan e Jaga, entretanto, o batismo para o próprio bem das crianças tinha profunda importância. E a comunidade judaica começava a colocar Jan Dobraczyński e Irena Sendler em categorias diferentes.

Certo dia em 1942, um homem judeu escondido do lado ariano em Varsóvia assumiu o risco de fazer uma visita surpresa ao departamento de Jan Dobraczyński. Era um líder da comunidade. Ele contou para o estupefato chefe da assistência social que era médico. Apesar de o nome do misterioso visitante nunca ter sido registrado, era quase certo se tratar do dr. Adolf Berman,[13] diretor, durante a guerra, da Centos, a organização de assistência aos órfãos responsável pelos grupos de jovens do gueto. O dr. Berman conhecia Irena bem e admirava seu trabalho. Sobre Jan Dobraczyński, ele tinha uma visão diferente.

"Vim para conversar sobre a questão do batismo de crianças judias", disse o dr. Berman com franqueza. Ele tinha deixado de lado a preocupação com denúncias ou chantageadores. Estava correndo o risco de ser preso. Mas o médico exigiu, em nome da comunidade judaica, uma conversa franca e algum tipo de explicação. Todos sabiam, nos círculos clandestinos, que havia assistentes sociais lutando para esconder crianças judias em orfanatos da Igreja. Mas agora tinha se espalhado a notícia de que as crianças estavam sendo batizadas como católicas. Por que, o médico queria saber, as crianças estavam sendo introduzidas em outro credo? Qual era a intenção de Jan? Tudo que as crianças precisavam era de um documento e um lugar seguro para ficar até que as famílias pudessem reavê-las depois desse terror.

"Para a segurança delas", veio a resposta *blasé* de Jan. *Com certeza isso é claro.* Jan encolheu os ombros e sorriu com antipatia para o médico. Ele não tinha interesse em discutir filosofia. O batismo era o preço da sua ajuda, e a comunidade judaica podia pegar ou largar. O médico ficou indignado. Burocracia é uma coisa, claro. Sim, as crianças precisavam de documentos. Dê às crianças documentos de batismo, com certeza. Mas elas precisam ser afastadas espiritualmente de suas famílias pelo ritual? Tinham que falar as palavras da conversão? Jan foi rigoroso — inflexível até — nesse ponto. "Se as crianças e os pais quiserem que elas voltem para a fé judaica quando a guerra acabar", Jan disse calmamente, "a decisão será da criança." Até lá, nos conventos, ele insistiu, elas seriam criadas como católicas. Seriam criadas — era tal a viseira de Jan — como ele entendia que se criava um polonês. "Essas condições são muito duras", o médico rebateu.[14] Jan deu de ombros. Os pais judeus não estavam em posição de discutir.

Irena ficou no meio da briga. Ela entendia que havia certas realidades práticas da guerra. Mas era também ela que ia aos apartamentos em ruínas, destruídos, e implorava às famílias judias que lhe confiassem a vida dos filhos. Foi ela que teve que contar para a família de Bieta Koppel que a criança seria batizada. Henia Koppel nunca deixou de sentir saudades de sua bebê desaparecida. A jovem mãe estava ainda viva no gueto no fim do verão, graças à autorização de trabalho da fábrica Többens, e de vez em quando conseguia encontrar um jeito, dentro do gueto, de telefonar para Stanisława Bussold, em cuja casa Bieta ainda estava escondida. Henia não pedia nada a Stanisława nessas horas a não ser que segurasse o telefone perto de Bieta para que ela pudesse ouvir os murmúrios e balbucios da filha um pouquinho. Longe, do outro lado da linha, Henia chorava em silêncio. Uma ou duas vezes ela se arriscou ao extremo e se esgueirou para fora do gueto por algumas horas para ver sua bebê.[15] Não havia uma parte de Henia que não doesse por causa da filha. O pai de Bieta, Józef, já estava morto. Ele foi fuzilado na plataforma em Umschlagplatz quando, com sua característica agudez de compreensão dos fatos, recusou-se a embarcar no vagão de gado para Treblinka.

Aron Rochman, o avô de Bieta e pai de Henia, por sorte sobreviveu ao verão e às vezes ele saía do gueto cedo, submetido ao trabalho escravo para os alemães. Ao saber naquele outono que Bieta seria batizada, Irena achou que deveria se encarregar de contar a ele. Como poderia viver se se esquivasse daquela responsabilidade? Aron e Henia sentiriam a perda profundamente. Numa manhã fria do outono, Irena parou perto do posto de controle do lado de fora do gueto e esperou até que o grupo de Aron passasse pela esquina da rua, olhos baixos, marchando. Apesar da lei que determinava que poloneses e judeus nunca se comunicassem, ela falou com ele por um instante e as palavras saíram apressadas demais. "Eu tenho que lhe contar." Aron olhou ao longe. Na rua, em meio aos desconhecidos e às ruínas da guerra, Irena achou que o próprio coração não aguentaria assistir ao velho homem romper em lágrimas pelo extravio espiritual da pequena neta. Irena ficou parada sem saber o que fazer. Queria segurar a mão de Aron, mas seria perigoso para ele. Então se virou e se afastou lentamente.

Dias mais tarde, Irena é que chorou. Um pacote foi enviado para a pequena Bieta. Dentro dele, cuidadosamente embrulhado, havia um lindo vestido de batismo e um reluzente crucifixo de ouro para a bebê, também embrulhado com esmero em papel de seda. Sem nenhum bilhete. Não precisava, a mensagem era clara: um adeus da família para uma criança desesperadamente amada ao custo de tudo que devem ter economizado dentro do gueto.

Essa era a diferença entre Irena e Jan na verdade. Ela reconhecia a agonia dos pais judeus obrigados a concordar com o apagamento da identidade dos filhos. Jan não retirava as crianças do gueto. Irena presenciava a cena, às vezes mais de uma vez ao dia naquele verão. Tais cenas ela chamou de "infernais". Nos apartamentos lotados, as famílias se cindiam e se fragmentavam em meio ao desespero. Os pais diriam "sim". Os avós diriam "não". As mães choravam desconsoladamente. As escolhas eram assustadoras demais. Irena ficou em paz da única forma que lhe cabia, fazendo uma promessa solene aos pais que lhe confiavam os filhos. Apesar do perigo que representava, a lista com os nomes verdadeiros das crianças e das famílias continuou a crescer.

A "lista" de Irena, entretanto, nunca foi algo de filme de Hollywood, e no início ela nem sequer a escondeu. Irena a chamava de fichário, um conjunto de nomes e endereços codificados, rabiscados em código grosseiramente em papel de seda de maços de cigarro enroladinho bem justo para poder guardar em segurança. Todas as mulheres da rede tinham uma lista, Jaga e Władysława especialmente; cada uma ocupou-se de dezenas de crianças que chegaram e partiram. Irena mantinha as listas juntas para diminuir os riscos para as crianças e as tutoras, e em casa no fim do dia ensaiava seu plano caso a Gestapo fizesse uma visita noturna. Ela colocava os rolinhos toda noite na mesa da cozinha perto da janela e treinava jogá-los bem rápido para fora no jardim lá embaixo. O fichário verdadeiro — o completo — estava seguramente alojado na mente de Irena de qualquer maneira. Ela era a única que tinha o quadro geral e os detalhes da situação, enquanto as dezenas de amigas tinham partes dela. No decorrer do verão de 1942, acompanhar as crianças desse modo aleatório não era impossível. Até aquele momento, apesar dos esforços heroicos e dos riscos quase impensáveis, Irena e as mulheres da rede do Departamento de Assistência Social tinham escondido apenas duas centenas de crianças judias.

Fazer o registro das listas era, de certa forma, apenas uma questão de boa contabilidade. Dinheiro — ou a falta dele — constituía parte da equação e preocupava Irena cada vez mais. Encontrar meios de obter suprimentos para o bem-estar e financiamentos nas divisões de assistência social da cidade foi como tudo tinha começado. Às vezes, quando Irena conseguia lidar habilmente com a burocracia, os recursos municipais pagavam pelos custos de cuidar das crianças. Mas estava ficando cada vez mais difícil, pois esses recursos diminuíam e a necessidade aumentava. Um número crescente de pais judeus ricos do gueto agora pagava pelo sustento dos filhos com o adiantamento de um ano e confiavam o dinheiro a Irena. Moralmente, ela se sentia obrigada a fazer o registro financeiro para a família ver que tinha sido honesta.

Naquele verão, exatamente no momento de maior carência, quando Irena estava ainda correndo contra o tempo e contra o cronograma de partida dos trens ferroviários rugindo para longe de Umschlagplatz, irrompeu uma crise no bairro. Os alemães suspeitaram de irregularidades nos documentos do Departamento de Assistência Social. Irena e Irka passaram ilesas, mas um amigo, o diretor dos serviços sociais da divisão delas, foi enviado para

Auschwitz na repressão. Irena estava cada vez mais sob cuidadosa fiscalização diária — e correndo perigo ainda maior. Com milhares — às vezes, dezenas de milhares — sendo enviados para Umschlagplatz toda manhã, e milhares de outros se escondendo, a rede instantaneamente sofreu um colapso, e não havia mais dinheiro. O tempo estava acabando, e Irena não tinha uma solução, apenas a consciência de que logo, independentemente da coragem de qualquer uma delas, seria impossível salvar mais crianças.

10

Agentes da resistência

Varsóvia, agosto – setembro de 1942

O GAROTO DE quatro anos e a tia ficaram ocultos aguardando um sinal. A tia segurava a mão dele com firmeza, mas estava concentrando toda a atenção na rua vazia à sua frente e nos soldados alemães a distância. As armas dos soldados balançavam ao andar, e eles eram os únicos do gueto que não estavam com medo. Com o outro braço, a tia segurava o priminho do garoto, um bebê. Os soldados se dirigiram para outra direção no fim da rua, e alguém encostou a mão no ombro de Piotr. Seu pai? Mais tarde, o menino não conseguiria se lembrar. Mas o pai não iria com eles, nem a mãe. O menino nunca tinha se separado dos pais antes, e mesmo agora não entendia o que estava acontecendo. Alguém falou baixo: "Corra!". Piotr correu o mais rápido que suas pernas permitiram em direção a uma abertura em meio às árvores.

Um homem que nunca tinha visto antes ajudou Piotr e a tia com a prima Elżbieta a entrarem na caverna. A tia tossiu por causa do cheiro do lugar. Era escuro e horrível. "Fiquem quietos", o desconhecido pediu.[1] "E você não pode chorar", disse a Piotr. No túnel, ouviam-se os barulhos lá longe e havia um pequeno e oleoso gotejamento de água que entrou no sapato deles. A água corria por quilômetros sob a cidade, mas Piotr era muito pequeno para ter qualquer ideia de distância. E esse não era um lugar para se ficar para trás. Ele seguiu o homem atentamente ao caminharem com dificuldade por bastante tempo pelo rio subterrâneo.

O homem parava de vez em quando repentinamente para prestar atenção. Do alto, às vezes se ouviam barulhos e vozes distantes, mas eles continuavam andando. Por fim, o homem parou e aguardou atento antes de ir para perto do bueiro e apressar Piotr escada acima. Quando olharam para trás, o homem havia sumido e na frente deles estava outra pessoa desconhecida, uma mulher pequena com um sorriso simpático. "Venham", ela disse. E eles a seguiram.

Seria Irena Sendler?

Piotr era Piotrus Zysman, quatro anos, filho único do amigo de Irena, Józef, e da mulher, Teodora. Os pais estavam desconsolados. No verão de 1942, Józef conhecia perfeitamente os riscos e era um entre as centenas de pais que confiaram em Irena para salvar os filhos. "Até hoje, vejo seu olhar sábio e terno ao me entregar o filho", Irena disse sobre aquele momento.[2] Józef não achava que viveria para ver seu menino de novo. Era difícil assegurar que iria. Àquela altura das deportações, eles não tinham mais nenhuma expectativa de sobrevivência. Seria um milagre salvar os pais.

Ao falar da fuga em entrevistas de jornal e em palestras para crianças que estudam o Holocausto, o que Piotr lembra hoje é apenas a passagem para fora do gueto. E quem sabe não foi Irena que o encontrou nos primeiros e perigosos momentos do lado ariano. Numa fuga, os primeiros instantes em qualquer lado dos postos de controle eram os mais arriscados. E se não foi Irena naquele dia, foi uma de suas colaboradoras. Foi a rede de Irena que salvou Piotr.

Já havia um plano traçado para a segurança de Piotr, para alívio de Józef e Irena. Um casal polonês, Wacław e Irena Szyszkowski — amigos de Józef e Teodora —, concordou em cuidar do menino no apartamento deles. Wacław tinha sido estudante de direito na Universidade de Varsóvia em 1930 junto com Adam e Józef, e, em 1942, ele e a mulher tinham três filhos pequenos.

Wacław ficaria com o filho deles? Era um pedido desmedido. Homem robusto, alegre e com uma cabeleira loira, Wacław já era membro em posição de liderança na resistência polonesa. Era muito importante que o pequeno Piotr tivesse "boa aparência" — de uma criança que pode não ser judia, que pode pertencer a uma família loira. Wacław preocupava-se com a possibilidade de pôr em perigo os próprios filhos, mas não podia recusar ao amigo Józef esse favor de vida ou morte.

O protocolo era levar a criança imediatamente para um abrigo de emergência. Não se sabe quem pegou o garotinho nos primeiros minutos fora do gueto, mas, naquela noite, Piotr foi para o apartamento de Irena.[3] Ele ficaria com Irena e a mãe pelo tempo necessário para prepará-lo. Piotr aprendeu as orações católicas e seu novo nome polonês. "Nunca fale sobre sua mãe ou seu pai", Irena disse para o menino, muito seriamente. "Você deve sempre dizer, Piotr, que sua casa foi bombardeada. Lembre-se, nunca diga que é judeu." Era triste ensinar uma criança a decorar tudo isso, mas Irena reconhecia que não tinha opção. Então, na hora certa, um colaborador e Piotr se encontraram e o menino passou para os cuidados de Wacław e Irena Szyszkowski. "Eles me trataram", Piotr diz, "como seu próprio filho", com amor e afeto.[4]

Poderia ter sido o fim da história de amizade e sobrevivência de Piotr. Mas, em 1942 em Varsóvia, nada nunca era fácil. Wacław percebeu rápido que acrescentar uma criança à família não era algo fácil de manter em segredo como ele tinha imaginado. Os vizinhos de repente começaram a se intrometer e a levantar suspeitas. Insinuaram para a mulher de Wacław, com olhares estranhos e cochichos, numa tarde de café com bolo, que a criança que estavam escondendo era judia. Wacław mandou uma mensagem para Irena. A Gestapo pode aparecer no apartamento a qualquer momento. Piotr precisava se mudar imediatamente, mas Irena não tinha outro lar adotivo pronto. Ele se mudou várias vezes de um abrigo a outro por semanas. Esse tipo de situação era comum e prejudicava muito as crianças pequenas. Naquele ano, um menininho desesperado implorou que Irena contasse a ele: "Por favor, quantas mães se pode ter? Eu já estou na terceira". Irena não podia ficar com o garoto. Suspeitava que seu apartamento estivesse sendo vigiado. Não havia outra opção. Piotr foi para um dos orfanatos da rede de Irena junto com o restante de "suas" crianças.[5]

* * *

Os riscos estavam aumentando diariamente para todos. Mais cedo ou mais tarde acabaria em desastre. Irena reconhecia. E as mulheres de sua rede também. Jaga Piotrowska, entretanto, era destemida. Ela e o marido moravam na rua Lekarska, e a casa deles era um dos mais importantes "prontos atendimentos" de Irena, onde as pessoas chegavam e partiam a qualquer hora. Era bem perigoso. Mas Jaga, talvez pela devoção católica, era uma das intermediárias da rede mais ousadas, responsável por conduzir as crianças para fora do gueto e pela Varsóvia "ariana". Cuidar de crianças de três ou quatro anos — muito pequenas para se autocensurarem — era como lidar com explosivos, e um dia Jaga estava em missão no bonde da cidade levando um garoto judeu para um abrigo quando a temida explosão, enfim, aconteceu.

O menino era pequeno e magro e olhava para os lados nervosamente. Quando o bonde tilintava a cada parada, ele tornava-se mais inquieto, e Jaga estava começando a ficar muito preocupada. O bonde estava lotado, e ao fazer as curvas nos trilhos das ruas da cidade, rangendo e zumbindo, as pessoas balançavam junto. Eles estavam sentados perto da frente do bonde e Jaga esperava que a vista o distraísse. Mas de repente o menino ficou ofegante. Alguma coisa o assustou. Talvez tenha sido o vislumbre dos muros com arame farpado do gueto. Talvez tenha sido uma mãe caminhando de mãos dadas com os filhos. Jaga nunca soube o que foi com certeza. Mas o menino começou a chorar e — catastroficamente — chamou inconsolável pela mãe em iídiche. O coração de Jaga congelou. Os outros passageiros do bonde logo ficaram em silêncio. Jaga notou o olhar perplexo das pessoas amontoadas no bonde com ela, e em seguida o lampejo de horror. *Iídiche. Essa criança é judia.* Pelas expressões ao seu redor, ela deduziu o que pensavam. E aquilo significava que todos no bonde estavam em perigo. Jaga percebeu pelo rápido olhar do motorista sobre o ombro que ele entendeu o que estava acontecendo, e a mulher sentada ao seu lado começou a ficar furiosa.

O pensamento de Jaga disparou. Com a pressão do medo, o mundo se reduziu a uma questão: será que alguém iria denunciá-los para a polícia na próxima parada? Era bem provável. O sentimento antissemítico era ainda muito forte em Varsóvia. As ruas estavam cheias de chantageadores procurando exatamente por esse tipo de oportunidade de vida ou morte para fazer extorsões. Jaga sentiu o pânico crescer. Ela tinha que ser corajosa, falou para si mesma. Precisava agir rápido. "Sufoquei o medo", ela disse.[6] Voltou-se para o motorista. Ela precisava sair do bonde naquele instante. "Por favor, me ajude", implorou em voz baixa. Quando ele virou o rosto de volta para os trilhos à sua frente sem dizer uma palavra, Jaga perdeu as esperanças. Era inútil. Enquanto segurava a criança que chorava, sentiu as próprias lágrimas brotando. Ela tinha uma filha. Jaga se segurou para não cair quando o bonde deu várias guinadas e acabou parando abruptamente. Pacotes de compras caíram no chão, e uma fruta machucada rolou para debaixo dos bancos. Alguém xingou baixo e se virou para ajudar uma senhora mais idosa.

No meio do caos, o motorista berrou: "Tudo bem, todo mundo para fora. O trem quebrou, vamos voltar para o terminal". Ele abriu as portas e gesticulou bruscamente para que os passageiros saíssem. As pessoas dispersaram. Jaga juntou suas coisas e a criança, preparando-se para descer e se arriscar na rua. A sorte não estava com ela, reconheceu. O motorista balançou a cabeça. "Você não. Você fica." Gesticulou para que se sentasse, ela obedeceu sem dizer nada. Então, calmamente, ele fez o bonde vazio andar devagar para a frente. "Para onde quer que eu a leve?"[7] Eles rodaram até chegarem em uma região de ruas tranquilas cheia de casas com pequenos jardins, e o motorista sem nome parou o bonde. "Você vai ter que saltar aqui. Boa sorte." Jaga virou-se para o homem. "Obrigada." O homem apenas balançou a cabeça e sorriu com tristeza enquanto ela e o menino desciam.

Sobre o verão de 1942 no gueto, Irena mais tarde diria: "O que estava acontecendo era absolutamente terrível. O trágico verão daquele ano foi um verdadeiro inferno. Nas ruas, os cercos eram constantes com qualquer pessoa que passasse, a fome e o tifo produziam pilhas de cadáveres todos os dias e, além disso, pessoas completamente inocentes eram fuziladas aleatoriamente o tempo todo".[8] Mas, para o mundo além dos muros, tudo era em grande parte convenientemente invisível. Os judeus de Varsóvia e os poloneses que os ajudavam reconheciam que a única esperança agora viria de fora, e eles estavam desesperados para persuadir os ingleses e os americanos a socorrê-los.

Naquela semana, um agente com o codinome "Witold" chegou a Varsóvia em missão enviado por uma organização aliada ao Estado Secreto

Polonês. Ele tinha ido para se encontrar com Ala e com um amigo de Nachum de Umschlagplatz, o ativista da resistência do gueto Marek Edelman, e com um dos conspiradores de Marek na clandestinidade, o conhecido advogado Leon Feiner. Junto com Marek Edelman, Leon Feiner era um dos líderes da ZOB, a Organização Judaica Combatente que tinha se formado e crescido no decorrer do verão de 1942 a partir dos grupos de jovens do gueto que as amigas de Irena tinham liderado. Outro líder da ZOB era alguém que Irena e Jan Dobraczyński conheciam bem: o dr. Adolf Berman.

A missão de Witold era conhecer o gueto. Depois, o agente clandestino iria se infiltrar no campo da morte em Bełżec e, então, viajar secretamente pela Europa ocupada para entregar ao primeiro-ministro polonês no exílio e para os aliados em Londres, em primeira mão, os relatos das atrocidades contra o povo judeu. Não sendo suficiente, ele viajaria para os Estados Unidos para contar ao presidente americano pessoalmente sobre os horrores que testemunhou. O nome do agente era Jan Karski. E ele iria conhecer uma corajosa mulher polonesa cujo nome nunca viria a saber, Irena Sendler.

As últimas semanas de agosto de 1942 foram aflitivamente quentes, e Irena trabalhou febrilmente durante um mês contra a maré de deportações do gueto. Em casa, naquela noite, até o vestido mais leve grudava por causa do calor, e a mãe disse que ela parecia cansada. A tensão era visível em seu rosto, Irena reconhecia. Da cozinha, ela ouviu a batida na porta. Foi uma batida suave, com a intenção de ser confiável. Irena vivia aterrorizada com a possibilidade de a Gestapo chegar. Mas a Gestapo não batia de leve.

Batidas na porta de Irena não eram incomuns. Seu apartamento era um ponto de referência para refugiados, e sempre havia contatos e amigos chegando e saindo. Mas o cavalheiro loiro parado à sua porta agora não era um dos mensageiros adolescentes. Ele se apresentou circunspecto como "Mikołaj". Mas o verdadeiro nome era Leon Feiner. Seu próprio codinome, "Jolanta", era conhecido no gueto inteiro, e Irena ainda não tinha entendido bem que vinha sendo intensamente vigiada durante meses — não pelos alemães, mas pela resistência. Eles sabiam que ela trabalhava especificamente com a professora Radlińska.

Irena recuou e fez um gesto para o desconhecido entrar. Depois que Mikołaj entrou, Irena fechou a porta silenciosamente e ergueu a sobrancelha em sinal de expectativa. Afinal de contas, ele estava na entrada de sua casa. Não deveria partir dela iniciar a conversa. E era uma conversa delicada e tortuosa. Falar era um risco para ambos. Enfim, Mikołaj foi direto ao ponto de sua inesperada visita. Irena concordaria em atuar como guia de Jan Karski em sua ida ao gueto?[9] Ela ajudaria a mostrar para o mundo o que estava acontecendo em Varsóvia? Eles precisavam de um guia que conhecesse cada canto, cada buraco, cada esquina das ruas do gueto. Irena não perguntou os detalhes da missão. Com certeza ela não sabia naquele dia o nome do agente secreto. Mas negar um pedido da resistência? Nunca. De qualquer maneira, pelos padrões de Irena, a operação não tinha nenhum risco especial. Ela enfrentava a morte todos os dias dentro e fora do gueto. Sob a fundação do prédio da rua Muranowska, 6,[10] no extremo norte do gueto, as crianças judias tinham cavado um túnel de quase quarenta metros de comprimento e pouco mais de um metro e vinte de altura para contrabandear o que precisassem para sobreviver. Jan Karski e Leon Feiner se esgueiraram pelo túnel para dentro do gueto. Do outro lado, sua guia de ruas era Irena. Dentro de semanas, o pequeno ato para ajudar a resistência judaica teria consequências inimagináveis para Irena e para as crianças que ela estava escondendo. Em breve a resistência devolveria o favor e a socorreria.

E Irena precisava de ajuda. No início de setembro, a "Grande Ação" no gueto alcançava o estágio final. As crianças que sobraram na estação em Umschlagplatz estavam agora doentes e fracas, dizimadas pelo estresse e pelas dificuldades de se esconder, e não havia sobrado ninguém para salvá-las. Ao chegar a terceira semana de agosto, os alemães exigiram que a clínica médica de Ala e de Nachum na ferrovia fechasse, e Ala foi expulsa de Umschlagplatz por mandado especial. Então, ela retomou sua posição de enfermeira-chefe no hospital da rua Leszno, onde doentes e famintos se multiplicavam. Arek, seu marido, fazia parte do círculo mais restrito da resistência judaica e, à sua maneira, Ala era mais uma das combatentes da linha de frente. Quando ambulâncias cheias de suprimentos e roupas de cama e banho sujas atravessavam os postos de controle, Ala garantia que pequenos passageiros estivessem a bordo clandestinamente. Em geral, as crianças eram enviadas a Irena. Mas a essa altura, Ala tinha outros contatos na resistência que também conduziam operações de resgate.

No hospital, a equipe reduzida de funcionários marcou uma reunião urgente na manhã de 6 de setembro de 1942. Ala estava cansada. Ela encostou na parede e ouviu. Havia pânico na voz dos médicos. No dia anterior, afixaram anúncios por toda a Varsóvia oferecendo anistia a qualquer polonês que entregasse judeus escondidos. Naquele dia no hospital, mesmo os pacientes doentes e acamados que se amontoavam nas enfermarias, sob ordens estritas alemãs, deviam se apresentar para a inscrição final. Ninguém alimentava mais nenhuma ilusão, e Ala reconhecia que muitos na equipe tinham razões pessoais sérias para se preocupar. Médicos e enfermeiras haviam tentado salvar os próprios pais idosos e crianças pequenas registrando-os falsamente como pacientes.[11] Eles foram punidos com a deportação de suas famílias. Ao se dar conta da situação, uma das enfermeiras irrompeu em lágrimas. Ala presenciou.

Ala começou a ter uma ideia naquela manhã. *E se...* Mas o pensamento foi interrompido pelo barulho das botas pesadas e das ordens em alemão aos berros. De repente, o corredor virou um tumulto, médicos passavam correndo. Ala ficou imóvel. Ela se virou para uma jovem enfermeira de olhos grandes assustados, mas não pôde tranquilizá-la. *Ai, meu Deus, eu sei o que está acontecendo*, pensou Ala. Não conseguiu dizer o resto em voz alta. A procissão do dr. Korczak até Umschlagplatz iria acontecer de novo.

O pensamento deixou-a agitada, e ela pôs-se em movimento. Ala tinha testemunhado os horrores de Umschlagplatz e achou que nada mais poderia surpreendê-la. Mas ficou chocada ao ver os homens da ss andando calmamente pelas fileiras de camas e atirando na cabeça de qualquer um em delírio ou imobilizado. Pacientes amedrontados vestidos com as leves camisolas hospitalares eram empurrados sob a mira de armas em direção às portas, e na frente do prédio os condenados foram arrebanhados para dentro de caminhões abertos para transporte. Enfermeiras e médicos correram para uma enfermaria na frente dos homens da ss, desesperados para poupar os filhos, pelo menos, do terror final. Com as mãos tremendo, colocaram as preciosas doses de cianureto na boca dos familiares. Ala presenciou horrorizada a cena de um médico em lágrimas recorrer a uma enfermeira porque ele não conseguia. Pediu que desse a dose fatal para o pai. Ala sabia melhor do que qualquer um que o cianureto era o melhor alívio. Como o amigo Marek Edelman disse francamente: "Ceder sua dose de cianureto para alguém é um verdadeiro sacrifício heroico... porque o cianureto hoje é a coisa mais valiosa e insubstituível".[12] A graça de morrer em paz.

Ala não aguentou assistir. Mas aquele grão de ideia estava crescendo. Ela correu para a enfermaria das crianças, onde o aposento, claro, já estava caótico, e deu orientações rápidas para a enfermeira a postos: "Corra, diga para a equipe da cozinha que estamos indo". Ala precisava dos funcionários da cozinha para encher o caminhão de alimentos e esvaziar as caixas de vegetais. Ala bateu palmas. "Crianças, precisamos organizar uma fila agora, bem rápido." Crianças começando a andar e crianças maiores entrelaçaram as mãos, e enfermeiras-estagiárias adolescentes carregaram dois ou três bebês de colo por vez. Trinta crianças seguiram Ala rapidamente pelas escadas abaixo em direção à cozinha, onde foram enfiadas dentro e entre caixas de batatas. Em seguida, Ala mandou o cozinheiro dirigir e observou o caminhão se afastar e desaparecer após dobrar a esquina.

Naquela manhã, Ala salvou trinta crianças. Centenas morreram no hospital. Depois do dia 6 de setembro, o hospital do gueto estava vazio. No fim da primeira metade de setembro, a situação do hospital nem sequer importava. O bairro tinha sido dizimado. Oitenta e cinco porcento da população original do gueto de 450.979[13] judeus tinha sido deportada, e os que ficaram viviam com medo e fome. Cerca de 30 mil judeus foram retirados das seleções finais após serem considerados adequados para o trabalho escravo nas fábricas do gueto. Outros 30 mil[14] — muitas famílias com crianças pequenas — escaparam dos cercos e viviam como podiam nas ruínas incendiadas do gueto, em subsolos e sótãos. Eram cruelmente perseguidos. Entre os trabalhadores da fábrica que pertencia a Walter Többens, no outono de 1942, estavam Henia e Nachum Remba, a mãe da bebê Bieta, Henia Koppel, e Ala.

Casos de inanição e tuberculose teriam enchido as enfermarias vazias do hospital em que Ala trabalhava, mas ele estava em ruínas. Uma coisa positiva aconteceu em decorrência da doença. Enquanto ela continuasse a se alastrar — e como não se alastraria sob tais condições? —, o passe de controle contra epidemias de Irena prosseguiria válido. E isso significava que Irena e Ala podiam continuar a trabalhar juntas para tirar crianças do gueto.

    Irena não era a única pessoa em Varsóvia conduzindo uma operação secreta para salvar crianças judias e suas famílias. Ela não era sequer a única rede clandestina com a qual Ala trabalhava diretamente. Ao retirar crianças do gueto, às vezes Ala as enviava para outra célula que tinha surgido na resistência e para uma mulher, Aleksandra Dargielowa. No fim de 1942, Aleksandra tinha salvado a vida de mais crianças do que até mesmo Irena — mais de quinhentas —, e o sistema que empregava era bem parecido. Não surpreendentemente, Aleksandra estava também em contato com a invencível Helena Radlińska.

    A organização de Aleksandra era chamada de RGO — Rada Główna Opiekuńcza, ou Conselho Central de Bem-Estar —, e, assim como Irena, Aleksandra era assistente social. Desde 1940, o RGO tinha funcionado como a organização oficial de auxílio aprovada pelos alemães responsável por administrar refugiados, prisioneiros de guerra e moradores empobrecidos. Mas, em 1941, a resistência já tinha se infiltrado no RGO[15] e sua equipe trabalhou secretamente, debaixo do nariz dos alemães, com entidades de caridade judaicas e com o governo polonês no exílio para ajudar famílias no gueto. Até o início de 1942, Aleksandra administrava uma divisão do RGO que deu um passo adiante. Ela estava escondendo crianças judias nos orfanatos da cidade com documentos falsos.[16] Algumas dessas crianças eram as que Ala e Nachum tinham tirado de Umschlagplatz. Outras eram crianças que Ala tirou do gueto em ambulâncias e debaixo de caixas.[17]

No outono, Ala percebia que Aleksandra estava à beira da exaustão, apesar de não conhecer todas as razões. Ala também estava à beira da exaustão. Mas Aleksandra não estava conduzindo apenas uma operação de resgate para crianças judias por meio do RGO. Tinha também acabado de se tornar chefe da divisão de assistência à criança em uma nova organização secreta da resistência cujo codinome era "Żegota". No começo, os fundadores do grupo de ação clandestina chamaram a rede de "Comissão de Assistência aos Judeus". Ao ser incorporada ao grupo, a resistência do RGO tornou-se "Conselho de Assistência aos Judeus".

Os organizadores logo resolveram que a palavra "judeu" era muito perigosa para usar em qualquer comunicação, mesmo em mensagens codificadas. Então, em vez disso, os integrantes simplesmente fingiam que falavam sobre uma pessoa imaginária chamada Konrad Żegota — um homem que logo alcançou o topo da lista da Gestapo como o polonês mais procurado.

O Żegota chegou mais tarde no Estado Secreto Polonês. Criado como grupo de trabalho apenas em 27 de setembro de 1942, suas fundadoras eram duas mulheres de diferentes lados do espectro político. Zofia Kossak-Szczucka era, como Jan Dobraczyński, uma escritora conservadora e nacionalista da extrema direita católica. Assim como Jan, sua indignação em relação aos crimes contra os judeus não provinha do apreço pelos judeus, e sim da convicção de que o genocídio não era cristão. "Nossos sentimentos em relação aos judeus não mudaram", ela escreveu em um panfleto político ao povo polonês, publicado em Varsóvia no verão de 1942.[18] "Não deixamos de considerá-los inimigos políticos, ideológicos e econômicos da Polônia." Mas ela prosseguiu: "Deus nos convoca a protestar... A consciência cristã nos convoca". Wanda Krahelska-Filipowiczowa era a cofundadora do Żegota ao lado de Zofia Kossak-Szczucka. Católica e mulher do ex-embaixador da Polônia nos Estados Unidos, Wanda era socialista de tendência liberal como Ala e Irena. As duas mulheres pensaram em uma colaboração para unir a esquerda e a direita católicas na assistência ao povo judeu.

Em semanas, o Żegota tornou-se maior que a missão das fundadoras. No dia 4 de dezembro de 1942, a "comissão" foi reorganizada, e os grupos de ativistas discutiram inflamadamente sobre a inclusão de representantes de perspectivas políticas bem mais abrangentes. Alguns dos membros queriam incluir na comissão, em especial, representantes da comunidade política judaica. Isso não caiu bem para todos. E, apesar de Irena não saber disso ainda, ela conhecia vários dos primeiros integrantes do Żegota. Julian Grobelny, que Irena conhecia das reuniões do Partido Socialista Polonês, foi nomeado para ser o novo presidente geral. O dr. Adolf Berman, diretor da Centos e um dos ativistas dos grupos de jovens que tinha trabalhado com Ala e Adam, representava o partido sionista na liderança do conselho. O dr. Leon

Feiner — que durante a visita secreta de Jan Karski tinha pedido que Irena fosse uma guia do gueto — era o representante do Bund, o Partido Socialista Judaico.

Mas o principal elo entre o Żegota e o Estado Secreto Polonês era Aleksander Kamiński, reconhecido teórico da educação e editor do jornal clandestino do Exército Nacional, o *Biuletyn Informacyjny* — o *Boletim de Informação*. Kamiński era um agente importante do Exército Nacional, o maior braço da resistência. O Exército Nacional — ramo do Estado Secreto que existia em Varsóvia desde os primeiros dias da ocupação e que a professora Radlińska ajudou a conceber — absorveria mais tarde a maior parte das unidades militares menores da resistência em formação. No fim de 1942 na Polônia, o Exército Nacional contava com 100 mil pessoas. Até 1944, haveria pelo menos 300 mil membros no Exército Nacional.[19] E a principal ligação do Żegota com Irena Sendler era uma antiga amiga de escola, Izabela Kuczkowska, mais uma das meninas da professora Radlińska.

Iza era uma caixinha de surpresas, e nem Irena sabia de todos os segredos da amiga. Compartilhar segredos era muito perigoso. No Exército Nacional, ninguém sabia o nome de seu superior. Muitos da rede de Irena se conheciam apenas pelo codinome. De acordo com os arquivos da inteligência de guerra nos registros do Exército Nacional, Aleksander Kamiński e Izabela eram colaboradores de guerra próximos.[20] E, assim como Irena, Iza trabalhava diretamente com a professora Radlińska.

Mas Irena estava vinculada às fundadoras do Żegota em pelo menos meia dúzia de diferentes direções e nos níveis mais próximos. Muitos desses indivíduos já conheciam Irena pessoalmente, e, apesar do segredo guardado e dos criptogramas minuciosos, dizia-se na resistência que Irena liderava uma operação impressionante para salvar crianças. Eles sabiam porque ela esteve sob intensa vigilância ao longo de meses.

Em breve, eles iriam procurar Irena. Ela tinha conquistado a confiança deles ao guiar o agente secreto Jan Karski pelo gueto para que ele pudesse levar ao mundo as notícias sobre as atrocidades perpetradas pelos alemães. Agora era a vez do Żegota ajudar Irena. O que nenhum deles sabia era que Irena muito em breve estaria na mira de outra organização dedicada à vigilância: a Gestapo.

11
ŻEGOTA

Varsóvia, setembro de 1942 – janeiro de 1943

SOBRE A VELHA escrivaninha de metal de Irena, anotações e pedaços de papel estavam espalhados e nem sequer havia espaço para movimentar a cadeira na pequena sala em que passava o dia apertada entre os arquivos. No corredor do Departamento da Assistência Social, o *tap-tap-tap* de saltos robustos chegaram e partiram, e Irena pensou que quem quer que fosse tinha hesitado na porta por um instante. Ela percebeu que estava mordendo o lápis de novo. Estava estressada. Não via Adam fazia três ou quatro dias; ele ainda estava escondido no apartamento de Maria Kukulska, e ela sentia falta dele. O vento lá fora fazia a janela bater, e Irena fechou o casaco e os olhos por um instante. Não queria estar naquela tarde na sala abarrotada trabalhando arduamente em meio à papelada. Queria estar aconchegada em algum lugar tranquilo ao lado de Adam.

Mas, ao abrir os olhos, ainda estava na sala. E com o mesmo nó de angústia no estômago. Os papéis à sua frente evidenciavam uma catástrofe.

Irena guardava as listas — os pedacinhos finos de papel de cigarro com os nomes e endereços de centenas de crianças escondidas — em sua pasta de trabalho. Não existiam ainda as garrafas escondidas pela simples razão de que Irena ainda não compreendia a escala do perigo em que se encontrava. Mas ela nunca trabalharia nas listas de crianças no departamento. Não abertamente. Mas não podia evitar de tentar solucionar uma soma problemática num pedaço de papel de rascunho.

Quando Irena olhou para os números que tinha rabiscado, não havia jeito de fazer bater. Ela reconhecia que fizeram muita coisa sem serem descobertos. Os alemães tinham cortado as verbas do Departamento de Assistência Social.[1] No início de dezembro de 1942, Irena não tinha dinheiro, pura e simplesmente.

Ela ouviu o *tap-tap-tap* no corredor de novo, e desta vez os sapatos definitivamente pararam do lado de fora da porta. Ela deslizou o pedaço de papel para dentro de uma pasta orçamentária e esperou. Minutos depois, a amiga e colega Stefania Wichlińska colocou a cabeça na fresta da porta e Irena ficou aliviada. Stefania olhou com pena para a mesa repleta de documentos. "Você tem um tempinho?", perguntou. Irena ergueu as mãos fingindo desespero diante das pastas e riu, e Stefania se acomodou na instável e pequena cadeira à frente da mesa. "Ireeeeena", Stefania começou, devagar. Irena alçou a sobrancelha. Uma amiga cheia de rodeios não era um bom começo de conversa. Ela se preparou para ouvir; pensou com desânimo que não precisava de mais nenhuma notícia ruim naquela manhã. As contas já eram muito deprimentes. Stefania continuou e Irena ficou um pouco surpresa, pois o assunto era assistência social e dinheiro. Stefania, claro, participava do segredo do departamento. Todos no departamento sabiam sobre o esquema para encaminhar dinheiro para as famílias judias, mas o cerco fechado dos alemães pôs um fim ao programa. Então, Irena ficou perplexa ao ouvir Stefania falar sobre crianças judias escondidas e sobre alguém que talvez pudesse ajudá-la. Stefania era amiga, mas alguns segredos eram perigosos demais. Irena começou a falar, mas Stefania rapidamente a impediu. "Irena. Vá à rua Żurawia, 2, apartamento 4, no terceiro andar. Peça para falar com Trojan."

Irena debateu-se consigo mesma a tarde toda. E também na manhã seguinte. Os riscos eram claros. Ela confiava em Stefania, mas e se fosse uma armadilha para ela e Stefania preparada pelos provocadores da Gestapo? Por outro lado, Irena raciocinou: quais eram as opções? Stefania disse que "Trojan" poderia ajudá-la, e Irena precisava desesperadamente de auxílio. Por fim, decidiu. Assegurou-se de que as listas estavam bem escondidas e no dia seguinte tirou o casaco do cabideiro ao lado da porta e saiu cedo do trabalho. O endereço era na parte leste do gueto em um prédio desinteressante. O nome na campainha da porta era *Eugenia Wasowska*,[2] e quando ela bateu uma voz de mulher perguntou quem era. Irena respondeu com a senha: "Trojan".

 O apartamento era espaçoso, mas com pouca luz, e as cortinas estavam hermeticamente fechadas. Uma mulher de cabelo cinza com o rosto corado abriu a porta. Um homem acenou para que Irena entrasse.[3] Ela percebeu que a mulher estava nervosa; estranhamente, aquilo a fez se sentir melhor. Mais tarde, Irena soube que o nome dela era Halina Grobelny. Halina acompanhou-a, passando por uma série de portas até chegar a um quarto pequeno nos fundos do apartamento. Lá, Halina apresentou "Jolanta" ao seu marido, "Trojan" — codinome de Julian Grobelny, líder do Żegota.

 Irena se manteve impassível, determinada a não revelar nada. Mas sua mente estava a mil por hora. Julian Grobelny era um homem robusto, com pescoço largo, barba escura, e seus olhos mexiam rápido, denotando uma inteligência inconfundível sob o par de sobrancelhas grossas e revoltas. Deveria ter por volta de cinquenta anos, apesar de se movimentar com o andar cuidadoso de um homem mais velho. Seria uma armadilha da Gestapo? Eles seriam informantes? Era sempre uma aposta. Irena não tinha como saber que a amiga do trabalho, Stefania, era mensageira do Exército Nacional e tinha uma segunda vida clandestina na resistência. Julian entendeu a hesitação de Irena e se arriscou contando primeiro o segredo do Żegota. Já eram parceiros do RGO, Julian explicou a Irena. Aleksandra Dargielowa era presidente da nova divisão infantil de assistência social. Eles estavam trabalhando sob a tutela do Exército Nacional. Já estavam em contato com a amiga de Irena no gueto: Ala. Irena e sua célula se juntariam à rede deles? — ele queria saber. "Não vamos interferir nas suas operações atuais." Aquelas palavras foram mágicas para Irena. O Żegota recebia de agentes em Londres fundos jogados em Varsóvia de paraquedas, e eles sabiam que a célula de Irena estava falida. Queriam financiar a operação dela.

 Danem-se os riscos. Era uma dádiva de Deus. "No decorrer dessa reunião incomum, quando tive a honra de representar os funcionários do departamento do serviço social de Varsóvia, decidiu-se formalizar a relação com os líderes do Żegota", Irena explicou mais tarde.[4] Mas, em pé no apartamento naquela tarde, Irena simplesmente olhou bem nos olhos de Julian Grobelny e ofereceu a mão para apertar. Julian riu. "Bem, Jolanta", ele disse, "estamos fechando um belo de um acordo juntos. Você tem uma equipe de pessoas confiáveis e nós teremos os fundos necessários para ajudar muita gente." Dinheiro significava que Irena e sua equipe poderiam expandir a operação. Mais importante de tudo, dinheiro significava que Irena continuaria a ajudar as crianças escondidas com provisões mensais de alimentos dos quais muitas famílias hospedeiras dependiam. Quinhentos gramas de manteiga no mercado clandestino ou o dobro dessa quantidade de açúcar custava perto de quinhentos zlotys agora — duas vezes mais do que a média de salário mensal em 1942 de um operário polonês.[5] Julian explicou que havia "caixas postais" secretas espalhadas por Varsóvia onde ela poderia pegar pacotes de dinheiro e mensagens, e, claro, "Jolanta" seria sempre bem-vinda no abrigo do Żegota.

Em poucas semanas, ao descobrir que Irena estava a bordo, Aleksandra Dargielowa pediu para ser dispensada da missão como diretora da Divisão do Bem-Estar da Criança do Żegota. Não porque não apoiasse Irena; Aleksandra estava com os nervos destruídos. Ela e Irena lutavam em uma guerra diária contra a falta de humanidade e contra a depravação, e Aleksandra tinha alcançado o ponto de exaustão na batalha. Irena entendeu perfeitamente a pressão devastadora e os efeitos de viver com o medo como companhia. Ela também estava bem próxima desse ponto de virada. Adam percebia, mas Irena não ouvia ou não podia ouvir. E para Aleksandra havia outra preocupação constante: ela era mãe de uma criança pequena. Cada passo que alargava a rede, os riscos de prisão e de interrogatório aumentavam exponencialmente. As chances de qualquer um deles sobreviver eram pequenas, e era preciso estar preparado para isso. Se fosse honesta consigo mesma, Aleksandra sabia, ela desabaria se fosse confrontada com a tortura da filha. Irena tinha que se perguntar a mesma coisa: seria capaz de arriscar tanto se tivesse que levar em conta um bebê de Adam?

Mas Irena não era mãe e havia épocas em que até mesmo a ideia de estar com Adam — de fato estar com ele — parecia uma fantasia. Aleksandra pediu a Irena para assumir o posto, e assim ela o fez dentro de semanas. "No outono de 1942, assumi o controle da Divisão de Bem-Estar da Criança do

Conselho de Ajuda Judaica (Żegota) do governo polonês no exílio", disse Irena, "o que fortaleceu meus laços com o bairro murado ainda mais e me deu mais oportunidades de ajudar."[6] Qualquer coisa que a aproximasse do gueto e do flagelo das famílias presas dentro dele parecia uma maneira de lealdade a Adam. E essencialmente tornou-a uma das maiores heroínas da Segunda Guerra Mundial. Perto de 60 mil famílias judias estavam ainda escondidas no lado ariano da cidade, sob o risco constante da Gestapo e de chantageadores.[7] Outras 60 mil famílias estavam ainda presas no gueto, e a corda ao redor de seus pescoços estava ficando cada vez mais apertada. Muitas famílias que viviam de modo "caótico" dentro do gueto se recusaram a ir para Umschlagplatz exatamente porque tinham filhos. Nos dez meses seguintes — de dezembro de 1942 a outubro de 1943 —,[8] a célula de Irena no Żegota, à qual sua própria célula foi integrada rapidamente, tiraria do gueto e salvaria das ruas milhares daquelas crianças. Irena garantiria que chegasse, secretamente, todo mês, a seus corajosos tutores, algum dinheiro para ajudar as crianças. E Irena anotava os valores e as informações de identificação em seus fichários — um arquivo de guerra impressionante e um testamento da coragem de dezenas de homens e mulheres comuns da Polônia.

O Żegota resolveu o problema de recursos que vinha restringindo a operação de resgate de Irena e suas amigas. Agora dava para pensar em uma escala maior. Dava para imaginar. No fim do outono de 1942, Irena passou de líder de uma rede relativamente fechada de amigos de faculdade, camaradas de partido e colegas de trabalho, para figura importante do Estado Secreto Polonês. Correspondia a ser promovida de comandante a general de Exército. Ninguém que a conhecia duvidava de que fosse seu destino. Ela era brilhante.

Irena contava completamente com suas amigas, que agora assumiam papéis maiores na rede — sem, entretanto, saberem em muitos casos que algo como o Żegota existia. Irena era o único ponto de contato no lado ariano com Julian Grobelny. E, do lado do gueto, sua companheira de armas era Ala. A enfermeira Helena Szeszko assumiu a responsabilidade de organizar um sistema de esconderijos de socorro com vários médicos, incluindo o dr. Majkowski, o homem que, no início, tinha dado a Irena o passe para o gueto. Eram lugares em que os judeus poderiam obter ajuda e onde crianças doentes poderiam ser hospitalizadas. Mais de mil crianças seriam alocadas em orfanatos e instituições de caridade por toda a Polônia, muitas delas graças à assinatura de Jan Dobraczyński. Um dos membros da equipe de Irena organizava pessoalmente os transportes, com frequência para áreas rurais a centenas de quilômetros de distância. Mais de duzentas crianças iriam para o Lar de Crianças Padre Boduen, onde outros membros da equipe eram agora os principais agentes. A colaboradora Jadwiga Deneka era o anjo guardião das crianças escondidas, e ela cruzou Varsóvia e boa parte da Polônia central para verificar o bem-estar delas e entregar o dinheiro que agora Irena era capaz de oferecer graças ao Żegota. A velha amiga de Irena, Zofia Wędrychowska, e Stanisław Papuziński disponibilizaram a casa como abrigo de emergência, a um risco imenso para sua numerosa família de filhos. O apartamento de Irena era sempre o último recurso da rede.[9]

E, como sempre, tinha Adam. Ele estava inquieto e ressentido. Havia fugido do gueto encorajado por Irena no verão de 1942 para se encontrar, meses depois, ainda confinado no apartamento de Maria Kukulska, e estava ficando um pouco além de agoniado. A filha adolescente de Maria, Anna, tinha mais liberdade do que ele, e Adam estava taciturno. Por natureza, ele era um homem de humor sombrio e melancólico. Agora ele precisava de um trabalho que tivesse algum sentido. Era difícil para um homem, enquanto a namorada arriscava a vida em uma célula clandestina, ter que se esconder, inepto, em um apartamento cheio de mulheres. Irena confessou mais tarde que estava sempre procurando maneiras de mantê-lo ocupado.

Agora havia trabalho para realizar. Adam ficou responsável pela documentação e pelas finanças — sua contabilidade —, mais uma razão para ser grato a Julian Grobenly e ao Żegota. Irena coordenava uma operação grande, perigosa e extremamente bem financiada. O que significava que precisava manter uma contabilidade, e esta seria fatal caso os arquivos fossem descobertos. Mas não havia outra opção para Irena. "Somas imensas passaram pelas minhas mãos", ela lembra, "e representava um grande alívio quando eu conseguia comprovar que o dinheiro tinha chegado ao lugar certo... Era do meu próprio interesse guardar os recibos... [P]elas minhas mãos passaram quantias altas, e eu queria ser capaz de comprovar que tinham sido recebidas por aqueles a quem eram destinadas."[10] Todo mês, seu orçamento beirava uma fortuna; às vezes ela via 250 mil zlotys — aproximadamente três quartos de 1 milhão de dólares hoje — entrar e sair. O dinheiro vinha de fontes do governo polonês no exílio e da comunidade judaico-americana. Cientes da confiança sagrada depositada neles, Irena e Adam fizeram o registro cuidadoso de cada zloty.

Mas o dinheiro não era estimulante, e sim o fato de que, em janeiro de 1943, os nomes de mais de mil crianças estavam nas listas. Cada criança que Irena alojou nos conventos de Varsóvia ainda estava viva. Eles não tinham perdido uma única criança. Nada menos que um milagre. Até o fim da guerra, 90% dos judeus poloneses iriam morrer — quase 3 milhões de pessoas —, mas não os "filhos de Irena".

Irena não estava apenas salvando crianças: estava escondendo qualquer um que precisasse escapar dos alemães. Era quase sempre impossível adolescentes judeus — meninos e meninas — esconderem-se em lares ou orfanatos, e alguns deles se juntaram à rede de Irena como mensageiros confiáveis. Quando o controle alemão sobre o gueto ficou mais rigoroso, as antigas rotas secretas deixaram de funcionar, e escapar do gueto normalmente significava uma jornada perigosa e assustadora pela quilométrica rede de esgoto da cidade. Os mensageiros adolescentes de Irena atuavam como guias pelos canais subterrâneos, conduzindo famílias para fora do gueto e entregando mensagens e dinheiro. Na verdade, a resistência estava aquecida agora do lado ariano de Varsóvia, e muitos jovens se juntaram aos *partisans*. Maria e o dr. Henryk Palester, cuja conversão ao judaísmo os pôs em perigo, estavam ainda escondidos do lado ariano. Maria fazia parte da rede do departamento. O filho adolescente do casal, Krzysztof, também se juntou ao esquadrão de elite dos escoteiros da resistência, conhecido como batalhão Parasol, em que jovens cumpriam, entre outras coisas, missões de assassinato.[11] Os alvos dos "tribunais especiais" do Estado Secreto Polonês eram os colaboradores da Gestapo e os funcionários nazistas locais, e todo dia havia notícia sobre três ou quatro ataques letais nas ruas. Algumas das assassinas mais destemidas eram jovens mulheres que usavam o charme feminino para distrair os alemães. Seus rostos inocentes facilitavam a aproximação para execuções à queima-roupa.

Outros adolescentes eram ajudados a fugir para a floresta fora de Varsóvia a fim de se juntarem aos *partisans*, como o marido de Ala, Arek. Além de cuidar das crianças escondidas, a célula de Irena passou a auxiliar quase cem adolescentes e um grupo de combatentes da resistência que estavam sendo perseguidos na floresta pela Gestapo. Irena ainda não sabia que a amiga perdida, Rachela Rosenthal, já estava vivendo lá fora e lutando pela sobrevivência junto com eles. Membro da resistência, Rachela tinha novos documentos arianos. Assumiu a nova vida completamente. Qualquer outra coisa era insuportável. Tinha apagado o passado e vivia na floresta como uma garota polonesa chamada "Karolina". Stanisław, um engenheiro bonito e membro da resistência, era seu novo amor polonês. Stanisław não sabia nada do passado de Rachela, que ainda era bonita, e ela prometeu a si mesma que ele nunca saberia. E, quando ela lutava, era com uma coragem verdadeira e impulsiva. Não tinha nada a perder na floresta. No gueto, tinha virado as costas por um momento e perdido a família inteira.

Com novos recursos, Irena alugou dois prédios velhos grandes, um na cidade de sua infância, em Otwock, e o segundo em um pequeno povoado a poucos quilômetros de distância chamado Świder. Judeus homens e os organizadores da resistência eram extremamente vulneráveis, e Irena tinha um plano para ajudar *partisans* como Arek e Rachela. Assim como Otwock, Świder era havia muito tempo um refúgio para as férias de verão, e o interior tinha vilas ventiladas em meio às florestas que seguiam o contorno do rio. Algumas dessas florestas eram a casa de combatentes da resistência e de refugiados judeus adultos que Irena ajudava. Em uma dessas pequenas vilas, ela abriu uma "clínica de descanso" para tuberculosos com o objetivo de atender uma grande variedade de novos "pacientes".

A sra. Zusman, uma mulher judia idosa com aparência bastante "ariana" e documentos de identidade válidos, administrava o dia a dia no refúgio em Świder. Havia uma linha de bonde que fazia o itinerário desde o centro de Varsóvia até o povoado, e, com o disfarce de assistente social da cidade,

Irena visitava a clínica com frequência para levar dinheiro, médicos clandestinos ou documentos de identidade falsos.

A estação em Świder não passava de uma plataforma no meio do mato, e, ao descer do trem em um dia de inverno, Irena fechou bem o casaco e foi andando a pé para a vila pelo caminho congelado. Quando chegou, "tia" Zusman afastou-a com sons de desaprovação para que fosse se sentar perto do fogo na cozinha nos fundos da casa, e, tomando chá, as mulheres logo passaram a falar sobre assuntos de trabalho. Irena nunca ficava muito tempo, e em breve anoiteceria. Precisava voltar para Varsóvia rápido. Mas primeiro Irena insistiu que a sra. Zusman contasse como cada um dos homens hospedados estava passando. Havia cinco homens judeus com ela naquele dia, a senhora explicou. Alguns estavam fracos por causa do inverno na floresta, e todos estavam cansados de fugir o tempo todo. Alguém tossiu em um dos aposentos ao lado. Irena ergueu a sobrancelha. "Um dos hóspedes é médico; estamos resolvendo", a sra. Zusman tranquilizou-a. Irena sorriu, aliviada. "É o dr. Bazechesa?"

Roman Bazechesa tinha uma história triste, e Irena ficou preocupada com o médico judeu. Ele tinha vindo do leste, de Lviv, para Varsóvia e, por meses, virou-se sozinho para se esconder, no lado ariano, de perseguidores alemães. Mas o médico tinha aparência semítica tão forte, que era impossível passar despercebido. Vivia em constante terror e conseguiu se salvar apenas porque ficava em vigília permanente. Mais de uma vez fugiu nas primeiras horas da manhã, a passos de distância de chantageadores poloneses e da Gestapo. Até que, por fim, a situação de tensão o deixou exaurido. Melhor morrer em paz do que levar essa vida de animal. Quando estava prestes a se pendurar na ponte para se jogar no rio congelado, onde morreria, Maria Palester passou pela rua e estendeu a mão para detê-lo. Maria entendeu perfeitamente o desespero do médico. Durante a guerra, mais de vinte judeus passaram pelo seu apartamento de "pronto atendimento"[12] e mais da metade foi morta em decorrência de chantagem e traição de algum *szmalcownik*.*

---

* Termo polonês pejorativo usado durante a Segunda Guerra Mundial para se referir à pessoa que chantageava judeus escondidos ou poloneses que protegiam judeus durante a ocupação da Polônia pelos alemães. (N. T.)

Maria, entretanto, levou Roman para casa, e dentro de horas a rede de Irena entrou em ação para ajudá-lo. A própria Irena apresentou-o ao esconderijo em Świder.[13]

A sra. Zusman tranquilizou Irena, e o chá quente a relaxou por algum tempo. Mas, um instante depois, a situação ficou tensa por completo.

Punhos furiosos bateram na porta de entrada da casa. Enquanto Irena procurava pelos documentos de identidade, a cadeira em que estava sentada fez um estardalhaço ao cair no chão. *Jesus. A Gestapo?* Os documentos de identidade eram uma sentença de morte. As mulheres trocaram um olhar de horror enquanto atrás dela Irena ouviu o som abafado de passos em movimento discreto. Irena levantou o dedo para a sra. Zusman e indicou a porta de entrada. Aquele gesto silencioso falou alto. "Um minuto", disse. "Só um minuto." A sra. Zusman assentiu com a cabeça e andou devagar e com estrondo em direção ao som das batidas. "Tô indo, queridos, tô indo." Minutos significavam tudo agora. Os homens se agacharam, aguardando, e Irena sorriu para o médico, tentando manter a calma. Enquanto a sra. Zusman mexia na fechadura para abrir a porta da frente para o homem impaciente e aos berros do lado de fora, Irena e os cinco refugiados saíram pela porta dos fundos. O ar frio e cortante penetrou em seus pulmões ao correr com toda a energia em direção à floresta.

Eles se espalharam pela floresta em várias direções, e, quando Irena chegou em um pequeno bosque tranquilo, parou, enfim, com o coração acelerado. Agora, os homens estavam longe na mata. Ninguém voltaria para a casa até que soubesse do destino da sra. Zusman, e Irena reconhecia que as chances de sobrevivência da matrona judia eram pequenas. Mas ela não podia deixar a tia idosa sem saber de nada. Escondeu os documentos meticulosamente no meio das folhas do mato e se esgueirou de volta para a casa.

A cena que se desenrolou na porta de entrada a deixou perplexa. Mãos nos quadris e olhos ardentes de fúria, a sra. Zusman gritava com os visitantes indesejáveis. Irena logo percebeu que eles eram chantageadores poloneses, e não alemães. "Sabemos que aqui é uma cova de judeus. Queremos dinheiro." A sra. Zusman sabia perfeitamente bem que dar qualquer coisa aos chantageadores significava ficar nas mãos deles para sempre. Quando o dinheiro acabasse, eles chamariam a Gestapo, portanto, ela lutava por sua vida naquele momento. Assim, a sra. Zusman empertigou-se e encenou um dramático contra-ataque. "Como vocês se atrevem a perturbar a paz de uma cristã polonesa", ela os censurou. "Seus bandidos malditos. Vou chamar os alemães para prenderem vocês por abusarem de uma velha senhora!"[14]

Chocados, os chantageadores ficaram parados diante da porta, hesitantes. A sra. Zusman continuou gritando com raiva e indignação. Confusos e irritados, os *szmalcowniks* se entreolharam. Então deram meia-volta e correram calçada abaixo. Às suas costas, a voz estridente da sra. Zusman mandava que eles voltassem imediatamente. Assim que Irena saiu de onde estava escondida, ela e a sra. Zusman riram até as lágrimas da coragem descarada e da boa interpretação da velha mulher. Mas não tinha nada de engraçado na situação. O esconderijo estava "queimado", como se diz hoje em dia. Enquanto o crepúsculo caía sobre o vilarejo de Świder, Irena precisava descobrir, de última hora, onde iria realocar seis judeus.

Para uma saída urgente, Irena recorreu às pessoas mais próximas naquele dezembro: Maria Kukulska e Adam. Caso fosse necessário, Maria encontraria um lugar para Roman Bazechesa também.

Maria Kukulska, de certo modo, era mais uma das garotas da professora Radlińska. Antes da guerra, ela tinha sido a aluna favorita do dr. Władyslaw Spasowski, celebrado teórico da educação e professor de assistência social, colega e amigo de Helena Radlińska, mas ele e Irena se conheciam havia anos das reuniões regionais do Partido Socialista Polonês. Formada para ser professora, Maria deu cursos na universidade clandestina durante a guerra, mas o mais importante, talvez, é que Maria Kukulska tinha uma filha adolescente, Anna, uma menina "graciosa", de cabelos castanho-claros, confiante e despreocupada. A impulsividade adolescente poderia facilmente ter matado Adam e Irena naquele inverno.

Tudo começou de um jeito muito banal. Varsóvia era conhecida no período anterior à guerra como a "Paris do Leste", e as pracinhas, de um colorido vivaz, que ainda existiam na cidade no fim de 1942, eram bonitas e românticas. Anna passeava de braços dados com uma amiga, ambas se exibindo. Enquanto passeavam, Anna percebeu o olhar de dois belos rapazes poloneses,

Jurek e Jerzy, que estavam na praça. Jurek resolveu dar em cima de Anna de imediato. Com todo o charme discreto da juventude, Jurek começou a olhar até que ela o notasse.[15] Rapidamente, seus olhos se encontraram. Não muito tempo depois, os quatro adolescentes estavam conversando e flertando. Anna ficou apaixonada. Ela, a fim de continuar o prazeroso interlúdio e com a segurança irrefletida de uma adolescente, convidou os dois meninos para uma visita, para conhecerem sua mãe e os hóspedes Adam, um advogado, e Roman, um médico. Jerzy logo percebeu o olhar de pânico de Maria assim que Anna entrou animadamente no apartamento do prédio da rua Markowska, 15, com os dois jovens estranhos. Ela correu para o quarto dos fundos e de lá se ouviram os sons abafados de uma discussão acalorada em voz baixa.

Uma mulher loira, miúda, de olhos azuis flamejantes por fim saiu do quarto para conhecê-los. Os olhos preocupados de Maria repreenderam Anna, que obedientemente seguiu a mãe brava pelo corredor. Jurek percebeu que Anna estava em uma enrascada. Mas Jerzy tinha a atenção concentrada na pequena mulher parada sobre o tapete em frente aos dois. Percebeu que ela fazia uma rápida avaliação de reconhecimento. Talvez, ele conta, após mais de setenta anos, Irena Sendler pudesse dizer, apenas ao observá-los mais demoradamente, que se tratava de dois meninos judeus fugindo do gueto. Eles estavam vagabundeando na praça porque não tinham mais nenhum lugar para ir. Jurek e Jerzy tinham escapado por um triz dos cercos da Gestapo, abrigando-se em uma casa na rua Idzikowskiego; tinham sobrevivido à batida esgueirando-se para fora pela janela do terraço do último andar e fugido. Irena, talvez, acreditasse na história maluca deles, quando insinuaram intencionalmente que eram dois jovens corajosos poloneses combatentes na resistência. Os meninos sem dúvida eram atores descarados. Jurek tinha levado a sério o conselho de um sábio velho que tinha lhe dito que a chave para a sobrevivência fora do gueto era esquecer: "Esqueça que você tem algo em comum com a turma dos judeus. Aja como se não estivesse preocupado".[16] Mas, se for perguntar a Jerzy — que vive hoje na Austrália sob o nome de Yoram Gross —, ele dirá que quase nada passava despercebido por Irena Sendler. Irena ouviu e, então, assentiu com a cabeça. Os meninos não só foram autorizados a ficar, como logo se tornaram parte da família de Adam e Irena na guerra.

E quando Adam e Roman saíram do quarto dos fundos para conhecê-los, Jerzy entendeu de imediato por que a chegada deles causou em Maria Kukulska tamanho pânico. Jerzy percebeu claramente que Adam Celnikier era judeu. E também Roman Bazechesa.[17]

Jerzy e Jurek entravam e saíam com frequência do esconderijo de Adam assim que o romance com Anna ficou mais sério, e, com o novo movimento, sempre havia um risco maior. Mas quem representava grande perigo para Adam era Irena. Membro importante do Estado Secreto, Irena era agora responsável por oito ou nove diferentes abrigos na cidade, ainda retirando famílias de judeus através dos muros do gueto e escondendo centenas e centenas de crianças. A Gestapo já estava perseguindo "Jolanta". Apenas não sabia que Jolanta era Irena.

Irena prestava muita atenção quando ia a qualquer lugar para ter certeza de que não estava sendo espionada, mas era impossível assegurar-se de que ninguém a observava. Se avaliasse mal, poderia levar os alemães diretamente até Adam a qualquer momento. Teria sido mais sensato ficar distante de onde quer que fosse que Adam estivesse escondido — manter o caso de amor e as "questões" do Estado Secreto separadas. Mas estava apaixonada. Não conseguia pensar na possibilidade de viver naquela precariedade opressiva e não estar com Adam. E Adam não toleraria viver desocupado.

Então o apartamento de Maria Kukulska também se tornou um lugar habitual de reuniões para a célula do Żegota.[18] Maria estava envolvida em muitos aspectos na rede secreta de Irena e fazia mais do que apenas esconder Adam e Roman. Por isso, ambas se preocupavam em tomar todas as precauções. Para se resguardarem, as mulheres criaram um sistema complexo de códigos e sinais. Quando chegava no bairro de Praga, Irena examinava rápido o rosto de estranhos vagando e prestava muita atenção nos reflexos nas vitrines das lojas para ver se não estava sendo seguida. A região era perigosa. O Estado Secreto estava ocupado forjando selos alemães falsos e documentos de identidade no endereço da antiga Casa da Moeda do Estado, na rua Markowska, 18.[19] Não muito longe ficavam os quartéis alemães.

Às vezes, paranoica por causa da preocupação, Irena desviava-se do destino no último minuto e entrava em uma loja ou em uma lavanderia. Mais frequentemente, quando achava que estava sendo seguida,[20] caminhava algumas quadras para o norte e parava no zoológico de Varsóvia para ver os amigos dr. Jan Żabiński e sua esposa, Antonia, colaboradores de Irena na resistência. As portas do chalé em estuque branco do casal estavam sempre abertas para Irena,[21] convidada especial, e ela sempre via amigos judeus ou outros membros do Żegota que se escondiam lá temporariamente. Mas, nesses dias, Irena não conseguia ver Adam.

Quando Irena tinha certeza de que estava sozinha nas ruas, prestava muita atenção aos sinais de Maria na janela da frente. Um gesto significava que não havia perigo do lado de Maria: que não havia vizinhos intrusos nos corredores nem recebera visitas da Gestapo ou de chantageadores.

Irena tentava ir ao apartamento de Maria Kukulska todos os dias, ou pelo menos é o que Jerzy lembra. De qualquer modo, ele e Jurek faziam visitas diárias — Anna e Jurek passavam bastante tempo no sofá aos beijos —, e toda vez Irena estava lá com Adam. As lembranças de Jerzy são uma janela para o caso de amor secreto entre Adam e Irena, que acertou o passo naquele inverno. Apesar de todo o perigo que o trabalho de Irena oferecia — não obstante a situação arriscada de Adam escondido no lado ariano de Varsóvia e o sentimento de que eles estavam, no meio do terror, do caos, da incerteza, aproveitando o tempo juntos —, era a primeira vez como casal que tinham liberdade completa de simplesmente se divertirem na companhia um do outro, protegidos dos olhares da família. O amor deles teve espaço para se tornar mais profundo naquele inverno em parte porque suas vidas eram escondidas.

Olhando em retrospectiva para aquelas tardes no apartamento de Maria Kukulska, Jerzy lembra como Adam adorava Irena, como seus olhos a seguiam por todo lugar. Adam tinha o próprio quartinho, onde gozavam de privacidade e não tratavam sempre de trabalho e Żegota. Os dois passavam horas preciosas juntos atrás das portas fechadas. Só se ouviam murmúrios baixos e às vezes risadas tranquilas. Mas Jerzy também percebeu como Irena passou a ficar tensa e nervosa com o tempo. Adam era parte do que a deixava angustiada. Ele era um homem cheio de energia que não conseguia ficar parado,[22] e, ao contrário de Roman Bazechesa, nunca duvidou de que sobreviveria aos alemães. Ficava entediado, às vezes insolente. Tinha raiva e podia até ser imprudente. Mas os fortes traços judaicos o expunham de tal modo, que era perigoso inclusive se aproximar da janela. Se o vissem, mesmo de relance, da rua, poderia ser suficiente para entregar todos aos chantageadores e à Gestapo. Ele sentia o gosto de liberdade — o significado de sair da gaiola — às vezes só de andar perto das cortinas abertas, e Adam não conseguiu resistir à tentação de ser livre apenas por um instante. E, quando ele não resistiu, Irena entrou em pânico. Passou bastante tempo atrás das portas fechadas tentando controlar Adam e, especialmente, tentado evitar que ele saísse do apartamento. Uma caminhada curta ao ar livre era sua ideia de paraíso. O parque ao ar livre e vazio do zoológico de Varsóvia o atraía. Adam prometeu, mas Irena não confiou nele de todo. Quando estava longe, ela se preocupava infinitamente. Os sinais da pressão começaram a aparecer.

Maria, Anna e os dois adolescentes passaram a tratar Irena como se pisassem em ovos, com prudente respeito e imensa consideração. Mesmo os jovens, que tinham o menor conhecimento sobre o Żegota, sabiam que Irena era responsável por algo importante e perigoso. Entre eles, Anna e os meninos às vezes ficavam imaginando em voz alta o que seria, e Anna insinuou que tinha algo a ver, ela achava, com crianças judias. No apartamento de Maria, às vezes, chegavam alguns meninos pequenos que eram travestidos como "disfarce", e Maria e Irena se amontoavam em silêncio no banheiro com a criança enquanto o cheiro cortante de tinta de cabelo enchia o ar. Transformar uma criança morena em "loira" contava a própria história.

Jerzy prestava atenção em tudo e refletiu ao longo de várias semanas. Ele entendia o que estava vendo; caso estivesse mesmo entendendo, não queria mentir para Adam e Irena. Talvez eles não soubessem que ele também era judeu. Jerzy e Adam eram amigos, e Adam ouvia com empatia quando os meninos falavam das angústias da adolescência e de problemas com garotas. Por fim, Jerzy resolveu confidenciar ao homem mais velho: "Adam, eu sou judeu", ele disse. Adam assentiu com a cabeça, indicando que ele compreendia o que o rapaz estava dizendo. Então Jerzy acrescentou: "Sei que você é judeu também". Adam franziu o cenho, apontou para seu cabelo escuro e seus traços fortes e mexeu a cabeça. "Não", disse ao rapaz. "Não sou judeu. Minha mãe é húngara." Jerzy sabia que não era verdade, mas não disse nada.

Os garotos precisavam de um abrigo, e Irena e Adam arranjaram um. Irena enviou Jurek e Jerzy para o abrigo na casa de Otwock. Mas Adam também conseguiu trabalho para os dois. Ele precisava de ajudantes. Adam e Irena estavam trabalhando juntos para o Żegota, e Adam tinha que ficar nos bastidores. Não podia sair nunca do apartamento. Mas seu trabalho agora era alocar o dinheiro doado que Irena recebia do líder do Żegota, Julian Grobelny, todo mês e, fazendo de seu quarto um escritório, manter os documentos meticulosamente organizados. Por meio de mensagens codificadas enviadas por mensageiros, Adam conseguiu bolsas de estudo para as crianças mais velhas, que Irena estava agora colocando em escolas secretas administradas pela resistência, nas quais poderiam continuar a educação polonesa. Combinou documentos de identidade falsos e certidões de nascimento roubadas com a aparência das crianças. Para realizar tudo isso, ele precisava de mensageiros de "boa" aparência e pele clara. Jurek e Jerzy estavam à mão, então os garotos levavam mensagens pela cidade e, às vezes, entregavam pacotes perigosos com documentos.

Eles estavam cercados pelo perigo. Irena, acima de todos, vivia no fio da navalha. Mas existia amor no apartamento de Maria Kukulska e, às vezes, momentos bem animados com os jovens. Em época de guerra, as pessoas se agarram a pequenos prazeres. Em 31 de dezembro de 1942, as ruas do lado ariano estavam repletas de pessoas celebrando o Ano-Novo — na Polônia, Noite de São Silvestre — com música e gargalhadas estridentes. Adolescentes fantasiados se revezavam pregando trotes, e grupos de jovens gritavam de alegria em guerras amistosas com bolas de neve. Dentro do gueto, era só escuridão e silêncio. O dia 31 de dezembro era o último dia de liberdade de qualquer judeu no território alemão, por ordem de Berlim, o fim oficial das deportações em massa daquele verão, e estavam proibidas as festividades no bairro lacrado.

Adam e Irena, escondidos, não podiam se juntar à multidão nas ruas, mas dentro do apartamento de Maria Kukulska meia dúzia de amigos se reuniu para uma festa. Sobre a mesa havia os tradicionais pães quentes em formatos elaborados de animais e *paczki*, roscas recheadas, que Maria trouxe para casa de uma padaria vizinha cujas janelas foram decoradas com pães e velas acesas. Alguém tentou ler a sorte na mão dele ou dela, uma tradição da noite de Réveillon, e Irena e Adam morreram de rir, inclinando-se até se encostarem, à maneira de namorados que estão juntos há muito tempo. Jurek beijou Anna quando achou que ninguém estava olhando, e Jerzy se sentou alegre no sofá.

Antes do soar da meia-noite, o grupo, uma família muito mais do que amigos, posou para uma foto atrapalhada, amontoado lado a lado no sofá da sala de Maria. Não tinha champanhe no inverno de 1942, mas ninguém precisava disso para brindar o Ano-Novo. Era suficiente estarem juntos e felizes. Quando o sino da igreja reverberou finalmente por toda a Varsóvia em enérgicas badaladas, Adam se virou para Irena e disse as palavras do brinde tradicional da meia-noite na Polônia: "Do siego roku! Feliz Ano-Novo!". Irena inclinou a cabeça e a encostou no ombro de Adam por um momento antes de responder. Talvez ela tenha se permitido pensar um pouco sobre o que iria acontecer. Foi um instante de fraqueza demasiado humana que ofuscou o seu prazer. Ninguém acreditava mais que a guerra iria acabar no dia seguinte. Segundo seus contatos na resistência, Irena sabia que coisas tenebrosas iriam acontecer. Era preciso força para viver só no presente. Era o único jeito de Irena — uma das mais fortes entre eles — prosseguir. Ela se virou para Adam e sussurrou: "Do siego roku". Irena tinha que acreditar em um futuro diferente. Juntos.

12

Rumo ao precipício

Varsóvia, 1943

Alguém à porta às três da manhã só podia significar tragédia, por isso a batida na porta que acordou Irena no meio de uma noite de primavera em 1943, mesmo que suave, deixou seu coração acelerado.[1]

Eles podiam ser denunciados a qualquer momento para a Gestapo. À medida que crescia o medo dos alemães com a força do movimento da resistência polonesa que se estabelecia em Varsóvia, o empenho para desentocar dissidentes tinha intensificado. Entretanto, quando a Gestapo chega, não bate de leve. Era importante se lembrar disso. Tal visita chegaria com botas chutando, gritaria e quebradeira para atingir o máximo efeito de terror. Existia um protocolo de guerra para bater à porta, e o toque suave era o código relutante de um conspirador de madrugada.

Só poderia significar uma coisa: algo terrível havia acontecido durante a operação de resgate daquela noite. Irena vestiu o robe e hesitou. Não acendeu a luz. Uma silhueta poderia traí-la. Mas mesmo no escuro ela sabia onde estavam as listas com as atualizações mais recentes e os livros de contabilidade. Ficavam guardados sobre a mesa da cozinha, debaixo da janela, como sempre. Era seu protocolo particular. Num gesto ágil, Irena jogou pela janela os papéis de cigarro em que estavam escritas as listas e os observou flutuarem até o chão e se acomodarem no meio das latas de lixo e dos detritos empilhados. Lá ninguém notaria um rascunho com algumas marcas de lápis. "Por motivo de segurança, eu era a única pessoa que guardava e cuidava dos registros", Irena contou mais tarde, acrescentando: "Treinei muitas vezes [escondê-los] com prontidão na iminência de uma visita indesejável".[2]

Olhando para a sala rapidamente, Irena garantiu a si mesma que estava tudo em ordem. Ouviu a respiração tranquila da mãe no quarto dos fundos e ficou aliviada de não ter sido acordada com a batida. Irena se empenhou para manter a mãe distante de suas atividades perigosas. Era a melhor forma de protegê-la se o pior acontecesse.

Irena deslizou a fechadura para trás e abriu a porta com o cuidado que as madeiras gastas e as dobradiças velhas permitiam. Seu coração congelou de terror. Ficou com a impressão de ter flagrado a vizinha do outro lado do corredor espiando pela porta, que se fechou silenciosamente. Será que a velha a tinha denunciado? Na porta de Irena estava parada uma adolescente com quatro crianças pequenas. Todas encharcadas de água do esgoto.

A adolescente era uma menina resoluta de dezesseis anos, olhos escuros e um emaranhado de cachos enfiados debaixo de um boné. Irena não sabia o verdadeiro nome dela; todos os mensageiros judeus da rede tinham codinomes. Irena também, claro, apesar de a verdadeira identidade de "Jolanta" ter sido desvendada há muito tempo na resistência. Mas só se podia dizer o que sabia sob tortura, por isso era melhor não fazer perguntas, e Irena nunca perguntou às meninas de onde elas vinham.

"Jolanta", a jovem menina sussurrou. Irena abriu mais a porta e apressou a entrada do grupo encharcado para a cozinha escura. "Não sabia mais para onde ir." Irena assentiu com a cabeça, tranquilizando-a. Tinha entendido tudo, não precisava de explicação: eles estavam conduzindo uma operação naquela noite, atravessando um grupo de crianças judias pela passagem secreta do sistema de esgoto subterrâneo da cidade. O guia deveria entregar as crianças a um dos tutores, e a partir dali a rede de Irena ajudaria as crianças a se integrarem às famílias ou em um dos conventos nos quais as irmãs escondiam centenas de crianças judias. Irena iria acrescentar o nome de cada uma à lista que ela guardava cuidadosamente. Garantiria que o dinheiro mensal para sustentar as crianças chegasse em segredo aos corajosos cuidadores. E anotaria os valores e os endereços nos registros em papel de seda.

De noite, com a *Aktion*, eles tinham perdido o rastro de algumas crianças. Os alemães fizeram uma patrulha e prenderam o guia do esgoto e outros mensageiros, que iriam enfrentar um interrogatório feroz. Estes eram os momentos que provocavam pesadelos em Irena. Os abrigos estavam comprometidos. Quase com certeza haveria execuções. Não havia como saber o que as pessoas diriam sob tortura, e não fazia sentido responsabilizar ninguém que delatasse. Todos em Varsóvia sabiam que o que acontecia nos centros da Gestapo era indescritível.

Irena olhava agora para as crianças encharcadas de sujeira. Ficou com o peito apertado. Alguém as tinha vestido com esmero, em suas roupas mais quentes e melhores, último gesto de amor dos pais. Detalhes assim assombravam Irena. Uma das crianças tinha seis ou talvez sete anos. Tinha "boa" aparência — a aparência de uma criança que pode não ser judia. Mas todas as outras tinham algo em comum: o olhar triste e assustado das crianças do gueto.

A mente de Irena entrou rápido em ação. Resolver problemas era seu ponto forte, e fazer algo era o único modo de não ficar louca. Existiam outros abrigos. Caso fosse necessário, poderia levar, por ora, as crianças para a casa de Jaga. Mas teriam que esfregar as crianças para limpá-las, lavar e secar suas roupas de algum jeito, e tirá-las do prédio sem serem vistas antes que os corredores ficassem cheios de vizinhos curiosos. Havia outra premência em relação ao tempo. De manhã, às sete horas, uma amiga da mãe chegaria como sempre. Irena confiava nela — os nazistas tinham matado seu marido, ela não tinha afeição pelos alemães —, mas não o suficiente para compartilhar um segredo desses. O risco era muito alto, e Irena não brincava com a vida de crianças.

Na melhor das hipóteses, tinham algumas horas até o nascer do dia. Teriam menos tempo se a vizinha as tivesse denunciado. Irena não fazia ideia de como os vizinhos se sentiam a respeito dos judeus, mas não era dessa maneira que teria desejado descobrir. A Gestapo já poderia estar a caminho à procura delas; caso fossem flagradas ajudando as crianças judias, era morte certa para todas. Mas não havia o que fazer. As crianças não podiam sair antes de estarem limpas. Nem a mensageira. A lama que as cobria era um indício. E ninguém podia sair antes que o toque de recolher da noite fosse suspenso.

Irena começou a esquentar água. Teria que ser quente. Seu pai tinha morrido de febre tifoide socorrendo crianças judias como médico quase três décadas antes, e Irena tinha visto a doença devastar o gueto mesmo antes das liquidações. O esgoto pelo qual as crianças passaram poderia ser uma sentença de morte para todas se não fosse cuidadosa. Água quente e muito sabão eram fundamentais. Assim que a menina e as crianças começaram a se despir, Irena procurou toalhas velhas no guarda-roupa para embrulhá-las, enxaguou as roupas no tanque com um pedacinho de sabão e, então, esfregou as mãos e debaixo das unhas meticulosamente.

As crianças se amontoaram, e as pequenas calças e os vestidinhos foram torcidos e pendurados para secar perto do aquecedor. Eles ainda estariam úmidos de manhã, mas não havia outra solução. As crianças foram apressadas em silêncio para entrar no banho, e Irena pediu que andassem de leve. Os vizinhos de baixo eram amigos. Mas outros no prédio suspeitariam de sons de passos àquela hora. Suspeitas poderiam ser fatais.

Irena ficou com o coração apertado quando viu a mãe de pé, fraca, na entrada da porta, olhando para ela. Janina, com as pernas instáveis pela doença, observava em silêncio. As quatro crianças pequenas nuas e a adolescente de cabelos escuros não precisavam de explicação. Nos olhos da mãe, Irena ficou grata por ver apenas consentimento e preocupação. As crianças pularam para dentro da banheira relutantes, e os três primeiros foram esfregados rapidamente. Enquanto ela aquecia a água para a última criança, Irena procurou o sabão. Então se deu conta de que tinha usado o último pedaço.

Sabão era um produto precioso durante a guerra. Feito de gordura animal e cinzas, era fácil de obter em tempos de abundância. Mas, no inverno de 1942-1943, os cidadãos famintos de Varsóvia começaram a cozinhar o couro de sapatos velhos para caldos e proteína. Banha e gordura eram tesouros *gourmets*. Seria melhor ficar sujo do que faminto se essas fossem as únicas opções. Irena e a mãe tinham sorte de poder ter pequenas quantidades de sabão para a roupa suja.

"Sabão?" Sua mãe balançou a cabeça. Não tinha sobrado nenhum, apenas uma lasquinha na cozinha, agora uma fatia mole, insuficiente para ensaboar a última criança. A falta de sabão era uma coisa muito pequena, mas poderia custar tudo a elas.

Irena pensou por um bom tempo. Planos alternativos, possibilidades alternativas? Não enxergava nenhuma. O que mais podia fazer? Não havia outras opções. Então, dirigindo-se à porta de entrada, foi para o corredor. Teria que pedir à vizinha. Irena respirou e bateu suavemente na porta.

Ela sabia que era um ato descontrolado de fé. Teria que apostar que a vizinha não a trairia. Imediatamente a porta foi aberta com precaução, e os olhos da mulher estavam arregalados de medo. Irena se deu conta na hora de que ela também se preocupava de que uma batida pudesse só significar a Gestapo. Irena tentou tranquilizá-la. "Sabão? Estou lavando a roupa. Não consigo dormir." Eram quatro da manhã e a velha mulher também não tinha dormido.

A mulher se virou sem falar nada, mas não fechou a porta. O que queria dizer? Era uma oferta de ajuda ou um sinal de traição? Ela estava chamando a Gestapo agora? Era um convite? A luz forte do corredor mostrava as rachaduras e os riscos da madeira e os trechos gastos nos degraus por anos de passos sobre ele. Bem quando Irena estava prestes a voltar, ouviu os passos suaves de novo e uma mão enrugada lhe estendeu um pacote úmido, embrulhado às pressas em um pouco de papel. Ao encostar a mão, era quente e macio e Irena aceitou. "Obrigada", sussurrou. "Sra. Sendler", ela respondeu baixinho, "de nada."

Quando o sol mal iluminava as ruas de Varsóvia naquela fria manhã, uma vizinha do alto talvez pudesse ter notado uma jovem mulher saindo pela porta da frente do prédio de mãos dadas com quatro pequenas crianças bem-vestidas. Se o sr. Przeździecki as visse de seu jardim, talvez acenasse, pensando que fossem crianças locais indo para a escola infantil com Basia Dietrich. A brisa da manhã soprou nos casacos, e as crianças caminharam um pouco mais rápido. A garota com o boné puxou-os para mais perto. Em pouco tempo, todas viraram a esquina e se perderam de vista.

Naquele dia, os vizinhos do prédio podem ter ouvido por acaso uma estranha conversa no meio da manhã. Talvez tenham escutado passos ao amanhecer no andar de cima, uma porta abrir e fechar, o ranger da escada, os sons de água correndo na noite anterior. Alguém tinha ficado acordado de madrugada. Agora uma mulher falava com Janina com uma voz que dava para ouvir escada abaixo. Era a velha senhora do andar de cima, e ela falava sobre alguém com empatia: "Sinto muito que sua filha esteja passando por uma situação difícil". Um ouvinte talvez tenha escutado um murmúrio baixo. "É óbvio que ela não dorme à noite", a velha mulher disse em voz alta. "Também, [sua filha] está com o marido no *front*, então chorar de noite pensando nele é difícil. Mas levantar às três ou quatro da manhã para lavar roupa! E pedir aos vizinhos sabão emprestado! Loucura!"[3]

O que ninguém viu foi o curto e silencioso sinal com a cabeça e um leve sorriso antes de fechar a porta de novo com calma. A vizinha entendeu perfeitamente o que de fato havia acontecido.

Irena nunca registrou o nome das quatro crianças, mas o grupo podia ser um dos vários de crianças que entravam e saíam do apartamento dela ou dos apartamentos das conspiradoras. Pode ter sido, por exemplo, o casal de irmãos salvos do gueto e que recebeu novos documentos poloneses com os nomes Bodgen e Irena Wojdowska. Uma delas pode ter sido a menininha cujos documentos de identidade arianos falsos lhe deram o nome Halina Złotnicka, também salva pela rede de Irena e alojada, enfim, no abrigo de Jaga, convivendo com Hanna, sua filha. "Jaga cuidou de mim como se eu fosse sua própria filha", Halina lembra décadas mais tarde.[4] Jaga era uma devoradora de livros e transmitiu a Halina seu amor intenso pela leitura. Talvez Jaga também tenha entendido que fugir para o mundo mais seguro da fantasia era exatamente do que uma criança aterrorizada precisava.

As quatro crianças da noite no apartamento de Irena podem ter sido, na verdade, qualquer uma das centenas de crianças. Naquele momento, mensagens estranhas chegavam a qualquer hora, e Irena tinha que agir imediatamente. Um dia seria uma mensagem de Jaga ou de Ala. Uma mãe judia enrolou seu bebê em almofadas de sofá e jogou a criança do outro lado do muro do gueto, pedindo aos berros pela misericórdia dos estranhos; arranjos estavam em andamento. Cada vez mais, entretanto, as diretrizes viriam diretamente de Julian Grobelny, do alto-comando do Żegota. Precisavam de Irena na floresta em Otwock.[5] Uma mulher estava escondida em uma lata de lixo junto com a filha. O bebê estava morrendo: *Irena levaria um médico em quem confiasse?* Uma criança tinha sobrevivido à liquidação, mas a família tinha sido assassinada na frente dela: *Irena viajaria para o vilarejo para pegar o bebê?*

Tantos milhares de crianças passaram pela rede, que os pequenos detalhes de cortar o coração em relação a muitas delas ficaram gravados na lembrança de Irena e de sua equipe: o bebê na lata de lixo, a menina com o laço de fita vermelho ou o menino de casaco verde. Em outras ocasiões, esses eram filhos de amigos. Muitas crianças que Irena salvou estavam ligadas a alguém do grupo: eram amigos de amigos, vizinhos de famílias. Uma rede impressionante de confiança unindo estranhos.

O inverno de 1942-1943 rapidamente se revelou uma estação louca, absurda e emocionante. Até o fim do outono, muitos no gueto se estabeleceram na resistência armada.[6] Meninas adolescentes contrabandeavam dinamites e armas, e os jovens faziam coquetéis molotov nos esconderijos. Os combatentes fortificaram os telhados dos prédios como meio de defesa. O inverno foi gelado e penoso como sempre em Varsóvia, e durante o outono inteiro houve rumores de que algo terrível iria acontecer. Os alemães, ninguém duvidava, matariam todos, e os jovens estavam determinados a morrer lutando.

Em 18 de janeiro de 1943, os temores se concretizaram. Nesse dia, os alemães deram início à nova e aguardada deportação em massa no conhecido "gueto selvagem", com o objetivo de abater os operários fracos das fábricas. Mas todos temiam que fosse a liquidação final, completa — um "holocausto" do gueto. Os poucos que sobreviveram ao verão de 1942 foram tolos o suficiente para se voluntariarem para a nova "deportação". Na resistência, todo mundo já sabia a essa altura para onde levavam os trilhos de Umschlagplatz e o que os aguardava em Treblinka, e rapidamente a notícia se espalhou para quem estivesse disposto a ouvi-la. Os alemães, determinados a maquiar os números, e sem se importar com quem era deportado, fizeram marchar para a plataforma de carregamento sob a mira de armas qualquer um que pudessem pegar, independentemente da saúde ou da situação de trabalho. Entre os que foram pegos nesse dia havia um grupo de jovens da resistência, membros da Organização Judaica Combatente e do *Hashomer Hatzair*, o movimento paramilitar de escoteiros judeus. Os jovens estavam armados. Organizados. Sussurrando, eles combinaram: não iriam. Pela primeira vez no gueto, os judeus atacaram com explosivos e tiros.

Alguns dos que atiraram primeiro eram amigos de Arek e de Ala. Pegos de surpresa e perplexos com a constituição de uma resistência judaica, os alemães ficaram atordoados. O pequeno e determinado grupo de jovens lutou contra as forças dos ocupantes nazistas por quatro dias. É claro que os rebeldes não iriam vencer. Os alemães tinham uma potência de fogo muito maior do que a deles, e o grupo no início era pequeno. Quase todos foram mortos, e mais de 5 mil judeus deportados. Mas o clima ficou carregado.

Desde então, todos procuravam esconderijos milagrosamente eficientes ou tentavam sair do gueto.[7] Do lado ariano da cidade, Janka Grabowska, colaboradora e amiga de Irena, recebeu uma mensagem desesperada de Regina Mikelberg, que estava escondida desde a audaciosa fuga do vagão de gado com destino a Treblinka. Desde a época em que o gueto foi fechado pela primeira vez, Janka fornecia alimentos e remédios necessários à sobrevivência de Regina e de sua família se valendo do passe de controle epidemiológico para transportar suprimentos através dos postos de controle. Os pais de Regina estavam mortos — eles não eram ágeis a ponto de pular de janelinhas de trens —, mas a irmã menor era forte e tinha sido designada para um posto de trabalho no gueto na rua Bema desde dezembro. Regina achava que ela fazia trabalho escravo na fábrica Strayer-Daimler. Todos os operários da fábrica foram levados em janeiro para Umschlagplatz, e a irmã de Regina havia escapado da detenção se escondendo durante dias sob uma pilha de cadáveres. Irena e Janka a ajudariam fora do gueto? Sem dúvida. Elas organizaram os preparativos e combinaram: a operação era de Janka.

O plano estava em ação quando aconteceu uma tragédia. Janka, pronta para sair de casa, ouviu uma batida suave na porta dos fundos; ela voltou e abriu a porta que dava para o jardim. Seu marido, Józef, soldado no Exército Nacional, tinha estado fora em missão e jazia diante dela, machucado e sangrando. Assim que o arrastou para dentro e para fora da vista dos vizinhos,

Janka viu-se diante de um angustiante dilema: deveria levar o marido para o hospital ou manter o compromisso no gueto? Józef deu uma risada dolorosa ao entender a questão. "Me embrulha, Janka", ele disse, antes de apagar. Que outras opções existiam? Janka cuidou de Józef o melhor que pôde e em seguida deixou que se virasse sozinho. Ela o levaria para o hospital no dia seguinte.[8]

Naquela tarde, Janka levou a assustada garota judia para casa, mas, diante da situação em que Józef se encontrava, era arriscado demais esconder qualquer pessoa. Janka fez o que qualquer um faria. Chamou Irena. Com a ajuda do Żegota, as irmãs Mikelberg se mudaram para um abrigo sob os cuidados da mãe de Janka. Até a primavera, os livros de contabilidade de Adolf Berman mostravam que o mesmo mensageiro secreto estava ajudando as meninas Mikelberg,[9] a família de Jonas Turkow e Leokadia, a mãe de Adam Celnikier. Mais uma ligação curiosa entre as famílias Mikelberg e Celnikier.

Operações como essa eram possíveis apenas por causa dos passes que ainda estavam com as mulheres. Mas eles, enfim, foram cancelados quando os alemães apertaram a corda no bairro dias após a revolta de janeiro. Jaga e Irena não podiam mais atravessar os postos de controle para entrar no gueto. A partir de então, os judeus teriam que sair por conta própria. Mas Irena os ajudaria a se esconder. A notícia se espalhou pelos cafés clandestinos onde os judeus fugitivos se encontravam. Irena tinha caixas postais — lugares para deixar mensagens — por toda a cidade, caso alguém precisasse de um abrigo ou de um médico clandestino. Ela poderia entrar em uma lavanderia e deixar um bilhete para seu mensageiro. Ninguém, entretanto, desconfiava que ela fosse mais do que apenas uma peça da engrenagem. Irena agia como um soldado de infantaria. Não suspeitavam que ela fosse o general. Sua aparência de menina era um grande disfarce.

Na primavera de 1943, a tragédia estava cada vez mais próxima, e estava ocorrendo uma série de quase acidentes com crianças. Um dia naquela primavera, o líder do Żegota, Julian Grobelny, enviou uma mensagem urgente para Irena pedindo que ela se encontrasse com ele na estação de trem. Na sombria estação ferroviária, ela esquadrinhou a multidão. Onde ele estava?

O trem para Otwock iria partir em breve. No alto-falante uma voz abafada falou os números das plataformas e os horários de partida, e atrás dela havia o barulho de trens chegando e partindo. Ao finalmente vê-lo, Irena ficou impressionada. A tosse curta e seca e os lenços ostensivamente manchados eram sinais de que a tuberculose, que Julian tinha conhecimento de que o mataria, estava avançando rápido. Enfiou o braço no dele e examinaram o trem à procura de um vagão vazio. À medida que o trem se distanciava devagar da estação em Varsóvia, rumo ao distrito rural Wawer, Julian explicou a missão deles. "Tenho um nome", disse, entregando a ela um pedaço de papel. "Eles estão escondendo no povoado uma criança judia que testemunhou o assassinato da mãe. Dizem que ela está histérica." Irena compreendeu. Transportar uma criança traumatizada era uma operação de alto risco.

Mas, naquela tarde, aconteceu uma tragédia quase na mesma hora em que eles desceram da plataforma na primeira conexão. Irena se virou para pegar sua bolsa de suprimentos — nunca sabia qual seria a situação da criança. Ao se virar para trás, a multidão já estava avançando. Alguém berrou palavras de ordem em alemão, e em algum lugar um homem gritou de dor com o golpe do cassetete. Irena olhou para a bolsa. Julian apressou-a. "Batida. Deixe." Os olhos de Irena seguiram Julian enquanto ele se esgueirava para fora da plataforma e se enfiava entre dois vagões. Irena o seguiu.

Quando Julian parou, inclinou-se contra o vagão e tentou abafar o som da tosse. Era demais para um velho homem com tuberculose. Ela não podia deixá-lo continuar. Na plataforma, as vozes do cerco chegavam cada vez mais perto, e Irena e Julian se agacharam ao lado do vagão. Por quanto tempo Julian conseguiria continuar correndo? "Por favor, me deixe ir sozinha. Posso pegar a criança. Você precisa voltar para a cidade." Ele olhou para seu rosto jovem e percebeu a sobrancelha enrugada de preocupação. De jeito nenhum ele iria abandonar a operação. "O que é isso", ele retorquiu indignado, "acha que sou um fracassado que não consegue fugir dos alemães?"[10] Julian abriu um sorriso e Irena se deu conta assustada de que o vagão tinha começado a andar. Enquanto finalmente o trem partia na direção de Wawer, Julian pulou para dentro e esticou a mão para segurar a de Irena.

Era apenas o começo. A parte mais difícil ainda estava por vir. Sem endereço, eles procuraram pela criança até tarde da noite. Quando por fim a encontraram, Irena ficou admirada com Julian. Com carinho, ele puxou uma cadeira ao lado da criança, que estava chorando, e passou a mão em seu cabelo em silêncio por um tempo que pareceu eterno. Por fim, a criança se virou, foi para o colo de Julian e se agarrou nele. Em seus ombros, ela sussurrou: "Não quero ficar aqui. Me leva com você".[11] Julian deu uma olhada rápida para Irena e apertou a criança mais forte. Irena sorriu. Ficou grata ao perceber que não era a única a não conseguir impedir as lágrimas.

Na primavera de 1943, Irena ainda estava preocupada com a segurança de Katarzyna Meloch, a menina de dez anos que Ala e Jadwiga tinham tirado do gueto no verão anterior. No gueto, a avó Michelina e parte da família viveram precariamente até março. Hoje, Katarzyna não se lembra do que estava fazendo no dia em que a família foi assassinada. "Não consigo lembrar exatamente o que estava fazendo no dia 21 de março de 1943", ela medita. "[Talvez] estivesse sentada no banco da escola ou correndo com os amigos pela floresta... [T]alvez, quando os tiros foram dados... eu estivesse cantando com outras crianças na igreja."[12]

Por enquanto, Katarzyna estava escondida em um orfanato de um convento no isolado vilarejo de Turkowice, para onde Irena enviou dezenas de crianças. Mas, como Katarzyna era judia, não existia segurança. Ela vivia com medo de que as outras crianças descobrissem seu segredo. Stasia, uma garota mais velha, assustou Katarzyna. Stasia suspeitava. Olhava para Katarzyna de um jeito estranho e sempre a observava. Se ela errava as palavras do catecismo, se confundia as orações da manhã com as da noite, Stasia a corrigia com uma alegria eloquente. Quando Katarzyna contou ter visto um cartaz que alertava os moradores para tomarem cuidado com batedores de carteira, Stasia deu um pulo: "Minha querida, este cartaz é do gueto", disse satisfeita. "Você é judia."[13]

Então, Stasia se inclinou para sussurrar algo mais. "Eu sei porque passei um dia no gueto com meus pais. Também sou judia. Você precisa ter mais cuidado."[14] Os alemães estavam perseguindo as duas, Stasia alertou-a. Nos orfanatos, as crianças brincavam de um jogo: algumas fingiam ser alemães perseguindo judeus, outras fingiam ser judeus que estavam escondidos. Para as crianças judias, os jogos eram demasiado reais.

Os alemães continuaram a perseguir membros da rede de Irena e do Żegota. Stefania Wichlińska, a mulher que tinha apresentado Irena para o Żegota, foi presa no dia 4 de abril de 1943. Apesar de ser torturada, ela não delatou Irena. Stefania foi fuzilada nas ruas do gueto em uma execução em massa.[15] Deixou o marido, Stefan, e dois filhos. Stefan, mais tarde, também arriscaria a vida para ajudar a salvar Irena.

Mas a perda de alguém mais próximo ocorreu na primavera, no apartamento de Jaga Piotrowska. Ela e o marido cuidavam de um dos mais importantes abrigos de pronto atendimento de Irena, por onde mais de cinquenta judeus passaram nos anos de ocupação. Jaga tinha quarenta anos em 1943 — umas das mulheres mais velhas da rede —, e a casa de sua família era ideal porque tinha duas entradas, uma na frente e uma no quintal do fundo. Duas entradas e duas saídas eram cruciais em uma operação clandestina. Mas a rua Lekarska, para a qual a frente da casa estava virada, foi dividida ao meio por arame farpado. De um lado, os habitantes poloneses tinham sido expulsos para acomodar médicos e enfermeiras que trabalhavam perto do hospital *Volksdeutsche*. Do outro lado, viviam famílias polonesas como a de Jaga.

Por isso, a toda hora passavam patrulhas para cima e para baixo. Mas os alemães, Jaga contou para os amigos rindo, eram um povo tão disciplinado e regido por regras, que não conseguiam imaginar que haveria uma casa em frente a eles em que judeus entravam e saíam com um descaramento tão afrontoso.

Mas nesse dia o arame farpado foi parte da tragédia. Um alemão tinha sido morto no bairro. A resistência estava intensificando os assassinatos dos ocupantes-alvo, e a retaliação foi violenta. Os soldados alemães começaram a procurar por suspeitos de porta em porta nas casas polonesas. Era bem cedo, numa bela manhã de maio, Jaga contou.[16] Muito tempo depois, ela se lembraria desse pormenor claramente. As patrulhas bloquearam as duas saídas, e marchando com passos de ganso, berrando ordens, os soldados seguiram o caminho até a metade da rua, onde ficava a casa de Jaga. Ela e a família estavam cercadas. Não havia como sair sorrateiramente pela saída dos fundos. Jaga sabia que seria o fim. "Naquela manhã em nosso apartamento", Jaga explicou com simplicidade, "tinha vários judeus adultos e crianças."[17] Eram provavelmente Pola e Mieczysław Monar com os dois filhos. Uma das crianças devia ser Halina Złotnicka. Um dos presentes era, quase com certeza, o adolescente Josek Buschbaum, que morou com Jaga de 1943 a 1946. Talvez a família Rapaczyński estivesse lá, ou quem sabe as irmãs Maria e Joanna Majerczyk. Quaisquer que fossem os judeus escondidos, era uma infelicidade que estivessem na casa da rua Lekarska naquela linda manhã.

 Jaga estava descalça na cozinha, gelada de terror. Sua filha, seus pais — de que jeito ela iria salvá-los? Os gritos na rua estavam cada vez mais próximos, e Jaga sussurrou para si mesma as palavras tranquilizadoras da Ave Maria. Uma das crianças viu, de olhos esbugalhados, e fez um pronunciamento solene que abalou Jaga. "Tudo porque somos judeus."

 Jaga tinha uma fé fervorosa. O que aconteceria com as crianças judias se morressem sem serem batizadas? As ideias afluíram com rapidez. Suas almas seriam perdidas para o Deus para o qual ela rezava pedindo que as salvasse. Jaga se virou para os judeus que a assistiam. Quando alguém estava *in extremis* — nos últimos momentos da vida —, qualquer católico podia realizar um ritual de batismo. Em situações como essa, não havia a necessidade de um padre. Apenas um coração fiel e um pouco de água. Ela olhou para o jarro de água. Gesticulou para eles e mostrou como juntar as mãos. "Eu demonstrei",[18] Jaga lembrou: na cozinha, enquanto a mãe e a filha de Jaga continuavam olhando e o som dos passos em marcha ficava mais perto. "Eu as batizei e disse que estava feito." As crianças judias olharam para ela e suspiraram. "Então agora somos exatamente como os outros?" Mas Jaga sabia que o batismo delas não significava nada para os alemães que estavam chegando.

 Jaga ficou de joelhos para rezar em frente ao fogão e os refugiados judeus ficaram de joelhos ao seu lado, todos rezando juntos sob a liderança de Jaga enquanto esperavam pelos alemães. Preparada para o fogo aberto, Jaga tinha um pedacinho de papel apertado entre as mãos. Nele estavam os nomes de alguns dos "filhos de Irena". Quando os alemães batessem na porta, ela iria jogar o papel no fogo e morreria corajosamente. Até lá, Jaga não pararia de rezar.

Ela se deu conta de repente de que o único som no aposento era o murmúrio das vozes das mulheres polonesas. E os sons dos alemães? Ela forçou a audição. Estavam ficando fracos agora. Os alemães estavam indo embora! Foi um verdadeiro milagre, Jaga considerou. Os esquadrões de busca estavam na metade do quarteirão, exatamente em frente à casa de Jaga. Cada esquadrão achou que o outro tinha feito as buscas naquela casa. Os alemães foram embora da rua Lekarska sem sequer baterem na porta. Outros na rua não foram tão afortunados. Descobriram cinco judeus escondidos em uma casa vizinha. Os vizinhos e seus hóspedes foram fuzilados no cruzamento da rua.[19]

À medida que a vida ficava cada vez mais perigosa do lado ariano, havia mais crianças também — em especial, crianças vinculadas familiarmente a velhos amigos. Os pais de uma criança judia, Michał Głowiński,[20] eram Felicia e Henryk, e quando a grande *Aktion* começou, no verão de 1942, Michał tinha sete anos. Ao encontrarem a família durante as batidas, seu avô, Laizer, recusou-se a ir e se suicidou pulando de uma janela do andar de cima. Mas Michał e seus pais foram levados a Umschlagplatz, com destino a Treblinka. Na estação de carregamento, um policial judeu mostrou um buraco na cerca, e a família fugiu para a relativa segurança de um porão em ruínas. Por meses a família Głowiński lutou para sobreviver no esconderijo dentro do gueto, e, por fim, nos primeiros dias de 1943, em troca de um grande suborno, um soldado alemão deixou que se escondessem sob a lona de um caminhão militar em um posto de controle. Michał e os pais se juntaram à tia no esconderijo em um sótão pequeno na cidade.

Essa tia era Teodora? Entre os tios e tias de Michał estavam Józef e Teodora Zysman, velhos amigos de Irena Sendler, que tinham fugido do gueto poucas semanas antes dos Głowiński. O pequeno Piotr, primo de Michał, já estava em segurança em um orfanato, graças à Irena. Michał passou dias inteiros daquele inverno no sótão empoeirado jogando xadrez e aprendendo discretamente orações católicas, até que o esconderijo foi descoberto por chantageadores *szmalcowniks*. Que opções existiam a não ser fugir? O pai de Michał — o mais complicado de se esconder e um fator de risco para a família — fugiu para um povoado próximo. Ele daria um jeito de sobreviver, disse. E, para ajudar Michał e a mulher, a família, por fim, recorreu à Irena. Irena encontrou para Felicia um trabalho como empregada na casa de um casal polonês rico, ativo na resistência, pessoas que cuidavam de uma das escolas secretas em Otwock, e que esconderam outros judeus. Michał foi o primeiro a ser levado, a princípio para um convento em Otwock e, então, para um orfanato na distante Turkowice, onde Katarzyna estava escondida.

Décadas depois, Michał Głowiński escreveria sobre sua infância em Varsóvia. "Penso sempre que vivo um milagre de verdade: fui presenteado com a vida", ele disse.[21] A jovem mulher que deu a vida a ele e a seu primo Piotr — e para mais de 2.500 crianças — foi a "grande e maravilhosa Irena... o anjo guardião dos que estavam escondidos... Irena, que na temporada da extinção devotou a vida inteira a salvar judeus".

Irena recusou esse tipo de declaração. Em vez disso, vivia com os fantasmas dos que estavam desaparecidos — com o desgosto de ter perdido Ewa e o dr. Korczak e os 32 órfãos que caminharam inocentemente, com um pedaço de sabão nas mãos, para os "banhos" que os aguardavam em Treblinka. Mesmo a sobrevivência, ela reconhecia, "era uma experiência perturbadora para os pequenos heróis".[22] Poucas crianças voltariam a rever suas famílias. Irena sempre disse que a verdadeira coragem pertencia a eles e às destemidas adolescentes que, agora, sem os passes para o gueto, levaram as crianças até ela. Aos motoristas de bondes e aos zeladores. Ao jovem homem que enviava dinheiro de paraquedas para Varsóvia, e às enfermeiras, como Helena e Ala. Às freiras e às famílias adotivas na cidade toda que cuidavam das crianças e as escondiam. Acima de tudo, pertencia às mães e aos pais, que as deixavam ir. Ela era, Irena sempre insistia, a parte menos importante de uma frágil, mas impressionante rede de pessoas espalhadas por Varsóvia aos milhares naquela primavera de 1943, só uma parte de uma vasta fraternidade de desconhecidos.

13
A ascensão de Ala

Varsóvia, abril – julho de 1943

A CELEBRAÇÃO DA Semana Santa que culminou no Domingo de Páscoa aconteceu naquele ano em Varsóvia durante a quente e bem-vinda estação primaveril. Um parque de diversões se ergueu naquele Domingo de Ramos como uma espalhafatosa flor de primavera antes das festividades, do lado ariano bem próximo ao muro do gueto, e uma das estrelas era um "carrossel voador". A roda-gigante elevava jovens casais poloneses enamorados até o alto, e de lá podiam vislumbrar demoradamente, em câmara lenta, o proibido bairro judeu.[1] Os vendedores ofereciam doces, e até tarde da noite músicas de carnaval se misturavam aos guinchos de crianças rindo.

A abertura do festival da Semana Santa em 18 de abril de 1943 também coincidiu com a véspera da Páscoa judaica, o feriado judeu, e, secretamente, por todo o bairro, as famílias preparavam celebrações. Mas, bem antes da meia-noite, o terrível rumor de que aconteceria uma *Aktion* varreu o gueto. Ninguém mais duvidava de tais rumores, e os magros banquetes foram abandonados.[2] Em vez disso, as famílias passaram as horas seguintes arrumando malas. Não para irem para o leste. Não para fugirem desesperadas através do muro do gueto. Mas para se esconderem nos abrigos em sótãos e em subterrâneos construídos por centenas de pessoas do gueto durante a primavera.

Enquanto as crianças e os mais frágeis foram para o abrigo subterrâneo, os jovens subiram nos telhados e se posicionaram nos becos. Os escoteiros operavam postos de observação e verificavam os códigos para enviar mensagens. Então o gueto aguardou. Logo após as duas da manhã, as tropas da ss, andando de leve, cercaram os muros do gueto. O bairro ariano dormia em paz.

Mas ninguém estava dormindo no bairro judeu. Os escoteiros espalharam a notícia por todo o distrito. O rumor era verdade, estava acontecendo. Os moradores tinham consciência de que, ao chegar à rodada seguinte de deportações, a batalha desta vez seria mortal. Até por volta das três da manhã, a resistência tinha se mobilizado. Nos pontos da linha de batalha, quase 750 jovens, homens e mulheres armados, aguardavam. O ativista clandestino judeu Marek Edelman, amigo de Ala, era um dos líderes. Os contatos de Irena no Żegota — Julian Grobelny, Adolf Berman e Leon Feiner — estavam todos acordados e preparando ações de apoio ao gueto. Adolf e Leon levaram granadas de mão e armas para os camaradas judeus através dos perigosos túneis cavados sob os muros do gueto.[3] Julian, mais fraco do que nunca por causa da tuberculose, de sua cama montou um posto de comando operacional e enviou mensageiros aqui e ali pela cidade, recolhendo informações e passando-as adiante. Uma das primeiras mensagens foi para Irena, que estava em trânsito em direção às linhas de frente, pronta para fazer o que fosse necessário. E, naquela manhã, Ala Gołąb-Grynberg também estava organizando seus próprios preparativos. Ela tinha sobrevivido durante os últimos longos e difíceis meses trabalhando como costureira na fábrica Többens, mas não era sua vocação.

Das duas da manhã até pouco antes do amanhecer, era só silêncio. O gueto estava de vigia. Os alemães permaneceram calmamente em seus postos até as horas mais escuras da noite, e, então, às quatro da manhã começaram a se mover furtivamente em pequenos grupos, passando pelos portões, confiantes de que iriam surpreender os moradores adormecidos. Às seis da manhã, quando o sol nasceu brilhante no horizonte, 2 mil soldados da ss estavam reunidos e prontos nas esquinas das ruas e nos telhados. Uma hora depois, os motores foram ligados e os tanques e as unidades de artilharia em motocicletas entraram no distrito. O sinal foi dado, e os soldados da ss avançaram. Os combatentes judeus invisíveis, entretanto, estavam um passo adiante dos alemães. Entrando em posição, a resistência obstruiu a rota de recuo da SS e abriu um furioso fogo surpresa.

Os alemães não tinham ideia de que haveria revolta. Uma resistência judaica nessa escala simplesmente não se encaixava na preconcepção alemã do que *Untermenschen* seriam capazes de planejar. Os combatentes clandestinos — armados apenas com revólveres, bombas caseiras e um punhado de rifles — atacaram com força e rapidez, e o entusiasmo desenfreado daquele primeiro dia tomou conta do bairro. Os combatentes judeus não estavam apenas fazendo guerra. Estavam vencendo. O velho amigo de Ala, Marek Edelman — o rapaz magro de 22 anos que ajudou Ala e Nachum a salvar centenas em Umschlagplatz no verão de 1942 e que agora liderava o batalhão de resistência — lembrou como eles usaram garrafas incendiárias para atacar as colunas alemãs.[4] "[Nós] explodimos os tanques e os soldados alemães, e quando [deu cinco] da tarde os alemães, surpresos e chocados com a resistência judaica, retiraram-se do gueto", ele se vangloriava em um registro de seu diário naquele dia. Então, de novo, as ruas ficaram em silêncio.[5]

Os mortos abarrotavam as ruas do gueto. Quase duzentos combatentes da resistência morreram na primeira batalha. Mas morreram muito mais alemães, eles reforçaram uns aos outros. Os homens velhos judeus saíram de seus esconderijos para beijar o rosto dos jovens heróis que jaziam imóveis nas calçadas, e desconhecidos se abraçavam nas ruas. Todos sabiam que era uma celebração de curta duração, mas foi um momento que levou anos para acontecer. No dia 20 de abril, os alemães adiaram o retorno até o início da tarde e tentaram se reorganizar. A batalha foi violenta como sempre. O entusiasmo cresceu quando os combatentes do gueto mataram cem alemães em uma investida ao explodirem uma mina estrategicamente posicionada. Para o horror dos alemães, meninas adolescentes, destemidas e prontas a morrer, carregavam granadas de mão "escondidas nas roupas íntimas até o fim" para chegarem perto o suficiente e matar mais inimigos.[6] O ânimo estava nas alturas na segunda tarde. "Estávamos felizes e rindo", relembraram os combatentes. "[Quando] jogamos nossas granadas e vimos o sangue dos alemães nas ruas de Varsóvia, que estava inundada de tantas lágrimas e sangue de judeus, uma grande alegria se apossou de nós."[7] No meio dos destroços do hospital judaico, em um porão em ruínas da rua Gęsia, 4, onde Ala estava morando, ela e Nachum Remba uniram forças uma vez mais com outras enfermeiras e médicos e rapidamente organizaram uma estação médica de emergência improvisada para ajudar os combatentes.

Quando a notícia sobre o levante do gueto se espalhou no lado ariano, as pessoas desse bairro também exultaram. Mas a torcida teve um aspecto sinistro. Os habitantes do lado ariano se amontoaram para o carnaval e fizeram filas enormes para comprar ingressos para assistirem do alto a fantástica batalha que se desenrolava. Com piqueniques e festas barulhentas, os poloneses se enfileiraram nas pontes que davam vista para o gueto. E para os que estavam lutando por suas vidas lá dentro pareceu que os que estavam reunidos para assistir não torciam tanto pelos lutadores judeus quanto pelo desejado espetáculo dos alemães perdendo. Em festas nos terraços dos últimos andares dos prédios, as pessoas diziam que era "a primeira diversão verdadeira que os alemães tinham proporcionado em todo esse tempo triste",[8] e seus comentários cruéis foram levados para longe pela brisa até chegarem ao gueto. Logo, aviões alemães começaram a voar baixo sobre a cidade, jogando bombas no bairro murado e explodindo casas. À medida que os prédios explodiam, apostas ansiosas eram feitas sobre quanto tempo levaria para o bairro queimar e se sobraria algum judeu lá dentro depois.[9]

Para Irena estava difícil de suportar. Ela não tinha mais o passe para o gueto e nenhum ariano podia mais entrar e sair de lá. Todo dia ela ia até o muro e ficava parada, fundindo a cabeça para pensar em alguma ação, algum jeito, para mostrar a Ala que ela ainda estava ao seu lado. Entre os amigos judeus do período antes da guerra, só Ala permaneceu dentro do gueto, lutando. Mas não tinha nada que Irena pudesse fazer para ajudá-la ou os outros combatentes.

No domingo, sexto dia de insurreição, a maré dentro do gueto estava mudando. Os alemães, violentos e determinados, queimaram prédio por prédio. A fumaça derramava-se por trás dos muros do gueto, e grandes flocos de cinzas flutuavam no ar da primavera pelo centro de Varsóvia. Naquela manhã, Julian Grobelny enviou uma mensagem para Irena e pediu que ela fosse imediatamente para o apartamento secreto na rua Żurawia. Enquanto Irena esperava na entrada, ela lembrou mais tarde que naquela hora os sinos da igreja soavam celebrando a Páscoa por toda a cidade. As mulheres passavam graciosamente com seus chapéus de festa e vestidos floridos. Das janelas abertas vinham os sons das famílias preparando-se felizes para o café da manhã de Páscoa. Mas, em seu pequeno quarto nos fundos do apartamento, Julian estava deprimido. Era uma guerra de guerrilha urbana dentro do gueto, seus contatos relataram, e os ataques chegavam de todas as direções sobre os combatentes. Não se tratava de vencer os alemães. Isso era impossível. Agora se trata de ajudar os sobreviventes que conseguissem fazer a perigosa travessia para fora do inferno.

"Você precisa ajudá-los", Julian disse. A resposta de Irena foi imediata: "Do que você precisa? Me diga". Julian respondeu: "Me dê alguns endereços para onde possamos levar as pessoas que conseguirem chegar no lado ariano".[10] De lá, o Żegota os ajudaria. Irena refletiu. Quais endereços eram possíveis? Tinha seu apartamento. Ela podia contar com Zofia e Stanisław. Com Janka e sua irmã Jaga. "Temos nossos 'prontos-socorros'", Irena respondeu. "Eles estão abertos para qualquer um que fuja do gueto. O Żegota pode transmitir os endereços para a Organização Judaica Combatente?"[11]

Irena pensou um pouco mais. Reconhecia o risco — mais arriscado ainda do que algumas de suas antigas operações. Viu, contudo, uma oportunidade caso os alemães estivessem determinados a destruir rua por rua. Será que os alemães estariam distraídos o suficiente para que ela pudesse voltar ao gueto? — ficou imaginando. Se conseguisse entrar, com certeza poderia sair com algumas pessoas. Irena tinha conseguido entrar — e sair — do gueto naquele dia e trouxe uma criança com ela. Era possível!

Acionou a equipe e, nos dias seguintes, as mulheres entraram e saíram do gueto de novo. Irka Schultz destemidamente entrou correndo dentro de prédios em chamas, de onde tirou bebês chorando. Irena aguardou nas bocas da rede de esgoto e nas saídas de túneis, enviando os refugiados para os endereços dos abrigos.[12] No apartamento de Janka, membros da resistência chegavam e partiam deixando documentos secretos que tinham sido enviados para fora do gueto. Sem saber de Ala, Irena estava extremamente preocupada com a amiga. Com o passar dos dias, o fogo se intensificava, e Irena tinha esperanças de que Ala conseguisse chegar ao abrigo de algum jeito. Julian também estava preocupado com Ala. Os dois estavam trabalhando juntos e com os demais na resistência judaica,[13] e Julian a considerava uma mulher extremamente engenhosa e de imensa coragem. Se alguém sobrevivesse, seria Ala.

Por uma semana ou duas, o truque funcionou, e as famílias engatinhavam pela rede de esgoto em direção à segurança. Mas os alemães logo descobriram as rotas de escape. A partir de então, fecharam todos os serviços da cidade e jogaram veneno nos encanamentos de água e de gás para matar os que fugiam. No mês de maio, não havia saída fácil para os que ficaram para trás. Ala estava entre os que permaneceram lutando. Ala, Nachum e Henia, mulher de Nachum, tentavam ajudar os combatentes feridos do gueto com cuidados médicos nos abrigos queimados dos dois lados da rua Gęsia.

Em 8 de maio de 1943, perto do fim, as patrulhas alemãs atacaram os abrigos subterrâneos na rua Gęsia.[14] Ao redor de Ala, o gueto ardia em chamas. "Não tinha ar, apenas fumaça preta asfixiante e o calor intenso irradiando dos muros em brasa e das escadas de pedra incandescentes", escreveu em seu diário Marek Edelman, o amigo ativista.[15] "As chamas grudavam nas roupas, que começavam a fumegar. O chão derretia sob nossos pés."[16] As mães se suicidavam com seus filhos pulando da altura de quatro ou cinco andares em meio a uma rajada de tiros dos alemães. Cadáveres carbonizados jaziam nas ruas e os prédios estavam reduzidos a entulho. Nos subterrâneos clandestinos em destroços, a equipe do hospital, agachada e assustada, empilhava pedras criteriosamente para esconder as crianças. Mas os alemães investiam nesse momento com cães, e um desses cães farejou Ala. Ao rastejar para fora do esconderijo sob a mira de armas, Ala tinha as pernas trêmulas e sentia o gosto de terra e de cinzas na boca.

Naquele dia, eles foram obrigados a marchar juntos para o local de agrupamento na rua Nalewki. O caminho conduzia a Umschlagplatz. Ala sabia o que os aguardava do outro lado da linha do trem. Esperaram por dois dias até o trem chegar. Soldados alemães e ucranianos revistaram os homens jovens à procura de armas escondidas em seus corpos, e ao lado de Ala havia jovens morrendo com o ventre rasgado. Ala tentou também não olhar para a cena em que as garotas mais bonitas eram estupradas em turnos por um grupo de soldados gargalhando, seguida do ricochetear inconfundível de tiros. Talvez Henia Remba fosse uma delas. Henia era jovem, e ao que se sabe não há nenhum registro indicando que ela tenha deixado Varsóvia. Murmúrios de dor foram silenciados com cassetetes de ferro, e então Ala e Nachum foram trancados em um dos vagões de gado com destino a Treblinka.

Do lado ariano, as chamas do gueto eram visíveis da rua Świętojerska e da praça Krasiński, e lá, apesar de tudo, o carnaval continuava.

Os *partisans* lutaram até não haver mais gueto para se esconder. Em 9 de maio, o contingente da Organização Judaica Combatente — um dos vários grupos de resistência no gueto — estava diminuindo; Marek Edelman era o líder. Mas em 10 ou 11 de maio não sobrou nenhum teatro para os curiosos poloneses assistirem, apenas execuções incessantes e mortes por fuzilamento. Os combatentes judeus ergueram por cima do muro para o lado ariano um lençol em que rabiscaram um pedido improvisado de socorro: "Irmãos, por favor, ajudem. Lutamos pela nossa e pela sua liberdade".[17] Mas as massas polonesas nunca deram ajuda alguma. Marek e seus *partisans*, mulheres e homens, recuaram para os abrigos subterrâneos, e numa desesperada mudança de tática saíram só depois de escurecer para uma luta noturna de rua. Durante o dia, o gueto ficava sinistramente quieto, e os únicos sons audíveis eram o sussurro constante das chamas e, às vezes, das vigas vindo abaixo. Os combatentes ficaram sem água e sem munição. Nos últimos dias, o único objetivo era não ser pego vivo pelos alemães. Presos nos esconderijos que seriam seus túmulos, famílias e líderes da resistência recorreram às pílulas de cianureto, entre suas últimas e mais preciosas posses, e cometeram suicídio coletivo.

Apenas um punhado de combatentes do gueto de Varsóvia escapara da morte e da deportação para os campos: os que fugiram para o lado ariano nos últimos dias da revolta sem serem detectados. Eram menos de duzentos. Marek Edelman foi um deles. Mais tarde, ele relembrou como, com o gueto em colapso, alguns poucos combatentes fortes e afortunados — homens e mulheres — "meio que andaram, meio que engatinharam por vinte horas"[18] pela rede de esgoto sabotada com minas pelos alemães, espremendo-se dentro de canos nojentos de sessenta centímetros na escuridão. Do outro lado, caminhões e camaradas, prontos para escaparem para a floresta ou para abrigos, esperavam por eles. Em um dos bueiros, Irena fazia sentinela.

Às oito e quinze da noite do dia 16 de maio, logo após o crepúsculo cair sobre Varsóvia, uma explosão colossal de dinamite estremeceu janelas até do lado ariano. A grande sinagoga tremeu por um instante e, então, desabou. Era a última derrota simbólica dos judeus de Varsóvia. A batalha com o gueto tinha acabado. O governador-geral alemão da cidade informou aos superiores em Berlim que a missão tinha sido cumprida. "Judeus, criminosos e sub-humanos foram destruídos. O bairro judeu de Varsóvia não existe mais."[19] Apenas a torre do campanário da igreja de Santo Agostinho se erguia solitária no centro de um mar de concreto e escombros de tijolos. O governador-geral relatou orgulhosamente o número de judeus eliminados na *Aktion*, nos campos da morte ou fuzilados, um total de 56.065 de uma população talvez de 60 mil.[20]

E, para os judeus escondidos no lado ariano da cidade, a vida então se tornou — apesar de ser difícil imaginar — infinitamente mais precária.

Vários judeus escondidos fora do gueto não tinham mais esperança de sobreviver. O medo constante causou um estrago psicológico do qual muitos nunca mais iriam se recuperar. Obrigados a lidar com a possibilidade de fuga, alguns homens e mulheres judeus assumiram riscos extremos. Józef Zysman, advogado, amigo de Irena, foi um desses homens.

Quando Józef Zysman e a família escaparam do gueto no fim de 1942, o Hotel Polski era um prédio maltratado de quatro andares na rua Długa, 29, fora dos limites do gueto.[21] No térreo, havia um restaurante, e as escadas levavam para os quartos com janelas estreitas retangulares, que davam para uma avenida de paralelepípedos. Desde sua fuga, Józef tinha se mudado de um abrigo a outro e a família tinha se separado por questões de segurança. Irena estava cuidando do pequeno Piotr, e Teodora vivia com documentos de identidade falsos.

No fim de 1943, Józef estava sozinho e cansado. *Szmalcowniks* aterrorizavam a cidade, descobrindo judeus escondidos para extorqui-los e pedir recompensa para os alemães. Procuravam por pequenas pistas de alguém escondido: o movimento de sombras em uma janela de um sótão ao amanhecer ou um pedaço extra de pão na cesta de uma dona de casa. Então os tutores vinham para ajudar Józef, desesperado, e ele fugia para a rua de repente, ficando novamente sem casa. Józef perambulava, tentando pensar para onde iria para conseguir dormir só por algumas horas. Ele sentia falta da família e sabia que não podia continuar assim em constante estado de pânico.

Foi em algum momento da segunda ou terceira semana de maio que Józef ouviu pela primeira vez um rumor que circulava por Varsóvia. Os ocupantes, alguém contou em segredo para Józef, estavam dispostos a trocar judeus por cidadãos alemães fora do país, e os judeus seriam enviados para fora da Polônia em trens ferroviários normais. Os rumores logo assumiram uma dimensão ainda mais irreal. Nos cafés clandestinos que os judeus em fuga frequentavam para saber as notícias e tomar café, as pessoas diziam, então, que uma provisão de vistos e passaportes para judeus nascidos fora do país e para os que queriam emigrar para a América do Sul e para a Palestina, há muito tempo aguardada, tinha chegado às embaixadas estrangeiras em Varsóvia. Os documentos chegaram tarde demais para salvar os destinatários pretendidos. Umschlagplatz tinha reivindicado quase todos. Mas não significava que os vistos e passaportes não pudessem salvar alguém — embora a salvação viesse a preços do mercado clandestino.

Por trás do esquema estavam Adam Żurawin, um inescrupuloso judeu aproveitador, e Leon "Lolek" Skosowski, um gângster do gueto. Ninguém sabia muito bem como, mas durante o levante do gueto eles interceptaram um impressionante lote escondido de cartas não entregues que incluíam centenas de documentos de emigração. Adam, os fofoqueiros dos cafés clandestinos disseram, gerenciava um pequeno hotel na rua Długa, 29. Lá era possível comprar um passaporte. Os valores, naturalmente, eram uma facada. Só judeus ricos que guardaram alguma coisa de suas fortunas anteriores à guerra seriam capazes de pagar o preço de Adam Żurawin, embora o valor não impedisse que famílias desesperadas e empobrecidas tentassem. Havia o rumor, também, de que o hotel seria uma espécie de solo neutro de transição — um lugar onde os judeus podiam se inscrever para emigrar e aguardar com segurança até que os documentos fossem processados e as deportações para fora da Polônia começassem.[22]

Józef observou e esperou. E era verdade! Os primeiros que chegaram se inscreveram para obter os vistos e foram orientados a ter paciência. Eles se hospedaram em quartos ensolarados nos andares superiores, e os alemães não apareceram para prendê-los. Na verdade, parecia algum tipo de paraíso. Nos limites dos corredores do hotel e dos quartos, os moradores tinham uma liberdade inimaginável. Os judeus não precisavam usar a Estrela de Davi e a Gestapo deliberadamente — deliberadamente demais, alguns diziam — ignorava o prédio. Um pequeno trecho de paralelepípedo na frente da entrada principal era a varanda do café-restaurante, e da esquina Józef viu com seus próprios olhos judeus bem-vestidos saboreando um café à luz do sol do fim da primavera sem serem molestados. No Hotel Polski, as pessoas entravam e saíam, e de noite o bairro ressoava ao som das festas mais barulhentas e divertidas. As mulheres resgatavam os casacos de pele e as pérolas de suas mães que haviam escondido e passavam pelos corredores como se estivessem desfilando em cetim. Casais amorosos, ansiosos por nada mais do que um pouco de vida e de liberdade, cambaleavam ébrios pelos corredores, alheios ao destino dos outros.

No Hotel Polski, havia um milagre atrás do outro. Mesmo assim, Józef ficou observando. Mas ele também estava ficando desesperado. No dia 21 de maio, até os que eram do contra e os que duvidavam ficaram quietos. Naquela manhã, 64 judeus do hotel — sem soldados da ss e com alemães gentis — embarcaram em um trem bem equipado e confortável com destino ao campo de Vittel, na fronteira oriental da França, onde as condições eram reconhecidas por serem civilizadas. No trem, mesmo as crianças tinham seus próprios assentos e acenaram um alegre adeus a Varsóvia de suas janelas reluzentes.

Entre os que embarcaram inevitavelmente estavam os que se dispuseram a pagar os mais altos subornos. Algumas famílias pagaram 750 mil zlotys — algo em torno de mais de 2 milhões de dólares — por um dos valiosos passaportes. Muitas famílias pagaram 20 ou 30 mil zlotys por documentos individuais que talvez ajudassem na inscrição. Quando chegaram cartas de Vittel, cujos destinatários sabiam que eram autênticas, confirmando a chegada dos remetentes em segurança e em boas condições, foi uma loucura. Mais de 2.500 judeus saíram de seus esconderijos no lado ariano e correram para lá. Algumas estatísticas mencionam até 3.500. Todos queriam concorrer a um lugar na lista dos emigrantes — mesmo sabendo que se tratava de jogar os dados para um jogo de loteria de guerra mais espetacular e perigoso.

Józef Zysman, o advogado e amigo de Irena, foi um deles. Ele acreditou nos alemães tanto quanto nas chances de sobreviver em fuga, pois esconder homens judeus era muito mais difícil do que esconder mulheres ou crianças. E, por alguma razão — talvez orgulho, talvez simplesmente por achar que já tivesse pedido demais ao entregar seu Piotr —, Józef não procurou Irena. Não acreditou que pudesse durar por muito mais tempo no lado ariano, e, se existisse alguma chance de sobrevivência, a aposta desvairada valia a pena.

O Estado Secreto Polonês tentou alertar os judeus sobre a armadilha. Mensagens urgentes circularam em todas as redes secretas. Mas os judeus que foram não queriam ser persuadidos. A esperança era poderosa demais. Um mundo de fantasia tomou conta do Hotel Polski por meses, e a festa continuou até os gângsteres terem certeza de que as últimas reservas de riqueza escondidas tinham terminado. O Hotel Polski não era nada mais do que um cruel oportunismo — combinado entre a Gestapo e um punhado de judeus que colaboravam com o nazismo — para despir os judeus de seus últimos recursos. Entre os judeus colaboradores e os arquitetos da malha de boatos estava uma mulher que Irena e Józef conheciam bem do gueto: a sensual cantora de cabaré que sussurrava antigas canções de amor no enfumaçado café Sztuka, prima de Ala: Wiera Gran. Irena estava convencida de que Wiera era informante da Gestapo.[23]

Irena não era a única que desconfiava. Alguns amigos mais próximos de Irena achavam que havia provas da traição de Wiera. Arquivos secretos do Exército Nacional alertavam os agentes de que Wiera Gran, "judia, dançarina de cabaré no período antes da guerra, agora chefia um escritório de confidentes da Gestapo, que se ocupa principalmente de perseguir judeus".[24] No Żegota, o dr. Adolf Berman a considerava uma colaboradora nazista. Marek Edelman, o jovem amigo de Ala e agora celebrado herói do gueto, também. Jonas Turkow, o ator judeu que Ala e Nachum salvaram em Umschlagplatz, afirmou ter presenciado sua traição. Quando pediram mais tarde que Irena descrevesse a cantora que tinha visto atuar naquela noite com Ala na boate do gueto dias antes da grande *Aktion*, ela foi franca ao avaliar a prima de Ala: "Wiera Gran, a atriz de cabaré... trabalhava para a Gestapo junto com Leon Skosowski... Foi muito doloroso ver que na lista dos grandes judeus da nação estivesse o nome de Wiera Gran — uma criminosa que vendeu seu próprio povo".[25]

Havia um rumor de que Józef Zysman foi uma das pessoas que Wiera teria vendido naquele ano. Naquela primavera, ele se apresentou, junto com milhares de outros judeus, à desprezível recepção do Hotel Polski. Entregou a quantia necessária para a inscrição. Passou semanas andando para cima e para baixo pelos corredores, com seus últimos recursos diminuindo rápido em meio às cenas de caos exultante. Por fim, numa manhã de julho, alguém espalhou a notícia animadamente. Estão saindo! Os trens estão chegando! A princípio, pareceu tão civilizado para Józef. Judeus embarcando calmamente em trens cuja direção suposta era o oeste, para a vida e para a liberdade. Quanto tempo levou para os que estavam a bordo perceberem que os trilhos só conduziam para o campo de concentração de Bergen-Belsen? E quando os trens não deram conta de levar todos, os que sobraram — centenas — foram levados pela Gestapo, ansiosa para liquidar o assunto, para a conhecida prisão de Pawiak, nas ruínas do gueto. Alguns foram enfileirados contra o olmeiro no pátio e executados com uma rajada de tiros. Outros foram levados para o lado oposto ao portão de entrada da prisão, na rua Dzielna, onde uma plataforma grosseira de madeira prolongava-se sobre o abismo de uma fundação queimada. À medida que os tiros eram dados, os corpos tombavam do parapeito em uma vala comum cheia de cadáveres amontoados e cobertos de cal. Entre as vítimas do Hotel Polski estava Józef Zysman. "Um homem maravilhoso morreu como mártir desonrosamente enganado por selvagens" — foi a acusação de Irena.[26] Ela e seus amigos não esqueceriam jamais o papel de Wiera Gran em seu assassinato. Wiera declarou inocência. Irena não acreditou. Depois da guerra, haveria consequências e novas acusações. Haveria julgamentos e altercações, e Irena iria testemunhar contra Wiera pessoalmente.

Naquele verão, uma notícia ainda mais impressionante e dolorosa chegou a Varsóvia pelos canais do Żegota, e também da clandestinidade, e claro que o líder Julian Grobelny a compartilhou com Irena. Um determinado grupo de combatentes judeus capturados durante a deportação para Treblinka nos últimos dias do levante do gueto tinha sido enviado para um campo de trabalho escravo em Poniatowa. Lá, os prisioneiros confeccionavam uniformes militares alemães na fábrica do magnata da indústria têxtil Walter Többens, para o qual muitos dos judeus salvos das câmaras de gás haviam anteriormente trabalhado nas unidades do gueto.[27] Henia Koppel, a mãe da bebê Bieta, era um deles. A notícia agora era de que uma dezena deles, talvez, estava organizando uma célula de resistência e uma ferrovia clandestina dentro do campo. Alguém entre eles passou a informação para a organização de Marek Edelman. Eles precisavam urgentemente de ajuda para continuar lutando. Alguém na célula passou a mensagem para Julian Grobelny também. Entre eles, Julian soube, havia uma mulher, uma enfermeira, que tinha montado uma clínica médica secreta e um grupo de jovens para ajudar crianças. O grupo precisava de documentos de identidade falsos, dinheiro e, mais uma vez, de armas. As operações tinham começado a retirar as crianças com a ajuda de agentes locais do Żegota. Então, eles planejavam organizar uma fuga em massa da prisão e outro levante de judeus. A enfermeira era Ala.

O ano de 1943 foi de tragédia e escuridão moral em Varsóvia, mas houve também histórias incríveis de sobrevivência e luta — de Ala e de outros. Naquele outono, houve um resgate impressionante de uma criança cuja vida ficaria para sempre ligada à de Irena. Chaja Estera Stein foi a primeira das duas filhas adotivas de Irena.[28] De novo, Julian Grobelny foi o responsável pelo contato.

Estera era originária de um povoado em Cegłow, não muito longe de Varsóvia. Em 1940, quando Estera fez treze anos, ela, os pais, Aron e Faiga, e a irmãzinha, Jadzia, foram aprisionados no gueto em Mrozy. Em 1942, o gueto foi liquidado. Aron, Faiga e Estera fugiram do cerco, e na primeira noite se amontoaram em um velho galpão no terreno de uma fazenda fora do povoado. Mas, na confusão, a pequena Jadzia ficou para trás sozinha, e a mãe estava desesperada. Aron pôs a mão no ombro da mulher e prometeu: voltaria ao gueto, ele a encontraria. Mãe e filha esperaram escondidas por vários dias. Faiga, por fim, entendeu que Aron e Jadzia nunca mais retornariam.

Faiga olhou para a filha faminta e cansada. Não podiam ficar no galpão para sempre. Ela se esgueirou na escuridão para a casa da única pessoa no povoado que achou que a ajudaria. Aron era dono de uma fábrica de água com gás. Julian Grobelny era proprietário de uma das fazendas do povoado — talvez a fazenda em que Estera e a mãe estivessem escondidas. Julian e Aron eram muito amigos, e ambos eram amigos do padre local da igreja paroquial. A lembrança que Estera tinha do pai era dele e do padre caminhando juntos, o pai judeu ortodoxo de barba longa e casaco preto de gabardine, e o padre de batina. Quando Faiga bateu à porta da casa paroquial, o velho padre deu comida e água a ela e prometeu ajudar. Mas Faiga não sobreviveu ao trajeto de volta. Foi capturada e morta. O padre enviou uma mensagem urgente para Julian pedindo que corressem para salvar Estera.

Julian recorreu, como sempre, a Irena, diretora da célula de bem-estar da criança do Żegota, que enviou um mensageiro para o padre com novos documentos de identidade. O novo nome ariano de Estera era agora "Teresa Tucholska" e ela viajaria sozinha no trem para Varsóvia. Qualquer outra coisa seria muito perigoso. O padre acompanhou Estera até a estação de trem, mostrou em que compartimento entrar, e, quando os alemães pediram para ver os documentos, Estera lembrou perfeitamente o que dizer. A estação de trem em Varsóvia era lotada e barulhenta, mas uma mulher pequena e loira aguardava por ela pacientemente na plataforma. Irena tocou no ombro da menina, tranquilizando-a. "Venha comigo, então, Teresa." Estera ficou com Irena e sua mãe no apartamentinho em Wola naqueles primeiros e perigosos dias de transição. Ela era uma menina independente e inteligente, que no prazo de semanas tinha perdido a família inteira, e Irena flagrou-se pela primeira vez desejando ter filhos.

Embora Irena quisesse muito, Estera não podia ficar no apartamento. Colaboradores e mensageiros da resistência entravam e saíam, era muito perigoso para uma criança. Por fim, Irena encontrou uma solução perfeita. Enviaria Estera para Zofia e Stanisław, velhos amigos da Universidade Livre da Polônia, ambos ativistas nas células da rede clandestina da professora Radlińska. Zofia e Stanisław tinham quatro filhos e estavam escondendo no apartamento da rua Lekarska, 9, distrito de Ochota, três crianças judias.[29] Claro que esconderiam Estera, garantiram a Irena — e "Teresa" se tornaria a oitava criança da família durante a guerra. Foi bem a tempo. Irena em breve não estaria em condições de cuidar com segurança de ninguém. No outono de 1943, seria Irena que precisaria urgentemente de salvação.

14
Aleja Szucha

Varsóvia, outubro de 1943 – janeiro de 1944

A rua Bracka ficava perto de uma via principal a leste de onde o gueto ficava, e entre as lojas movimentadas havia uma lavanderia para as donas de casa que tivessem dinheiro para gastar. As mulheres entravam e saíam o dia inteiro de lá, buscando pacotes bem embrulhados em papel marrom ou roupas de cama e mesa empilhadas em cestos. Às vezes, contudo, as mulheres entravam e saíam levando algo diferente, uma mensagem, um bilhete, enfiado nas dobras das roupas. Em outubro de 1943, a Gestapo prendeu a mulher que cuidava da lavanderia, acusando-a de ajudar a resistência entregando pacotes e mensagens. Levada para a avenida Szucha, brutalizada e torturada em Pawiak, interrogada de novo com barras de ferro e cassetetes, a mulher, destruída e quebrada, deu à Gestapo a informação que sabia. É quase certeza de que foi executada depois. Não há como julgar alguém nessas circunstâncias. Ninguém sabia se seria capaz de resistir à tortura antes de ficar cara a cara com seu carrasco. Ao fazer a delação, ela deu o nome de pelo menos três mulheres que usaram a loja como correio clandestino. Uma delas era Irena Sendler.

* * *

Na tarde de 9 de outubro, Irena e sua família se reuniram para uma festinha. Uma tia dela tinha vindo passar a noite com a mãe. Havia também uma amiga de Irena — e colaboradora clandestina —, Janka Grabowska. Janka e o marido, Józef, eram pessoas a quem muitos confiavam seus segredos. O casal escondia dossiês e arquivos importantes para alguns membros da Organização Judaica Combatente e também uma amiga — a mulher que representava, talvez, algo mais para Adam e sua família: Regina Mikelberg, junto com a irmã.[1] Nem Janka nem Irena tinham esquecido a dramática fuga de Regina do vagão de trem que ia para Treblinka, ou os antigos laços de amizade da época da faculdade que ligavam todos, incluindo Adam, por mais complicadas que fossem as emoções mais íntimas de Irena.

Após os bolos e os licores, a mãe e a tia se retiraram para dormir, mas Janka e Irena ficaram conversando até bem depois do toque de recolher. Eram quase duas da madrugada, na verdade, quando as jovens mulheres deitaram nas camas improvisadas na sala de estar. Antes de adormecer, Irena meticulosamente fez o que sempre fazia como precaução: pôs o fichário atualizado com os nomes e os endereços de dezenas de crianças judias no centro da mesa da cozinha, sob a janela. Ela guardou a velha bolsa de trabalho, que tinha alguns documentos de identidade em branco e uma grande quantidade de dinheiro, ao lado da cama, por segurança. Então, adormeceu levemente.

Às três da manhã em ponto, as batidas começaram. A mãe, Janina, acometida por uma doença do coração que provocava tosse de tempos em tempos, tinha acordado um pouco antes e alertado Irena baixinho, concedendo-lhe os preciosos minutos necessários para pôr a cabeça no lugar e agir. Os agentes rugiam na porta, gritando: "Abram, Gestapo!". Uma barra forçava a porta, e o barulho era de arrombamento. Irena tinha treinado seu sistema muitas vezes. Havia se preparado para a situação. Pegou as listas e foi rápido para a janela. Prestes a subir o vidro, seu coração parou. Lá embaixo, agentes da Gestapo a encaravam com hostilidade. *Meu Deus. Meu Deus. Meu Deus.* E agora? O que ela iria fazer? Irena examinou o aposento sem esperanças. Não tinha nenhum lugar seguro para esconder as listas. Como as batidas estavam cada vez mais violentas e a porta começou a ceder, tomada pelo desespero, jogou a lista para Janka: "É a lista das nossas crianças; esconde em algum lugar; guarda; não pode cair nas mãos da Gestapo".[2] Irena teve tempo de ver Janka enfiar a lista em seu sutiã antes de a porta ser derrubada.

Onze agentes da Gestapo invadiram o apartamento, e atrás deles Irena viu a expressão de horror do zelador do prédio, o sr. Przeździecki. Os homens estavam loucos. Os agentes foram para cima dela, a centímetros de distância apenas, e berraram ameaças e ordens. No surto, destruíram o apartamento. Quebraram o forno, procurando por materiais escondidos, arrancaram as tábuas do chão, jogaram pratos que tiraram dos armários. Tudo calculado para causar o máximo impacto, e Irena tinha que admitir que funcionava. Estava assustada. A busca continuou por três alucinantes horas, e foi um tanto surreal como tudo se desenrolou. Irena não acreditava em milagres, mas ficou estarrecida ao ver, quando a Gestapo começou a rasgar o colchão da sua cama improvisada, o quadro cair sobre a bolsa, que estava à vista, com todos os documentos de identidade e com o dinheiro. Irena não acreditava que os próprios alemães tinham escondido exatamente a prova mais incriminatória de todas.

Ao mesmo tempo, encheram Irena e as hóspedes de perguntas. Irena, por fim, convenceu os agentes de que Janka era uma hóspede inocente de fora da cidade, como a tia de Irena, apesar de Janka já ser praticamente uma vizinha, na verdade.[3] Sua mãe, os agentes perceberam naturalmente, era doente demais para estar engajada na resistência. Então, só sobrou Irena.

Às seis da manhã, encerraram-se as buscas, e o agente responsável berrou para Irena se vestir rápido. O coração de Irena ficou mais leve do que imaginava; vestiu a saia e tentou fechar a blusa com pressa. Se estavam deixando que se vestisse, tinham terminado as buscas. Se tinham terminado as buscas, não haviam descoberto as listas. E, se não estavam lá por causa de Janka, não sabiam sobre o apartamento de Jaga ou sobre a colaboração da irmã. Os olhos dela se encontraram com os de Janka, mas Irena não se arriscou a sorrir. Tudo o que queria era sair do apartamento antes que a Gestapo reconsiderasse.

Enquanto os agentes a conduziam pelo corredor, o som das botas pesadas ecoava pelas escadas. Irena sabia que os vizinhos estavam ouvindo tudo atrás das portas, em silêncio. Pouco depois, haveria confusão e fofocas.

Um carro da prisão aguardava do lado de fora, com o motor já ligado. Janka correu escada abaixo no último minuto — um impulso perigoso. Nas mãos dela, Irena viu seus sapatos. "Ela vai precisar deles, por favor." O homem simplesmente assentiu, entediado, e gesticulou para Irena calçá-los.

Irena sabia para onde estava indo. O sedã estava cheio, e Irena foi espremida lá dentro, no colo de um dos jovens agentes da Gestapo. Fecharam as portas e o carro começou a andar. Ela achou que sempre soube que o momento chegaria, mas se deu conta de repente de que não havia se preparado para isso.

O sol ainda não tinha nascido em Varsóvia e na meia-luz da manhã os agentes mais perto dela estavam sonolentos. Irena tentou pensar com calma, racionalmente. Janka sabia como as listas eram importantes e com certeza iria escondê-las. Ela entendeu qual era a situação. Realisticamente, não havia chance de Irena sobreviver.

Conforme o carro virou para o sul para entrar na ampla avenida, Irena pensou na professora Radlińska e nas dezenas de conspiradoras adormecidas espalhadas pela cidade. Agarrou-se à esperança, pelo menos, de que estivessem dormindo. Pensou em Adam. Seria forte o suficiente para manter o segredo? Não fazia sentido fingir. Algo terrível iria acontecer em seguida. Sabia disso. Existiria dor suficiente no mundo que a levasse a revelar o esconderijo de Adam? Existiria dor suficiente que a fizesse delatar Jaga, Janka ou as crianças? E a esposa judia de Adam? Ela também morreria para protegê-la? Irena refletiu, ela aguentaria. Mas a maioria não aguentava a tortura. Era preciso ser forte. Morreria em silêncio. Contanto que suas amigas e as crianças sobrevivessem, ela disse a si mesma, poderia sofrer o que fosse. Era o que todos diziam a princípio.

Assim que se aproximaram da última curva, Irena enfiou as mãos no bolso do casaco para esquentá-las por alguns momentos. Um jorro de pavor atingiu seu coração como se tivesse levado uma facada. Uma lista. Endereços. Ela tinha esquecido de tirá-la do bolso do casaco na noite anterior. As informações de um abrigo estavam rabiscadas em um rolinho de papel de cigarro.

Por alguns instantes, Irena foi dominada por uma onda crescente de pânico. Não havia tempo. Estavam perto de Szucha. O rapaz em cujo colo estava empoleirada... Será que a respiração dele mostrava que estava cochilando? Calma e delicadamente, ela rasgou e enrolou o papel em bolinhas no bolso. A textura frágil do papel de seda logo cedeu. No mínimo, borraria a letra. Ao perceber as cabeças dos agentes mais próximos dela oscilando com o movimento do carro, teve quase certeza de que estavam dormindo. O que mais poderia fazer a não ser essa última aposta? Levantou a mão devagar para abrir a janela e deixar as minúsculas bolinhas voarem livres. O agente sob ela se mexeu, bufou e nada mais.

Irena encostou a cabeça na janela e fechou os olhos também, mas com lágrimas correndo pelo rosto.

O matadouro. Era como as pessoas nas ruas de Varsóvia chamavam o atarracado complexo cinza da avenida Szucha.[4] Correntes e cadeados de aço decoravam os portões de ferro que se erguiam diante de Irena, e os guardas usavam repulsivos chicotes pendurados nos quadris e botas pretas compridas lustradas com brilho. Um soldado entediado empurrou bruscamente Irena em direção à antessala. Além da porta, ela percebeu o contorno da grande sala onde os interrogatórios eram conduzidos. Para fazer a ficha, empurraram-na apressadamente para dentro de uma sala pequena onde a datilógrafa batia as teclas e o rádio tocava música alemã.

Ela esperou. Pouco tempo depois a levaram para outra sala, onde um alemão alto fez perguntas em polonês fluente. Seus modos eram suaves e gentis. Irena tinha consciência de que a intenção era certeira. *Qual era seu nome? Onde morava? Quem era a família dela?* Perguntas fáceis — perguntas para as quais a Gestapo já tinha as respostas. Mas, não muito tempo depois, as perguntas passaram para um terreno mais perigoso. "Sabemos que está ajudando a resistência e os judeus, *pani* Sendler. Para qual organização está trabalhando? Vai ser melhor para você nos contar tudo." Eles sabiam sobre Julian Grobelny. Estavam perseguindo esse homem esquivo, o "camarada Żegota". Sabiam sobre a caixa postal secreta na lavanderia. A grossura da pasta do homem fez com que ela começasse a ficar assustada. Rezou para que não soubessem de Adam.

Irena afirmou que não sabia de nada. Era um mal-entendido. Ela era uma assistente social, e isso a pôs em contato com muitas pessoas. Naturalmente. Mas, se havia alguém em seu círculo que estava fazendo algo errado, ela não sabia. O agente deu um sorriso antipático e arqueou as sobrancelhas. Já conhecia todo o procedimento. Essas pessoas sempre afirmavam inocência a princípio. A tortura era um modo de fazê-las falar. Estava escolhendo o pior jeito. "Que assim seja, *pani* Sendler. Vamos conversar mais depois, prometo."

Em seguida, outro guarda empurrou Irena pelo corredor. A música ainda tocava no rádio. Era cedo e tudo o mais estava em silêncio. Não muito depois, as pessoas trazidas de Pawiak chegariam e os corredores ecoariam os passos e os gemidos. O teto era baixo e o corredor estreito. Irena passou por quatro celas, cada uma com portas de ferro e bancos de madeira estreitos, e em uma delas a porta estava aberta. Os demais estavam sentados quietos, com os ombros caídos, e ninguém se virou quando ela entrou, hesitante. "Senta", veio a ordem severa. "Você vai olhar só para a cabeça à sua frente. Sem falar." Irena sentiu o cheiro de medo e de umidade. Eram todos recém-chegados, insones e assustados.

O banco estreito era duro e muito baixo para ser confortável. O chão era grudento. Sangue. Uma onda de tontura a invadiu. Irena e os outros ficaram sentados por algum tempo sem se mexer. Logo após as oito da manhã, chegaram os carros, e os bancos ao redor foram preenchidos com desconhecidos. O rádio parou de tocar, e, a partir de então, nomes foram chamados. Em pouco tempo, gritos de terror vieram do corredor, o som distante de coisas sendo atiradas, baques abafados e, então, gritos de corpos sendo quebrados.[5] Às vezes havia tiros. Os interrogatórios eram feitos nos andares superiores ou no subsolo, mas as portas e as janelas eram deixadas abertas como estímulo para os que estivessem aguardando pudessem avaliar as opções com cuidado. Um sobrevivente dos rituais matinais na avenida Szucha contou: "Dava para ouvir as perguntas rudes e as respostas murmuradas, o som de golpes repetidos e depois um grito agudo, frequentemente soluços de uma mulher, apertando nosso coração e nos impedindo de respirar".[6]

Havia outra tradição na prisão. No primeiro dia de encarceramento, os prisioneiros eram espancados.[7] Não raro uma sessão brutal funcionava. No segundo ou terceiro dia, muitos se mostravam flexíveis e dispostos. Irena nunca falaria dos abusos que sofreu naquele dia ou nos que se seguiram, mas outros lembravam com horror os abusos em Pawiak. Davam golpes no rosto com o punho e chutes com as botas que deixavam os olhos pendurados para fora das órbitas, e porradas com cassetetes de borracha que dilaceravam os ossos. Ferros de solda queimavam a carne dos seios e do rosto. Os ombros eram deslocados. Em seguida, o prisioneiro era atirado de volta à cela, manco e ensanguentado, com a ordem de sentar e ficar atento, até que os caminhões de prisioneiros que os transportariam para Pawiak passassem pelo portão. Em 20 de outubro de 1943, Irena estava entre os corpos machucados e espancados. Naquela primeira tarde, na escuridão dentro do caminhão, ela tentou afastar da mente a dor e o medo enquanto o carro acelerava pela cidade buzinando um bordão sem consolo ensurdecedor — e qualquer movimento era uma agonia.

Em Pawiak, um soldado da prisão obrigou Irena a descer uma longa escada de pedra. Quem não conseguia ficar em pé era arrastado, e um punhado de enfermeiras e médicos carrancudos pegava de dentro do caminhão os excessivamente espancados e os descarregava, gemendo, em macas de lona do Exército. Oficialmente, Pawiak era a prisão de personalidades políticas, professores, estudantes, médicos e quem estivesse em universidades ilegais e na resistência — a *intelligentsia*. Mas, na prática, era uma prisão clandestina conhecida e nenhum procedimento era legal. Um terço dos que chegaram naquela tarde com Irena enfrentaria a execução. A maioria dos outros iria sucumbir depois de enviada nos caminhões da madrugada, que deixava os prisioneiros em Pawiak em constante estado de pânico. Os destinados aos campos de concentração de Ravensbrück ou Auschwitz eram arrastados para o pátio da prisão de madrugada, depois que as luzes se apagavam, espancados com a ponta dos rifles por guardas violentos e, então, carregados em vagões, algemados uns nos outros.[8] Irena entendeu. Terminava em morte.

Em Pawiak, Irena ficou chocada ao ver velhos amigos e conspiradores no meio dos prisioneiros. Na escuridão de sua cela na primeira noite, ela e sua vizinha de cela, Basia Dietrich, deram-se as mãos em silêncio.[9] Em uma conversa cochichada e rápida, bem depois das luzes apagadas, Basia contou para Irena que outra amiga, Helena Pęchin, também tinha sido presa. Helena era professora escolar de história. Basia e Irena tinham morado por anos no mesmo complexo de apartamentos em Wola, quando Basia era líder das escoteiras e ainda coordenava a escola infantil comunitária. Ela conhecia Basia desde aqueles primeiros dias como recém-casada com Mietek. Extraoficialmente, entretanto, Basia era capitã de um movimento da resistência, Powstańcze Oddziały Specjalne "Jerzyki" — Forças Especiais Insurgentes —, um grupo de homens e mulheres empenhados que coordenavam, em paralelo à rede de Irena, uma operação de resgate de centenas de crianças judias do gueto. Helena era colaboradora operacional de Basia. Na primavera de 1943, quando as Forças Especiais Insurgentes foram integradas às operações do Exército Nacional e se tornaram parte do amplo e difuso movimento clandestino que incluía o Żegota, o grupo dela estava sempre se comunicando com Irena.[10]

Na manhã seguinte, Irena fez contato com outra amiga na prisão. Jadwiga Jędrzejowska estava viva! Ela não podia acreditar. Jadwiga Jędrzejowska era outra garota da professora Radlińska do período antes da guerra, alguns anos mais velha do que Irena, e de seu círculo mais íntimo, mas Irena a reconheceu imediatamente. Jadwiga e o namorado judeu, Horak, logo se juntaram à resistência no início da ocupação, trabalhando na imprensa secreta, e escaparam da Gestapo por três anos. Mas, em 1942, os dois foram presos. Horak foi fuzilado, e por um ano Jadwiga definhou na prisão, designada no início, apesar da formação médica, a limpar latrinas e salas. Mas na prisão havia uma impressionante resistência se organizando, e Jadwiga foi logo puxada para a rede. Dois casais estavam no centro da célula clandestina: a dra. Anna Sipowicz, dentista, e o marido médico, o dr. Witold Sipowicz; o dr. Zygmunt Śliwicki, médico responsável, e a mulher, enfermeira-chefe da prisão, Anna Śliwicka. Os quatro eram membros da resistência polonesa; assim como Irena, eram mulheres destemidas por volta dos trinta anos de idade.

Às nove da manhã do segundo dia de encarceramento, Irena ficou com outros em posição de sentido. O café da manhã — um pedaço de pão mofado e café tipo imitação — tinha acabado. E também a chamada das oito e meia para as execuções do dia. Quando a mulher espancada foi levada pela última vez, Irena olhou para o chão. Não conseguia assistir. Acima das algemas em seus tornozelos, sentiu os vergões vermelhos onde os percevejos rastejaram de noite, e só de mexer a cabeça o rosto latejou nos locais em que recebeu os primeiros golpes dos alemães. A lista de chamada das nove da manhã era para os pacientes enviados para as clínicas médicas. Irena divagou. Levantou a cabeça ao ouvir a voz de Jadwiga Jędrzejowska chamando seu nome para o consultório dentário. Dentista? Irena começou a dizer: "Não preciso de dentista...".

Então se deu conta: era uma mensagem. Irena deu um passo para a frente sem falar nada e a seguiu.

A janela do consultório apertado para o qual foi levada dava para as ruínas do gueto.[11] Era difícil esquecer o que havia presenciado lá. Ewa. Dr. Korczak. Rachela. Ala. Józef. Do que dava para enxergar, era um mar de entulhos, pedras e ruínas dos alicerces das construções queimadas.

Quando a dentista da prisão, dra. Anna Sipowicz, entrou na sala, Irena se deu conta de que também a conhecia do grupo de ativistas do período antes da guerra. Que alívio estar entre amigos! Irena começou a falar, mas Anna imediatamente levantou o dedo e gesticulou, indicando a cadeira de dentista diante dela. Irena assentiu. Para não levantar suspeitas, Anna teria que fazer um buraco com a broca e tampar uma cárie que nunca existiu. Mas Irena, na cadeira de dentista, entendeu afinal quando Anna passou a ela uma *gryps* — chumaço com uma mensagem secreta da prisão. Era de Julian Grobelny — "Trojan" —, e a mensagem era simples: "Estamos fazendo de tudo para tirar você desse inferno".[12] No fino pedaço de papel que Anna entregou para ela, Irena rabiscou de volta a única mensagem que importava: "As listas estão salvas". Contanto que Irena não fizesse delações sob tortura, ninguém saberia a localização das crianças escondidas. O que Irena não contou para Julian Grobelny, claro, era que a lista estava com Janka. Seria um risco grande demais caso a mensagem fosse interceptada. E acabou sendo uma decisão incrivelmente afortunada.

Nos dias e semanas seguintes, mais viagens foram feitas para Szucha, como seu interrogador alemão havia prometido. Algumas manhãs, quando as listas de nomes eram lidas depois do café da manhã chamando os prisioneiros com destino ao transporte e à tortura, o coração de Irena ficava apertado ao ouvir seu nome. Não muito tempo depois, os ossos dos pés e das pernas de Irena foram quebrados, e cicatrizes e feias feridas abertas atravessavam seu corpo em tiras irregulares que a marcariam para sempre.[13]

Naqueles dias, o que salvou Irena de ser espancada até a morte foi o fato de que os alemães não tinham ideia de quem haviam capturado. A Gestapo achou que Irena fosse uma agente sem importância, uma jovem tola se aventurando na superfície da resistência polonesa. Eles ainda não tinham indício de que haviam capturado uma das lideranças de maior influência ou a mulher responsável por esconder milhares de crianças judias pela cidade. Mas não seriam ignorantes para sempre. No meio da dor, Irena raciocinou consigo em silêncio. Algumas vezes, a tortura parecia suportável, e com concentração ela conseguia sair de seu miserável corpo. Outras vezes, as surras eram violentas, e sua consciência beirava os limites da escuridão. Estaria preparada para morrer para salvar os outros? Sabia que tinha o poder de causar a morte de milhares. Repetia várias vezes sua história. Era apenas uma assistente social. Não sabia de nada. Recusava-se a pensar em Adam. Até mesmo pensar em Adam poderia significar que seu nome escaparia espontaneamente enquanto caía no chão sob os golpes.

Duas vezes por dia, ao meio-dia e no fim da tarde, os furgões carregavam os corpos quebrados de volta para Pawiak. "Dava a impressão de ser uma ambulância carregando vítimas de uma tragédia", um dos médicos lembrou. "Seus rostos ficavam pálidos e cobertos de sangue, olhos roxos, roupas amassadas e emporcalhadas, frequentemente com mangas e bolsos rasgados."[14] Algumas vezes, Irena estava entre elas. Outras vezes, entre uma sessão e outra de tortura, ela trabalhava na lavanderia da prisão em jornadas de horas extras, de pé sobre os membros quebrados e doloridos que mal saravam, esfregando cuecas alemãs manchadas de fezes. Desde então, mancava com dor, e as caminhadas diárias ao redor do pátio da prisão eram um sofrimento. Quando o trabalho na lavanderia não atendia aos critérios de satisfação dos alemães, as punições eram sádicas. Uma tarde, um guarda violento enfileirou as mulheres da lavanderia contra o muro e, andando pela fila, atirou alternadamente. Nesse dia, Irena foi uma das sobreviventes.

Na manhã da prisão de Irena, quando a notícia se espalhou, todos entraram em pânico. Julian Grobelny e as lideranças do Żegota tiveram que lidar com uma série de preocupações, entre elas a mais importante eram as listas e os endereços das crianças. Caso Irena fosse executada, as informações das listas iriam morrer com ela. Milhares de crianças, muitas novas demais para lembrar as próprias identidades, perderiam-se para sempre das famílias e da nação judaica. Mas Irena representava também um risco ainda maior para aquelas crianças. Irena disse com franqueza: "Não estavam preocupados apenas comigo... não sabiam se eu aguentaria a tortura ou não. Afinal de contas, eu sabia onde estavam todas as crianças".[15] Se Irena delatasse, seria um desastre sem paralelo. Mas salvá-la era um risco enorme. Significaria subornar alguém nos escalões mais altos da Gestapo.

Na casa de Maria Kukulska no bairro de Praga, os problemas eram diferentes. E os moradores formulavam as mesmas questões: Irena iria aguentar a tortura? O que os alemães já sabiam? Janka Grabowska contou sobre a prisão para Maria e Adam, mas ela podia apenas aconselhá-los a se preparar para o que poderia acontecer.

Jurek ainda estava namorando a filha de Maria Kukulska, Anna, e, no momento em que atravessou a porta do apartamento naquele dia, percebeu que algo estava muito errado. A casa de Maria normalmente era um lugar de risadas e de acolhimento caloroso. Mas Adam estava tombado na cadeira, olhando para a frente, sem expressão. Jurek não tinha certeza sequer de que havia sido notado. Adam nem se virou. Não disse nada. Jurek soube de cara de que se tratava de Irena.

Anna sinalizou para Jurek que a seguisse de imediato. "Irena?", ele perguntou. Anna assentiu. "Ela está em Szucha e talvez já em Pawiak", contou. "Estão se organizando para tirá-la de lá."[16] Jurek quase entrou em colapso. Irena supervisionava tudo, mantinha todos em segurança. E agora?

Quando Adam se levantou finalmente, foi para insistir, contra toda racionalidade, que eles *salvariam* Irena. "Vamos tirá-la de lá. Só isso." Com as mãos na cabeça, disse isso várias vezes. Maria não se atreveu a dizer que não havia esperança de jeito nenhum. As pessoas não saíam de Pawiak. Não como Adam queria.

Delicadamente, Maria abordou uma questão ainda mais dolorosa, mais urgente, que Adam precisaria considerar. Sob tortura, Irena o trairia? O que a Gestapo já saberia? O apartamento estava "queimado" — não era mais seguro como esconderijo. Adam teria que fugir para se esconder em outro local. "Adam, precisamos ir agora." Preocupada com Adam, e sem querer deixá-lo sozinho em qualquer lugar, Maria enxergava só uma saída. Adam teria que viajar para o abrigo na rua Akacjowa em Otwock, onde o líder do Żegota, Julian Grobelny, e a mulher, Halina, estavam escondidos. Jerzy também ficaria com eles.

Deslocar um homem com traços tão judeus como os de Adam era perigoso. Era arriscado para ele ser visto muito perto da janela. E, agora, ele iria caminhar pelas ruas de Varsóvia? Pegar um bonde em direção à periferia da cidade sem ser notado? Não havia outra opção. Naquela tarde de outono, pela primeira vez em mais de um ano, Adam Celnikier desceu as escadas do apartamento com Maria Kukulska e caminhou nas ruas de uma Varsóvia transformada. Maria insistiu em acompanhar Adam pessoalmente na viagem para Otwock. As ruas de Praga estavam tranquilas, mas, ao se aproximarem do terminal, a multidão ficou mais adensada, e Maria sentiu apenas raiva quando do seu lado dois homens poloneses lhes bloquearam a passagem. "Um judeu. É um judeu." Um dos homens estendeu a mão para receber dinheiro. "Espero que você seja rica, *pani*. Caso contrário, é a Gestapo."

Maria se virou para o homem furiosa. "Deixe a gente", ela sussurrou. "Ou vou pedir para o Exército Nacional executar vocês." No outono de 1943, não se tratava de uma ameaça vã, admitindo, contudo, que ter contatos na resistência significava também um perigo imenso. O Estado Secreto Polonês tinha um sistema judiciário paralelo que a essa altura estava funcionando em velocidade total, e as execuções judiciais de pessoas que colaboravam com os nazistas e de chantageadores eram comuns. Os chantageadores trocaram um olhar rápido e saíram à procura de alvos mais fáceis. A bravata de Maria, surpreendentemente, tinha funcionado.

No abrigo em Otwock, Julian e Halina Grobelny receberam Adam como um velho amigo, e no esconderijo pessoas entravam e saíam secretamente o tempo todo. No olho do furacão, Julian estava tranquilo, mas ao redor dele havia movimentação constante e mensagens de urgência segredadas. A partir dessa época, Julian estava acamado e sofria para falar. Seu rosto estava encovado por causa da tuberculose. Halina tratava dele com cuidado, com um sorriso alegre, mas ele estava morrendo.

* * *

No fim de outubro, além de Pawiak, as coisas também estavam mudando rápido para os outros na rede de Irena, e não demoraria muito para a notícia chegar até Julian Grobelny. A sudoeste de Varsóvia, no campo de trabalho escravo em Poniatowa, onde 15 mil aprisionados lutavam pela sobrevivência, o movimento prisioneiro de resistência estava ficando mais forte. A mãe da bebê Bieta, Henia Koppel, ainda estava viva e trabalhando como costureira. A infatigável Ala Gołąb-Grynberg também.[17] Ala já fazia parte de uma célula pequena no campo, trabalhando em contato direto com a organização de combate de Marek Edelman e com o Żegota. A liderança estava planejando com muito cuidado uma fuga ousada. Os levantes nos campos vinham atormentando os alemães. As pessoas que desembarcaram em Treblinka em agosto se revoltaram, e houve até incursões em Auschwitz naquele outono. As revoltas eram derrubadas com força bruta, mas no outono de 1943 as coisas não estavam indo tão bem para os alemães na guerra, e o comando em Berlim estava tenso.

No fim do mês, a atenção estava concentrada em Poniatowa. De repente, cerca de duzentos trabalhadores foram retirados das fábricas têxteis e alocados nos campos para construir trincheiras defensivas em zigue-zague com dois metros de profundidade, a fim de fortificar o complexo. O trabalho levou dias, e o rumor era de que em seguida haveria a construção de torres de ataque aéreo. Ala e os demais da célula de resistência ficaram desconfiados e vigilantes.

Ala e a célula já tinham um pequeno arsenal de armas, contrabandeadas para dentro do campo com a ajuda do Żegota, e, quando os alemães ordenaram uma chamada de todos os prisioneiros na madrugada de 4 de novembro, o coração pesado de Ala pressentia que alguma coisa grave iria acontecer. Os líderes da célula — homens e mulheres que tinham lutado juntos no levante do gueto e membros da resistência judaica — juntaram-se e tomaram uma decisão corajosa, imediata. Os combatentes não iriam aparecer para a chamada. Em vez disso, reuniram-se em uma das casernas e organizaram barricadas, prontos para uma ação militar de defesa. O estoque de armas era pequeno, mas esses homens e mulheres já sabiam em primeira mão o que funcionava.

Nas congelantes temperaturas daquela manhã de novembro, nas trincheiras, os alemães então chamaram os prisioneiros para a frente em grupos de cinquenta. Sob a mira de armas, eles tiravam as roupas e colocavam os pertences valiosos em pequenos cestos. Então, quase 15 mil trabalhadores escravos deitaram juntos nas trincheiras, em meio a metralhadoras e cachorros latindo, e foram executados na cova comum em uma ação para a qual os alemães deram o codinome de *Erntefest* — o Festival da Colheita.[18] As execuções prosseguiram por dias. Henia Koppel foi o número 24 ao morrer na "colheita". Bieta agora estava órfã.

Ala, entretanto, não morreu nas trincheiras. Naquele ano, ela era o número 39 e ansiava por viver. Era forte e destemida. Ela e os outros que tinham lutado no levante judaico naquela primavera se juntaram dentro das casernas e, quando os alemães apareceram com os cachorros para buscá-los, eles abriram fogo contra os soldados da ss. Os guardas caíram mortos no chão. As baixas primeiro espantaram os soldados alemães, mas em seguida o espanto se transformou em fúria assassina. Em Poniatowa, não havia lugar algum para escapar dentro do campo cercado por arame farpado. Os combatentes judeus não estavam interessados em fugir de qualquer maneira. Os alemães atearam fogo no prédio e nas casernas. Ala e os amigos morreram lá dentro, presos no incêndio, mas ainda em resistência. Naqueles terríveis momentos finais, enquanto o mundo explodia em chamas ao redor deles, Ala certamente pensou no marido, Arek, talvez ainda em algum lugar lutando, e na filhinha preciosa que estava escondida.

Para o grupo de amigas de Irena, o inverno de 1943-1944 foi uma estação de assassinatos. No decorrer daqueles meses, não tinha como olhar para o lado bom. Era perda atrás de perda. A única consolação possível era que as crianças estavam seguras.

Na segunda semana de novembro, quando o efeito dominó da delação da lavanderia se espalhou pela rede de Irena, havia novas notícias ruins. Nas celas de Pawiak, Irena avistou Helena Szeszko, espancada e aterrorizada. A função de Helena na rede como enfermeira e mensageira era fundamental. Ela era, Irena sempre disse, "cheia de iniciativas"[19] e levou para a rede da resistência dezenas de contatos em hospitais e "grupos clandestinos" por toda a Varsóvia. Helena seria forte o suficiente para se manter em silêncio também? Assim como Irena, Helena tinha nas mãos a vida de Irka Schultz, Jadwiga Deneka e Władysława Marynowska — além da vida de centenas de crianças nos orfanatos. Todos os dias em Pawiak, as mulheres eram reunidas no pátio para caminhadas diárias, e às vezes ela e Helena trocavam um olhar cuidadoso, um olhar de solidariedade e determinação. Entretanto, Leon, marido de Helena e colaborador — o homem que providenciou a retirada de crianças do gueto pelo bonde de Muranów, salvando tantas vidas —, estava fora de alcance. No dia 17 de novembro, foi morto em uma execução pública por um esquadrão de fuzilamento.

A próxima a cair seria Jadwiga Deneka. A rede estava se desmantelando. Em 25 de novembro, Jadwiga checava as condições de alguns judeus refugiados escondidos em um porão que funcionava como abrigo e ponto de distribuição da imprensa clandestina na rua Świętojerska, no distrito de Żoliborz, quando a Gestapo o invadiu.[20] Jadwiga tinha 24 anos e foi só porque ela não fez delações durante os interrogatórios torturantes em Pawiak, onde desde então tinha se juntado às companheiras de armas nas celas, que Katarzyna Meloch e dezenas de outras crianças não foram descobertas. Assim como Ala e Irena, Jadwiga não iria abrir a boca.

Todas as mulheres fizeram o melhor que puderam para manter o moral elevado apesar da dor constante, da fome e dos abusos emocionais e psicológicos diários e das execuções e surras aleatórias. Qualquer uma delas poderia ser convocada para a morte em qualquer manhã na lista de chamada. Em Pawiak, elas viviam com essa certeza. Também viviam com tédio e pesar. Na cela de Irena, algumas mulheres fizeram um deque de cartas de baralho com pedaços de pão e papel, e de noite, quando os guardas se recolhiam e as deixavam na escuridão, as celas com frequência repercutiam o som de tristes baladas polonesas — a voz doce das mulheres reverberava canções de ninar e velhas músicas folclóricas nas câmaras de concreto. Irena e Basia, alocadas na mesma cela, dormiam espremidas no pequeno e úmido espaço, junto com uma dezena ou mais de outras mulheres. Mas, quando Basia cantava, parecia a liberdade. Ela tinha a voz mais bonita de todas as que cantavam.

Numa noite no início de dezembro, Basia encostou na parede fria da cela e virou o rosto. Irena teve certeza de que a amiga estava chorando. "Basia, qual é o problema? Vamos cantar alguma coisa?", sugeriu. Basia balançou a cabeça devagar e disse: "Não, não consigo cantar". E fez uma pausa. "Irena, eles vão me executar amanhã. Estou com esse pressentimento." Irena disse em voz baixa palavras tranquilizadoras de conforto, mas Basia pediu que ela parasse. "Não. Vimos Zbigniew Łapiński hoje. Vindo da capela. Ele tinha sido espancado." Zbigniew tinha dezoito anos, era só um menino e mensageiro na resistência infantil. Basia e Helena Pęchin viram os guardas o arrastarem, manco e quebrado, pelo corredor depois das interrogações, e Basia repreendeu o jovem tenente alemão. "Entreguei que o conhecíamos, Irena."

A noite inteira Irena ficou deitada, quieta, rastreando com os olhos os padrões do teto, pensando. Ao seu lado, sabia que Basia também estava acordada. Ao saírem da cela de madrugada para a chamada da lista, Basia agarrou a mão de Irena e a apertou com força. Irena tentou não chorar durante a chamada. Quando os nomes das execuções da manhã foram lidos, o nome de Basia estava entre eles, como ela havia intuído. Basia e Zbigniew foram executados naquele dia, em público, por um pelotão de fuzilamento em uma esquina entre ruas Ordynacka e Foksal.[21] Naquela noite, Irena procurou com atenção pelas coisas de Basia na cela e sua mão topou com um pequeno suvenir. Era um retratinho artesanal de Cristo com a frase "Acredito em Jesus". Irena segurou o retrato e, desta vez, não tentou não chorar. Irena guardaria o pequenino tesouro pelo resto da vida.

Havia listas de chamadas para a morte toda manhã. Em 6 de janeiro, chamaram o nome de Jadwiga Deneka. Ela foi executada nas ruínas do gueto, bem ao lado dos portões da prisão, junto com onze mulheres judias que tinham sido flagradas se escondendo. Ela não fizera nenhuma delação.[22]

Irena sabia que sua vez estava chegando.

Em janeiro, ela foi de novo escalada de manhã para o consultório dentário, e na cadeira, quando a broca girou, Anna Sipowicz entregou uma última mensagem do Żegota. Não falava mais de fuga ou de liberdade. Apenas dizia: "Seja forte. Amamos você". Em algumas poucas semanas, seria tarde demais para entregar alguma mensagem para Irena. "Um dia, ouvi meu nome", Irena disse.[23] O dia da sua execução seria 20 de janeiro de 1944.

15
A execução de Irena

Varsóvia, janeiro de 1944

ELES A LEVARAM para Szucha.

Os prisioneiros chamavam o furgão da morte de "o capuz", e a grossa proteção de lona que impedia os prisioneiros de olharem para fora acrescentava à cena uma atmosfera de terror. Eram vinte, talvez trinta mulheres naquela manhã, conduzidas pelos guardas poloneses da prisão com bonés verdes e expressões de empatia para a caminhonete que aguardava para as levarem a seus destinos. Muitos em Pawiak eram sumariamente executados do lado de fora dos portões da prisão, nas ruínas do gueto, talvez nas finas pranchas sobre o buraco aberto nas fundações dos subsolos em ruínas. Esse carregamento era destinado aos esquadrões de fuzilamento em Szucha. E, apesar de estarem vendadas, as mulheres sabiam o que iria acontecer. Irena sabia que era sua última hora.

As mulheres foram levadas para uma sala de espera com portas dos dois lados, e a maioria delas chorava. Chamadas pelo nome uma de cada vez, eram conduzidas por uma porta do lado esquerdo, que levava a um pátio. O som dos tiros era ouvido um por um. Na sala, os soluços estavam cada vez mais altos. Irena ouviu seu nome ser chamado, e na curta caminhada pela sala achou que fosse desmaiar. O tiquetaquear dos segundos no relógio soou estranhamente alto, e o mundo se reduziu a passos e no pensamento em sua mãe e em Adam. Ela caminhou para a esquerda. Mas o guarda indicou que fosse pela porta da direita. Novo interrogatório. O coração de Irena ficou pesado. Queria que a tortura acabasse. Não tinha dúvida de como tudo iria terminar. Dentro da sala havia um agente da Gestapo com as botas longas e pretas, um alemão de rosto corado. "Venha", ele orientou. Irena o seguiu. Ele a levou para fora, sob o fraco sol de inverno. Irena desejou uma dose de cianureto para pôr um fim naquela situação com delicadeza. Ele atiraria nela no cruzamento, como em tantas outras? Conduziu-a, entretanto, para longe de Pawiak, em direção aos prédios do Parlamento, e na interseção das ruas Aleja Wyzwolenia e Aleja Szucha se virou para ela.

"Você está livre. Salve-se, depressa."[1] Irena hesitou, tentando processar a informação. Livre? Não conseguia registrar nem o significado da palavra. Tudo em que conseguiu pensar em seguida era que não tinha como viver em uma Polônia ocupada sem documentos de identidade. "Meu *Kennkarte*", Irena insistiu. "Preciso do meu *Kennkarte*. Me dá meus documentos!" Os olhos do alemão ficaram inflamados de ódio. "Sua criminosa nojenta, dá o fora!", ele rosnou e deu um murro na boca de Irena com violência.[2] A boca de Irena se encheu de sangue, e ela saiu cambaleando, tonta. Ao olhar para trás, o alemão tinha sumido.

Irena ficou confusa. Um estranho na rua se virou para olhar e apressou o passo. Ela estava ensanguentada demais, machucada demais para ir longe, e seus ossos mal sarados não estavam firmes o suficiente para correr. "Não consegui ir", ela disse mais tarde sobre aqueles primeiros momentos. "Fui para uma farmácia ali ao lado. A dona me levou para a sala dos fundos, onde me lavei, [e] ela me deu algumas moedas para o bilhete do bonde."[3] O nome da dona da farmácia era Helena, e ela lavou gentilmente o rosto comprometido de Irena e encontrou algo para cobrir o uniforme da prisão, que a denunciava.

Irena admitiu depois que foi tolice — imprudência e idiotice até —, mas ela não conseguiu pensar em nada a não ser em ir para a casa da mãe. Entrou no bonde número 5 em direção a Wola, em choque e com medo. De repente, um adolescente no bonde começou a gritar, e todo mundo correu para a porta. "Gestapo na próxima parada, saiam rápido!" Os alemães estavam verificando documentos. Mulheres com sacolas de compras e homens com chapéus desalinhados passaram por ela correndo e desapareceram no meio da multidão, mas Irena estava meio manca e lenta. Um homem velho de olhos tristes se virou e parou para esperar por ela. Irena queria chorar de gratidão quando ele ofereceu a mão para ajudá-la a se firmar enquanto ela descia da plataforma. A intensidade de seu olhar cheio de pesar indicava reconhecer que ela estava na resistência. Irena desceu do bonde e desapareceu silenciosamente no meio da multidão, tentando não tropeçar. A perna quebrada queimava de dor, e ela desejava afastar a escuridão que mordiscava os limites de sua consciência de novo. Que fácil teria sido desmaiar e deixar o esquecimento carregá-la. Quando finalmente chegou em casa, quase não conseguia ficar de pé. Irena mancaria pelo resto da vida.

"Fui tão ingênua", Irena disse mais tarde, "que passei várias noites em casa, no mesmo apartamento onde a Gestapo tinha me prendido."[4] Naquela tarde, caminhões com alto-falantes cruzavam a cidade gritando os nomes das pessoas executadas no dia por crimes contra a Alemanha, e cartazes afixados nos muros anunciavam sua morte em letras garrafais: "*Obwieszczenie!* Irena Sendlerowa, 20.i.1944. Crime: ajudar os judeus".

Mais cedo ou mais tarde alguém que tivesse visto aquele cartaz se daria conta de que ela ainda estava viva no apartamento, e a Gestapo iria procurá-la. Aos poucos Irena percebeu. Ficar era muito perigoso. Mas sair era impossível. Sua mãe, Janina, estava morrendo. Havia anos ela sofria de um problema no coração. A filha em Pawiak e noites de preocupação sem fim tinham lhe custado um preço alto, e Irena sofria de culpa e de remorso. A que outra conclusão ela poderia chegar a não ser que era a responsável, mesmo sem querer?

No primeiro ou segundo dia após a libertação, outro pensamento incomodou Irena. Por que eles a tinham libertado? Era algum tipo de armadilha? A primeira preocupação era o que poderia acontecer caso um de seus contatos — quase todos amigos — se aproximasse dela a partir de agora? Mas logo chegou um bilhete trazido por um jovem mensageiro que imediatamente saiu em disparada. Ao ler o codinome "Jolanta", suas perguntas foram respondidas. O Żegota tinha organizado tudo. O Żegota queria que ela deixasse o apartamento agora. Ela sabia onde era o abrigo.

Mas Irena não podia ir. Não podia deixar a mãe. Outra mensagem chegou. Julian Grobelny tentou alertá-la. Janka veio e implorou. Irena adiou.

Significava desaparecer. Uma prima que tinha vindo cuidar de Janina durante os meses do encarceramento de Irena prometeu ficar; todo mundo apressava Irena para fugir. Mas ela não suportava deixar a mãe. Na noite seguinte, mudou-se para o apartamento do andar de cima de uma vizinha, que concordou em deixá-la ficar por pouco tempo. Esconder-se em um lugar tão próximo significava que Irena poderia descer as escadas e ver a mãe um pouquinho todo dia.

Mesmo assim, era uma aposta tola. Ela estava criando problemas, e Julian estava ficando impaciente. Uma noite, na última semana de janeiro, o problema aconteceu. Logo depois do toque de recolher às oito da noite, quando as ruas estavam tranquilas, as batidas da Gestapo começaram, os sons dos passos pesados das botas de novo encheram as escadarias do prédio, e Irena ouviu vozes com sotaque alemão gritando. Seu coração ficou congelado. Ela sabia o que significava. A Gestapo tinha se dado conta de que ela tinha desaparecido. Estavam fazendo buscas no prédio. As portas bateram no primeiro andar. Irena olhou ao redor do pequeno apartamento sem esperanças. Um armário? A cama? Não havia por que se esconder. Era estúpido morrer daquele jeito. Estúpido. Não acreditava que tinha sido tão tola. Desta vez sua mãe morreria. A expressão no rosto da vizinha atordoada mostrava que a mulher entendia pela primeira vez que se tratava da sua própria sentença de morte também. "Morremos por dentro de medo", Irena disse.[5]

"Não sei quanto tempo levou — os minutos pareceram uma eternidade —, até ouvirmos o som de sapatos correndo, indo embora", Irena contou depois.[6] Quando os corredores ficaram silenciosos outra vez, bateram na porta da vizinha, e a prima de Irena entregou uma mensagem e a abraçou rapidamente. "Adeus. Você precisa ir, Irena." Ela então se virou e voltou pelo corredor.

A mão de Irena estava tremendo ao segurar a fina folha de papel. Ela leu a mensagem comovente da mãe: "Estavam procurando por você de novo, você não pode vir aqui nem mesmo para dizer adeus. Saia o quanto antes".[7] A Gestapo tinha procurado por todos os andares inferiores do prédio. Pararam exatamente um andar abaixo de onde Irena estava se escondendo.

Irena, por fim, cedeu. Que outra opção havia se significava o assassinato de sua mãe? Ela percebeu algo horrível: estava sendo uma péssima filha.

Julian Grobelny agiu com prontidão e conseguiu novos documentos de identidade para Irena, e a mulher que tinha proporcionado a fuga de milhares para uma condição de segurança, a partir de agora, iria se esconder definitivamente. Por pouco tempo, enquanto estava se recuperando, Irena pôde ficar com Julian, Halina e Adam em Otwock. Mas permanecer em um mesmo lugar por muito tempo não era uma opção para uma mulher que estava no topo da lista das pessoas mais procuradas pela Gestapo, e, para a segurança de Adam tanto quanto para a própria, Irena precisava se mudar assim que se sentisse capaz. Na avenida Szucha, compreenderam tardiamente, com a formidável fuga de Irena, que ela não era uma agente pequena na resistência. A caçada por Irena estava em operação.

Os novos documentos de Irena lhe deram uma identidade fresca, e de repente, assim como acontecia com os milhares de crianças que ela tinha ajudado a salvar, havia uma dezena de informações novas que ela precisava aprender do início ao fim. Seu nome agora era Klara Dąbrowska. Como disfarce, Irena tingiu o cabelo de vermelho, e nos arquivos do Exército Nacional havia uma descrição dela dessa época: cerca de 1,60 metro, magra, com um nariz "levemente" aquilino, olhos azul-claros e cabelo curto.[8] Depois das primeiras semanas, Irena se mudou constantemente. Havia outros abrigos em Otwock. Ela passou uma época com um tio perto de Nowy Sącz.[9] Quando a situação ficava muito perigosa, ela passava um tempo em Praga,[10] como habitante secreta do zoológico de Varsóvia, onde alguns dos líderes do Żegota, incluindo o dr. Adolf Berman, tinham se exilado no outono, quando ocorreu a prisão de Irena. Deslocar-se era um fato da vida nessa perigosa fuga, mas Irena sentia saudades da mãe e de Adam.

Em Otwock, Irena soube, por fim, como foi a heroica história por trás de seu resgate de última hora. Quando Janka, no apartamento em Praga, deu a notícia para Adam e Maria Kukulska da captura de Irena, os três estavam radicalmente determinados a salvá-la. O desgosto e a preocupação de Adam no abrigo em Otwock com Julian eram um lembrete constante. Julian prometeu que o Żegota empregaria qualquer quantia necessária para subornar a Gestapo se fosse possível. Para libertarem Irena, eles pagaram o maior resgate da história da organização. Ninguém sabe exatamente o valor desse montante, mas foi algo perto de 35 mil zlotys — o equivalente hoje a mais de 100 mil dólares.

Mas poderia ser feito, a qualquer preço? Para concretizar uma fuga tão descarada, precisariam subornar alguém nos níveis mais altos da Gestapo, e quem entre eles tinha esse tipo de contato? O problema era achar alguém tão próximo da Gestapo para propor o suborno. Não dava simplesmente para abordar os alemães na rua e começar a perguntar — especialmente se você fosse um judeu escondido. Os amigos precisavam de algum polonês, alguém com conexões dentro da Gestapo. Precisavam de alguém como a conspiradora do departamento de Irena, Maria Palester, que promovia suas jogatinas semanais de *bridge*.[11] Já fazia anos, desde que os alemães haviam ocupado Varsóvia, que Maria cordialmente puxava conversa com informantes da Gestapo toda semana, e mais de uma vez usou seu charme a favor da rede de Irena. Ela tinha uma vasta rede de contatos na clandestinidade, mas não havia como minimizar o risco que Maria estava correndo para salvar Irena. Estava apostando todas as fichas e arriscando a vida de sua família.

Afinal de contas, o marido de Maria, Henryk, convertido ao judaísmo, não corria menos perigo agora do que quando a guerra começou. O filho adolescente, Krzysztof, participava de um esquadrão de elite da resistência e estava em constante perigo. A família ainda ajudava a esconder amigos judeus no apartamento. Mas Maria não se recusou a apostar nessa jogada arriscada. Irena tinha tornado possível a sobrevivência de sua família. Se pudesse, ela iria agora salvar Irena. Maria falou com um amigo, que falou com alguém. Em algum ponto do caminho, a oferta impactou, enfim, o oficial alemão que levou Irena para o cruzamento naquela manhã da sua execução. Atraído pela soma impressionante, ele concordou em inserir nos registros oficiais que Irena Sendler havia sido executada.

A entrega do dinheiro foi coisa de romance de capa e espada. Entregar propina para a Gestapo era uma tarefa de incrível alto risco. A filha de Maria, com catorze anos, Małgorzata Palester, assumiu a operação.[12] Ela carregou tranquilamente os maços de dinheiro enfiados no fundo de sua mochila de escola e foi para o encontro com a coragem de uma experiente agente da resistência. Teria sido fácil pegar o dinheiro e matar a garota na rua. Os alemães faziam poucas perguntas quando se tratava de cadáveres poloneses. Ele teria feito o depósito ainda mais facilmente e teria conduzido Irena para a execução. Por alguma razão, ele não o fez.

Adam, então, explicou para ela outro segredo. O Żegota não mediu esforços para libertar Irena — uma única agente em uma vasta rede que estava se espalhando com centenas de diferentes células — em grande parte por causa das listas de crianças. Enquanto Irena pensava que mantinha as listas para proteger as crianças, na verdade as listas salvaram sua vida também. "O Żegota enviou mensagens para me garantir que estavam fazendo o possível para me tirarem de lá", Irena lembrou, "mas todos os prisioneiros recebiam essas mensagens."[13] Claro que Julian Grobelny e Adolf Berman, líderes da organização, cuidaram de Irena e de Adam pessoalmente. "Mas o empenho em me manter viva foi por causa de algo maior do que sentimento", Irena então se deu conta. "Eles sabiam que, se eu morresse, o único rastro das crianças morreria comigo também. O fichário era a única chance de encontrar as crianças e devolvê-las para a sociedade judaica. E o Żegota não sabia que meu contato no trabalho tinha escondido a lista. Eles apenas sabiam, pelas mensagens que enviei, que os alemães não haviam encontrado o fichário."[14]

E agora? O que faríamos com as listas? Enquanto membros de sua célula continuavam caindo nas garras da Gestapo, a questão era urgente. Janka ainda estava escondendo os rolinhos de papel de seda que Irena tinha jogado para ela naquela manhã da prisão, mas havia outras partes da lista guardadas por segurança. E se Irena fosse presa de novo? E se algo acontecesse com Janka? O marido de Janka, Józef, era soldado da resistência no Exército Nacional, e a casa deles estava exposta e vulnerável. As listas precisavam ser reunidas e adequadamente escondidas. No inverno de 1944, Irena e as duas irmãs, Jaga e Janka combinaram, então, um novo lugar. Enfiaram os papéis em uma garrafa, que enterraram sob a macieira do quintal de Jaga na rua Lekarska.

* * *

Irena vivia em fuga, e esperaria um pouco mais para ficar com Adam, já que a segurança dele dependia disso. Mas quebrar os laços com a mãe era impossível. Janina não tinha muito tempo de vida. Estava morrendo. E a Gestapo sabia. O velho apartamento de Irena em Wola, onde Janina ainda morava, estava sob vigilância, e a armadilha estava preparada para surpreendê-la. Ela, então, sofria com consciência de que tinha arriscado a vida da mãe a cada momento, mas só em retrospectiva Irena percebeu como o perigo tinha sido grande. Ela se distanciou, mas sentiu como se a estivesse traindo.

Irena tentava afastar tais pensamentos. Desde então, parar para descansar parecia um fracasso. Algumas semanas depois de sua liberdade, apesar das fraturas que cicatrizaram mal, ela retornou ao trabalho clandestino e perigoso sob a nova identidade de "Klara". Estava determinada a continuar entregando os recursos financeiros de apoio às famílias e cuidando de suas crianças. Não há registro do número exato de visitas que Irena fez no verão de 1944. Apesar de ela e Adam terem mantido registros rigorosos de todas as "suas" crianças, os livros de contabilidade não sobreviveriam ao próximo e tumultuado inverno de 1944 em Varsóvia. Mas é quase certo que uma das primeiras viagens foi à casa dos velhos amigos Zofia Wędrychowska e Stanisław Papuziński no distrito de Ochota, também para saber como estavam três de suas crianças judias — incluindo a favorita, Estera.

No inverno de 1944, Ochota era ainda mais um vilarejo do que uma parte da cidade, e a casa de Zofia e Stanisław — número 3 — era a última do condomínio residencial, antes da rua Mątwicka, que dava para os campos e terras cultivados.[15] Stanisław trabalhava em uma clínica médica e viajava diariamente para a Cidade Velha de Varsóvia, e Zofia era bibliotecária no bairro. Havia um balanço no salgueiro do quintal cheio de mato com jardins de flores coloridas do qual Zofia tentava cuidar em meio ao alvoroço de mais de meia dúzia de crianças. Quando Irena apareceu na porta da casa, eles a cumprimentaram com um coro de gritos felizes, porque *pani* Irena era adorada. Zofia e Stanisław tinham cinco filhos: um menino, Marek, que faria treze anos naquele ano; Eve, com dez; Andrzej, com nove; Joana, com quatro; e um bebê nascido naquele ano, Thomas. Sempre quando Irena chegava, Zofia ainda estava trabalhando, e então a avó das crianças a saudava calorosamente e lhe oferecia chá e bolo, o onipresente gesto de boas-vindas polonês. Junto com um homem mais velho do bairro, o sr. Siekiery, a avó tomava conta de todas as crianças da rua enquanto os pais trabalhavam, e havia uma turma: Sławek, Julia, Adam e Hania. Havia também as quatro ou cinco crianças judias que a família estava escondendo para Irena e para a rede da professora Radlińska. A mais velha era "Teresa Tucholska" — Estera —, que se comportava como uma mamãezinha para o bebê Thomas.

Foi uma sorte imensa Irena não ter ido visitar a casa de Ochota na tarde de 22 de fevereiro de 1944, uma quinta-feira de inverno e de muito vento. Naquele dia, uma tragédia atingiu a família. Stanisław estava fora — talvez no trabalho na clínica ou, alguns dizem, em um encontro clandestino da resistência — e Zofia estava no trabalho, e havia tantas crianças pequenas no meio do caminho, que as maiores da rua, a maioria meninos com treze ou catorze anos, foram deixadas por conta própria. Os meninos foram para os campos atrás da casa para brincar de combatentes da resistência. Talvez até tivessem uma arma. Com certeza assimilaram a silenciosa lição dos pais de que era corajoso enfrentar os alemães. Assim como Irena, Zofia e Stanisław trabalhavam na resistência com o velho professor deles e a cunhada, Halina Kuczkoska, que era uma agente secreta do alto escalão.

Enquanto os garotos do bairro brincavam no campo de matar os ocupantes alemães, alguns alemães reais os avistaram, que exultaram com a aventura. Mas os alemães os perseguiram de verdade, ordenando que se rendessem. Com os soldados alemães no seu encalço, as crianças ficaram assustadas demais para parar e correram para casa. A primeira casa da rua era a dos pais de Marek, Stanisław e Zofia. Os meninos entraram zunindo pela porta da frente. Os alemães invadiram a casa atrás deles. Dentro da casa, houve uma luta com os soldados. A pequena Eve se escondeu debaixo da cama, chorando. Os alemães perseguiram os meninos com uma rajada de tiros. Uma das balas atingiu o mais velho, ferindo-o seriamente, e ele caiu gritando pela escada. As outras crianças pularam pela janela e fugiram para o campo, e os soldados foram atrás. Mas, claro, era apenas uma questão de tempo para que eles retornassem atrás dos meninos e dos pais.

Quando uma vizinha desesperada foi buscar Zofia na biblioteca, os alemães tinham ido embora e as crianças estavam aterrorizadas. Eles assistiram de olhos arregalados enquanto Zofia tentava estancar o sangramento e imediatamente começou a queimar folhas de papel. O primeiro pensamento de Zofia foi esconder as crianças no sótão. Ela sabia que em pouco tempo a polícia voltaria com reforços da Gestapo. Então, ela pensou melhor. Voltando-se para as crianças, Zofia pôs Estera no comando. "Você precisa levá-los para a casa de uma amiga na rua Krucza", ela disse para Estera. Estera sabia qual era. "Vão rápido. Não voltem. Eu vou buscar vocês."

Estera fugiu com os pequenos imediatamente. Zofia ficou com o filho sangrando e encontrou um lugar no sótão para escondê-lo. Mas a escada estava coberta de sangue e ela teve que remover os rastros que levavam ao garoto. Enquanto uma vizinha tentava arrumar a sala de estar destruída, Zofia pegou um balde de água e começou a esfregar a escada para limpar o sangue.

Foi assim que os alemães a encontraram ao entrarem na casa de assalto: de joelhos, esfregando a escada e chorando. Ela não tinha conseguido completar o trabalho antes da chegada deles. Um soldado alemão foi para cima dela. Apontou uma arma para a cabeça de Zofia e a mandou buscar o menino imediatamente. A caminho de Pawiak, no banco de trás do furgão, ela embalou o menino pelo tempo que eles deixaram. Mas ele morreu antes de chegarem à avenida Szucha. Zofia — cujo nome a Gestapo tinha em suas listas de pessoas que queriam interrogar por outros motivos — foi levada para dentro para interrogatório e tortura.

Ao saber da situação, Stanisław recorreu a Irena — velha amiga e colega colaboradora. Não apenas as crianças judias que eles estavam escondendo precisavam de novos abrigos, e rápido, mas a Gestapo estava procurando por Stanisław também. Ele teria que se esconder. Mas não podia levar os filhos com ele. Irena ajudaria? Claro que ela ajudaria, sem um segundo de hesitação. Irena entrou em ação e mudou Estera para um "acampamento de férias" que escondia crianças judias perto da cidade de Garwolin, a uns sessenta e poucos quilômetros a sudeste de Varsóvia.[16] Conseguiu abrigo para as outras crianças em um orfanato e com amigos da rede de assistência social do período antes da guerra. Recorreu especialmente a velhos contatos da Universidade Livre da Polônia, outros ex-alunos da professora Radlińska. Os menores foram para o interior, perto do povoado de Anin. Alguns dos filhos de Zofia, por fim, foram abrigados em um acampamento em Garwolin e em um orfanato em Okęcie com Estera.

Stanisław se esforçou heroicamente para que Zofia fosse liberada dos interrogatórios da central da Gestapo e, mais tarde, da prisão em Pawiak. Acionou todos os contatos que conhecia no Exército Nacional. Mas, com a vida das crianças em jogo e ele mesmo escondido, era perigoso, e o trabalho de Halina na clandestinidade foi a sentença de morte de Zofia. Ela foi executada em Pawiak na primavera de 1944, do mesmo modo que os alemães tinham pretendido fazer com Irena. Tinha trinta e tantos anos. Ficou em silêncio até o fim.

Naquela primavera, subornar a Gestapo — ou tentar subornar — estava se tornando excessivamente comum na rede. Julian e Halina Grobelny tinham uma pequena casa de campo com um jardim em Cegłow,[17] um povoado não muito distante de Mińsk Mazowiecki, e, por mais de um ano, o chalé vinha sendo usado como abrigo para judeus, onde crianças em risco podiam ser escondidas até que Irena obtivesse novos documentos de identidade e conseguisse um lugar permanente. Foi lá, em março, que a Gestapo capturou Julian, identificado não como líder do Żegota, mas como um *partisan* de esquerda menos importante. Então, Julian foi levado para Pawiak e precisava ser salvo. Julian já estava extremamente doente de tuberculose. Mesmo que escapasse da execução, as condições de umidade e de hostilidade eram uma sentença de morte certa. Irena recorreu a velhos amigos e, uma vez mais, aos grupos clandestinos da professora Radlińska. O dr. Juliusz Majkowski, diretor do departamento de saúde na rua Spokojna, 15, o homem que no início tinha dado os passes que autorizavam a entrada no gueto para Irka, Jaga e Jadwiga, acorreu para o resgate. Trabalhando para a resistência médica secreta em Pawiak, o dr. Majkowski contrabandeou comida extra e suprimentos para a prisão com o objetivo de tentar preservar a saúde precária de Julian.[18] Por fim, a equipe da prisão conseguiu uma licença médica para Julian e sua transferência para o hospital de Varsóvia, onde ele ficaria como prisioneiro em uma unidade de tratamento. Mas o paciente nunca chegou ao hospital. O Żegota — com outro suborno desmedido — organizou a fuga de Julian[19] da ambulância quando ela atravessou a cidade zunindo naquela manhã.

Desde a impressionante fuga de Julian, Irena teve uma ideia, e de novo recorreu ao dr. Majkowski. Em março, a situação de saúde de sua mãe era crítica. A força de Janina estava rapidamente chegando ao fim, e Irena não queria deixar a mãe morrer sozinha no velho apartamento. O dr. Majkowski ajudaria a raptar a mãe de Wola? Ele concordou, organizando um plano audacioso. O dr. Majkowski iria buscar Janina de ambulância para levá-la para um hospital local alegando uma situação de emergência falsa. Os vigilantes da Gestapo iriam perseguir a ambulância, claro, mas, na confusão que seria inventada, haveria uma breve janela de alguns preciosos minutos entre a hora da chegada de Janina e o tempo que levaria para a Gestapo localizá-la no hospital. Quando Janina foi levada de cadeira de rodas para um quarto iluminado em um dos andares superiores do hospital, as enfermeiras da resistência médica a estavam esperando. Ajudaram a frágil mulher a sair pela janela e, depois, delicadamente, a descer pela escada de incêndio. Lá embaixo, no beco, outra ambulância aguardava com o motor ligado para transportá-la para um abrigo do Żegota no apartamento de Stefan Wichliński,[20] o viúvo de Stefania, a colaboradora de Irena que havia sido assassinada.

Conforme Irena disse mais tarde sobre a aventura extraordinária: "Tive que roubar minha mãe, à beira da morte, de nossa casa e levá-la para a casa de pessoas desconhecidas, até que ela encerrou sua vida várias semanas mais tarde".[21] Quando Janina morreu nos dias que se seguiram, em 30 de março, Irena estava com ela. Juntas e calmas naqueles dias finais, Janina, em seu leito de morte, pegou a mão da filha e a obrigou a fazer uma promessa: "Não vá ao meu enterro, Irena. Eles estarão lá procurando por você. Prometa".

Janina estava certa. No enterro, a Gestapo estava louca de fúria. Um agente carrancudo abordou amigos e familiares. "Quem é a filha da mulher morta?", exigia saber.[22] As pessoas de luto apenas respondiam com um encolher de ombros. "A filha está na prisão em Pawiak", respondiam. "Ela com certeza *estava* [em Pawiak]", respondeu entre dentes, "mas inexplicavelmente *não está* mais."

Na primavera de 1944, Irena estava, em vez disso, conduzindo suas operações a partir de um abrigo no apartamento dos velhos amigos e conspiradores Maria e Henryk Palester. No esconderijo em Otwock, onde Irena se arriscava a ser capturada para vê-lo, Adam estava inquieto. Irena lutou naquela primavera para deixar a dor de lado e se lançou ao trabalho como um ato de vingança, mas Adam percebeu que havia alguma coisa frágil nela agora. Também, pudera: Irena — ainda com trinta e poucos anos — tinha vivido à beira da morte todos os dias por quase cinco anos. Enterrou a mãe e mais de uma dezena de amigos, e tinha sobrevivido à própria execução. Em suas mãos, tinha a vida de milhares de pessoas, a carga psicológica era insuportável. De sua cama no refúgio em Otwock, o líder do Żegota, Julian Grobelny, também passava maiores responsabilidades para Irena. Ela era a general do marechal de campo. Mas Adam tinha consciência de que não daria para continuar assim para sempre.

Nas reuniões semanais de liderança do Żegota, não era mais a liderança que incumbia Irena. Irena determinava as pautas cada vez mais. Em julho, os canais clandestinos informaram que o exército soviético estava se aproximando, vindo da região leste. Na Varsóvia ocupada, as redes da Gestapo estavam fechando o cerco em torno da resistência — o movimento incluía, mais do que nunca, grande parte da população de Varsóvia. A cidade estava à beira da explosão. Nos últimos dias do mês, Irena soube de um grupo de refugiados judeus que lutava na floresta pela sobrevivência. "Foi um sos desesperado, que chegou até mim porque alguém havia conseguido escapar de Treblinka",[23] Irena lembrou. "Apresentei o problema para o comitê inteiro" e a liderança do Żegota logo autorizou Irena a conduzir uma missão perigosa para entregar dinheiro aos sobreviventes do campo. Como sempre, nos livros da rigorosa contabilidade de Adam, que ele estudava atentamente sozinho, ele registrou meticulosamente os valores. "Eu sabia que o amigo de Treblinka (não consigo lembrar os nomes) entregou o dinheiro", Irena disse, "porque no dia seguinte, antes de o levante começar, ele quis que eu [Żegota] soubesse."

Irena também salvaguardou os "fichários" das crianças. Ela e Janka sabiam que iria começar uma batalha por Varsóvia. Naqueles dias finais de paz, as mulheres desenterraram as listas do jardim de Jaga, reorganizaram o arquivo inteiro, o dividiram em duas garrafas de refrigerante e reenterraram debaixo da mesma árvore todos os nomes que desde 1939 a rede tinha reunido.[24] Quando a luta armada explodiu nas ruas de Varsóvia no dia 1º de agosto, as listas tinham o nome de quase 2.500 crianças judias.

16
A Revolta de Varsóvia

Varsóvia, julho – dezembro de 1944

A REVOLTA DE VARSÓVIA foi planejada pelo Exército Nacional para começar às cinco horas da tarde de 1º de agosto de 1944, e foi baseada em um erro trágico de interpretação. Os alemães estavam perdendo terreno no verão de 1944, e o Exército Nacional apostou que, ante uma revolta apoiada militarmente, os ocupantes iriam recuar e Varsóvia seria libertada. As tropas soviéticas estavam reunidas nas cercanias da cidade, do outro lado do rio Vístula, em Praga, posicionadas como aliados. Os poloneses presumiram que os soviéticos iriam apoiá-los, e estes deram sinais de que fariam isso. O que os habitantes de Varsóvia não sabiam é que os alemães, confrontados com o amplo avanço do Exército Vermelho a leste, tinham decidido manter Varsóvia como recuo estratégico a qualquer custo. O que os habitantes não sabiam, também, é que as ordens de Himmler em Berlin orientavam as tropas a matarem todos os habitantes e a destruir a cidade inteira. Eles também não sabiam — apesar de que devem ter imaginado — que os soviéticos tinham suas razões políticas próprias de divergência, que não previam a independência da Polônia.

Naquele verão em Varsóvia, existiam várias organizações de resistência na cidade prontas para lutar, incluindo remanescentes da Organização Judaica Combatente, de Marek Edelman, e certo número de pequenas células de resistência. Mas o Exército Nacional, apoiado pelo governo da Polônia no exílio, era o maior e mais bem equipado movimento de resistência, e em julho tinha o orgulho de ostentar um corpo militar voluntário de 40 mil pessoas apenas em Varsóvia, de uma população de cerca de 1 milhão na cidade. Entre os recrutas do grupo paramilitar havia 4 mil jovens polonesas prontas para a batalha. O número cresceria rapidamente nas semanas seguintes, porque civis comuns se juntaram à luta. Por cinco anos os alemães tornaram crime capital a posse de armas para poloneses e judeus. Como resultado, havia armas de fogo para menos de 3 mil. Mas o que os poloneses não tinham em armas compensaram em organização e coragem genuína. O Exército tinha divisões e uma hierarquia de comando, e os distritos da cidade foram divididos em unidades de combate ordenadas.

Com a iminência da batalha por Varsóvia, e a cidade prevendo o cerco e a luta urbana, Adam deixou o esconderijo em Otwock e se juntou finalmente a Irena em julho no apartamento dos Palester, na rua Łowicka, em Mokotów, num reencontro estranho e agridoce. Ingenuamente, eles pensaram que estariam seguros ali, Irena admitiu mais tarde, e aqueles dias pareceram um tipo de lua de mel para o jovem casal. Mas estavam cercados pelo perigo, e só depois Irena entendeu que tiveram uma sorte extraordinária. Os alemães, determinados a descobrir e a destruir a resistência, foram de casa em casa no bairro, revistando apartamentos e exigindo documentos de identidade, e, por alguma razão, simplesmente pularam a porta da família Palester.

No primeiro dia da revolta, Adam e Irena participaram da euforia que se espalhou pela cidade. No início, pareceu aos habitantes uma espécie de vitória. Naquele dia e no seguinte, milhares de poloneses foram mortos, e eles souberam só mais tarde que o marido de Janka Grabowska, Józef, estava entre eles.[1] Foram baixas polonesas. Mas, nos primeiros dias, os paramilitares tinham também matado mais de quinhentos soldados alemães, e isso foi contabilizado como sucesso em uma cidade ocupada.

O Exército Nacional recorreu aos soviéticos. Com a ajuda do Exército Vermelho, os alemães fugiriam de Varsóvia com certeza, fossem quais fossem as ordens que tivessem. Os soviéticos, entretanto, logo optaram por uma decisão estratégica capciosa. Apesar de estarem do lado dos Aliados em 1944, e de os poloneses precisarem desesperadamente de apoio, os soviéticos recuaram para deixar os poloneses e os alemães lutarem até a exaustão. Por fim, os soviéticos também se recusaram a permitir que os outros Aliados — que de qualquer modo foram lentos em agir — usassem o campo aéreo fora da cidade para ajudar o povo de Varsóvia, mesmo para jogar comida e equipamentos.[2]

Foi um erro tolo de julgamento, e a alta liderança do Exército Nacional percebeu isso depressa. Nas palavras do general Władysław Anders: "Nunca se deve confiar nos russos — eles são nossos piores inimigos. Fazer um levante cujo sucesso dependa ou do colapso do inimigo ou da ajuda de outro inimigo é excesso de otimismo além da razão".[3] Mas nessa hora já era tarde demais. Em poucos dias, esquadrões de bombardeamento, com as sinistras cruzes pretas marcadas na parte inferior dos aviões da Luftwaffe, tomaram conta da cidade, e os poloneses não tinham defesa aérea.[4] Os bombardeios continuariam sem interrupção e, para desespero dos habitantes, em solo a maré virou rapidamente.

Na altura do dia 5 de agosto, os alemães tinham a melhor situação, e as tropas devastaram a cidade, perpetrando o assassinato em massa de civis. Havia ordens expressas de matar todo habitante de Varsóvia, até as crianças mais novas. Nas duas semanas seguintes, não menos do que 65 mil habitantes foram executados nas ruas. Os soldados entravam nas alas dos hospitais e, fileira por fileira, descarregavam balas na cabeça dos pacientes acamados. Algumas das piores atrocidades aconteceram em Wola, bem ao lado do apartamento vazio de Irena, onde a luta nas ruas foi dura. Os prédios explodiam com os ataques de bombas, e os tanques circulavam pelas ruas disparando obuses e esmagando sob seu peso carros, corpos e cavalos caídos. As pessoas juntaram imediatamente o que acharam de comida e água e recuaram para os subsolos da cidade para se esconder.

O governador alemão de Varsóvia, Hans Frank, recordou com satisfação que "quase toda a Varsóvia era um mar em chamas. Incendiar as casas é a maneira mais garantida de conduzir os insurgentes para fora dos esconderijos. Quando sufocarmos o levante, Varsóvia terá o que deseja — a aniquilação completa".[5] Enquanto as casas queimavam e vigas pesadas despencavam por todos os lados, os habitantes obrigados a sair dos subsolos foram reunidos nas praças sob a mira de armas e massacrados por metralhadoras.

"Eles nos obrigaram a sair dos subsolos e nos levaram para perto do Parque Sowińskiego, em Ulrychów", disse um sobrevivente inconsolável. "Atiravam em nós quando passávamos. Minha mulher morreu na hora. Nosso filho estava machucado e gritava pela mãe. Pouco tempo depois chegou um ucraniano e matou meu filho de dois anos como se fosse um cachorro; então ele chegou perto de mim, junto com alguns alemães, e subiu no meu peito para ver se eu estava vivo ou não — me fingi de morto para que não fosse morto também."[6] Algumas crianças de Irena escondidas com seus corajosos pais adotivos simplesmente desapareceram naquele verão, e havia pouca dúvida de que estivessem entre os que morreram — depois de muitas pessoas terem se arriscado tanto para salvá-las — nos massacres aleatórios nas ruas. Para Irena e seus amigos foi a reencenação aterrorizante dos últimos dias no gueto, e os poloneses finalmente entenderam o que significava ser, aos olhos dos ocupantes, um *Untermenschen* — um sub-humano.

Os alemães foram logo após para Mokotów, onde Adam e Irena estavam escondidos com Maria e Henryk Palester, e começaram a evacuar as casas. Assim como no gueto, Varsóvia estava sendo liquidada e queimada, rua por rua, em preparação para a aniquilação final. Adam e Irena fugiram juntos com uma mulher do apartamento vizinho, dra. Maria Skokowska, e uma jovem judia, Jadzia Pesa Rozenholc, que estava se escondendo com a família Palester.[7] Mas para onde eles deveriam ir? Sem casa, os amigos, nervosos, discutiram sobre o passo seguinte. Uma coisa era absolutamente certa: ninguém iria se apresentar, como exigido, nos postos de controle alemães para deportação. Não se pegava trem com os alemães dirigindo.

Finalmente encontraram um esconderijo nas ruínas de uma construção destruída na rua Łowicka, 51-53. Encolhidos na escuridão, fizeram uma reunião rápida. Henryk Palester e Maria Skokowska eram médicos. Irena e Maria Palester tinham formação em enfermagem e assistência social. No dia seguinte, trabalharam montando um pronto-socorro de campo para os combatentes da resistência feridos e para os civis apanhados no meio da convulsão.[8] O pronto-socorro logo se tornou — como qualquer coisa em que Irena punha a mão — uma operação que se espalhou. A necessidade era imensa, e, apesar de quase não ter nenhum equipamento ou remédio, foi bem organizado e eficiente.

Adam, por outro lado, era advogado e filósofo; não seria útil dobrando ataduras, ele disse para Irena. Naquele verão, fazia dois anos que ele estava preso por precisar se esconder, e Irena entendeu. Estava aflito para fazer parte da batalha. Adam então organizou um grupo com Krzysztof, o corajoso filho de Maria e Henryk, e, com dois outros jovens, primeiro lutaram com alemães em um cemitério próximo. Adam lutou ao lado dos meninos de novo na batalha pela Cidade Velha, na qual perderam dois dos três jovens em ação. Krzysztof Palester se juntou de novo ao seu antigo batalhão Parasol e morreu em um tiroteio nas ruas não muito tempo depois.[9] Adam ficou destruído com a tristeza dos pais e da irmã de Krzysztof.

Nas ruas de Mokotów, Irena estava agora atordoada, mas muito feliz com um tipo diferente de encontro casual. Atrás de uma barricada em destroços, uma voz familiar gritou: "Aqui! Aqui!". Perplexa, Irena se virou e diante de si viu uma jovem loira empoeirada, com o cabelo enfiado em um boné, dando as boas-vindas com o braço erguido, no qual Irena viu perfeitamente o distintivo vermelho do Exército Nacional. *Rachela!*

Era Rachela Rosenthal, a amiga judia que Irena achou que havia morrido em Treblinka no verão de 1942. Irena correu em direção a Rachela, e, agachando-se atrás das barricadas, as duas se abraçaram, rindo. Irena tinha contabilizado Rachela entre as pessoas perdidas para Umschlagplatz, mas lá estava ela, viva e linda como sempre. No entanto, a família inteira de Rachela, incluindo a filhinha, havia morrido; ela era a última sobrevivente. Rachela olhou timidamente para Irena, e então se virou para lhe apresentar um soldado polonês também loiro. "Meu marido." O homem sorriu e abraçou Irena como se fosse uma velha amiga. Finalmente Irena se virou. "Preciso ir. Estou no pronto-socorro de campo." O marido de Rachela riu e disse que era melhor ela voltar rápido. "Nós te cobrimos se você se apressar." Irena não conseguiu esquecer a transformação de sua velha amiga. "Ela era uma pessoa totalmente diferente", Irena lembra. "Era agora um soldado, astuta, determinada, lutando com uma arma na mão. Sua coragem extraordinária foi reconhecida por todos no grupo."[10]

Em Mokotów, se os dias fossem duros, as noites seriam um terror. Soldados da ss bêbados atacavam os abrigos nos subsolos, estupravam em grupos mulheres e crianças escondidas.[11] Um soldado alemão atirou com a baioneta nas pernas de Irena quando ela tropeçou nele,[12] e logo após as feridas supuraram por causa de uma infecção perigosa que a deixou em agonia. A comida e a água estavam acabando, e ao redor a ordem civil estava se desmanchando. De noite, Irena se deitava no abrigo ao lado de Adam, ouvindo a respiração baixa de Henryk e de Maria, preocupando-se imensamente com o destino de suas crianças judias. Muitas delas haviam sido transferidas meses antes para orfanatos ou abrigos rurais quando as buscas de rua em rua feitas pela Gestapo em sótãos e subsolos se intensificaram. Mas algumas ainda estavam escondidas com famílias confiáveis em Varsóvia — famílias que, como todos na cidade, estavam sob implacável perigo. A perna de Irena latejava e queimava. Entre a dor da ferida e os perigos da rua, dar apoio era impossível, e ela sofreu para fazer contato com os tutores adotivos e com as crianças. Eles ainda estavam singularmente vulneráveis. Mesmo no caos da revolta, chantageadores antissemitas vagavam pelas ruas, ameaçando denunciar qualquer um que tivesse um pouco de dinheiro no bolso e que "parecesse" judeu. Irena se preocupava com Adam e com as meninas que estavam escondidas com eles — o perigo parecia vir de todas as direções. E não era apenas em Mokotów. Na cidade inteira, velhos amigos de Irena mais tarde contariam as mesmas histórias assustadoras. Stanisław Papuziński lutou na batalha urbana como soldado. Jaga Piotrowska correu para salvar sobreviventes inconscientes dentro de prédios em chamas durante a destruição de sua rua.[13] A liquidação de Varsóvia incluiu a destruição da própria casa de Jaga, onde as listas com os nomes das crianças estavam enterradas sob os escombros no quintal.[14]

Em 9 de setembro, o destino da cidade estava selado. Aviões da Luftwaffe circulavam devagar sobre Varsóvia, e de seus abrigos bombardeados nos subsolos, ao olhar para o alto, os habitantes viam folhetos caindo. Os folhetos flutuavam sobre os telhados e das sacadas as pessoas os pegavam no ar. Nas folhas impressas havia um alerta final dos alemães. Todos os habitantes eram obrigados a deixar a cidade e a se apresentar nos centros de processamento alemães sob pena de execução.

Juntos em Mokotów, os amigos esperaram. A essa altura, trinta refugiados estavam escondidos com Irena, Adam, a família Palester e duas crianças judias na clínica médica improvisada.[15] Umschlagplatz surgiu ameaçadora em seus sonhos agitados. Ela não queria saber dos centros de processamento alemães. Mas em 11 de setembro os alemães chegaram na rua deles com lança-chamas e dispositivos incendiários com o objetivo de colocar abaixo cada estrutura, e não havia mais opção alguma. O ar estava grosso de fumaça e poeira, e, quando os soldados os descobriram amontoados no refúgio do subsolo, ficaram bravos e impacientes. A resistência havia lutado por tanto tempo e tão duramente para ser enviada para os campos de concentração? Eles foram obrigados a se juntar ao comboio enlameado de outros civis marchando sob a mira de armas para os centros de deportação.

Estavam todos em péssimas condições a essa altura, mas Adam e Henryk estavam mais preocupados com Irena, que mancava e sofria para se manter de pé. A ferida na perna provocada pela baioneta ainda não tinha sarado. Estava com pus, e Henryk estava preocupado com a possibilidade de uma septicemia.[16] Mas Irena não pensava em sua perna. Ela estava concentrada em descobrir o que fazer e em como tirá-los daquela procissão de morte.

No fim, os amigos concordaram que a melhor solução era simplesmente a mais prática. Reviraram os bolsos com discrição e ofereceram suborno ao guarda alemão para que ele enviasse a comitiva para outra direção. O alemão refletiu. Havia casernas militares vazias em Okęcie, perto dos campos de aviação abandonados, onde os prisioneiros de guerra soviéticos e judeus costumavam ser encarcerados — ele, enfim, ofereceu, enfiando o rolo de notas com cuidado dentro do bolso. "Será melhor se vocês forem nessa direção, para fora da cidade." Com um movimento de cabeça e encolhendo os ombros, saiu caminhando devagar para outra direção.

Maria, Małgorzata e Henryk Palester, junto com a dra. Maria Rudolfowa, Irena, Adam e a menina Anna fizeram a perigosa jornada em direção ao sul, já que Varsóvia queimava inteira. "Ela me tratou como uma filha", Anna contou sobre Irena mais tarde.[17] Foram devorados por piolhos e percevejos durante o sono, e varreram as ruínas em busca de algo para comer e para beber. Então, infatigáveis, dedicaram-se a começar o hospital de novo.

Mokotów foi um dos últimos bairros de Varsóvia a cair, e Adam e Irena deixaram para trás lutas que continuaram durante várias semanas. Por volta de 4 de outubro de 1944, estava tudo acabado em Varsóvia. A revolta havia sido derrotada. A contagem final dos mortos foi catastrófica: 200 mil habitantes, a maioria civis, foram mortos. Como a ocupação alemã continuou durante o inverno, outros 150 mil foram finalmente transportados como trabalhadores escravos para os campos na Alemanha, e outros 55 mil para os campos de concentração. Alguns historiadores dizem que o total de judeus que sobreviveram à guerra em Varsóvia era menor do que 11 mil. Adam e Anna estavam entre eles. Henryk Palester, derrubado por um tanque em dezembro, não sobreviveu. E no inverno, exatamente como Hitler queria, Varsóvia estava em ruínas.

Os exércitos soviético e alemão, por fim, entraram na cidade devastada em 17 de janeiro de 1945. A essa altura, 80% de Varsóvia era pedra e escombros. Por todo o inverno, Irena e Adam — vivendo com documentos falsos ainda como Klara Dąbrowska e Stefan Zgrzembski — ficaram na estação hospitalar em Okęcie, e de seu posto avançado no extremo sul Irena continuou trabalhando para o Żegota até o último momento. Naquele inverno, finalmente, a ferida na perna de Irena sarou, uma das feridas tratadas na estação hospitalar, apesar de ainda mancar devido ao dano causado pela tortura da Gestapo.

Apesar da "libertação" de Varsóvia pelos soviéticos, a guerra, claro, continuaria por meses pela Europa. Mas em Varsóvia tudo o que restou foi contabilizar as mortes, e o medo viria em seguida. Centenas de milhares estavam nos campos de concentração e em complexos de prisioneiros de guerra distante de casa. Inacreditáveis 15% da população pré-guerra polonesa — 6 milhões de pessoas — haviam morrido. Também morreram 90% da população de judeus do país. No fim de 1944, Basia, a mulher do dr. Adolf Berman, escreveu em seu diário sobre o que significou compreender, enfim, a escala de destruição: "Mesmo depois da liquidação final [do gueto], nos agarramos a contos de fadas sobre *bunkers* clandestinos e abrigos sofisticados nos quais centenas de pessoas estão supostamente vivendo. Então, nos iludimos de que estão nos campos e vão retornar para as ruínas cantando vitória quando o pesadelo terminar".[18] Havia perigosamente poucos sobreviventes. Muitas vítimas eram crianças. No início da guerra, havia uma estimativa de 3,4 milhões de judeus vivendo na Polônia, dos quais 1 milhão era criança. Segundo o memorial Yad Vashem, desse milhão, apenas 5 mil crianças sobreviveram à guerra e ao massacre final da revolta na Polônia.[19] A estimativa talvez seja baixa, alguns historiadores a retrucam. Dobre. Triplique. As estimativas continuam sendo devastadoramente pequenas.

E havia, de fato, um "abrigo sofisticado" no qual milhares de judeus meninos e meninas ainda *estavam* vivendo: um abrigo com uma equipe de dezenas de voluntários, na maioria das vezes apenas pessoas dignas e corajosas, que se espalharam pela cidade e protegeram os "filhos de Irena". Das crianças que sobreviveram em Varsóvia, Irena e sua rede salvaram a maior parte.

Nas primeiras semanas depois da libertação pelos soviéticos, Irena encontrou Rachela de novo por acaso em uma rua de Varsóvia. Foi uma situação que mais tarde revelou algo essencial para Irena sobre o que significou, como testemunha e sobrevivente, tentar dar sentido a uma existência nas décadas que se seguiram. Ao se encontrarem no meio da terra devastada em que Varsóvia havia se transformado, as duas mulheres se abraçaram por um longo tempo. "Sobrevivemos àquele inferno", disseram uma à outra, rindo. Então Irena viu que Rachela estava chorando. Nunca tinha visto Rachela chorar antes, Irena lembrou. Ela olhou para amiga e Rachela olhou para ela com tristeza. "Meu nome agora", ela explicou para Irena, "é Karolina. Apenas Karolina. A Rachela morreu no gueto, Irena. Stanisław não sabe que ela existiu." Irena assentiu com a cabeça, circunspecta. Ela entendeu. Parte dela também morreu no gueto. E também morreu parte de todos os sobreviventes que combateram.

Agora, Rachela disse, ela e Stanisław tinham um bebê — uma menininha —, e tudo que havia a fazer era tentar ter um futuro. Torturar-se pelo passado poderia significar apenas reviver toda a dor. Rachela era uma mulher jovem e vibrante, as adversidades e as privações não destruíram sua disposição. Ela era resiliente e alegre por natureza. Mas, como tantos em Varsóvia, Rachela enterrou a outra vida completamente. "Nunca mais ela falou sobre aquelas coisas de novo", Irena disse mais tarde.[20] Mas, quando as mulheres se despediram na rua, as mãos se tocaram suavemente, e a amiga se virou para ela: "De vez em quando, Irena, você vai se lembrar da Rachela?". Irena prometeu que iria.

17
Como as histórias terminaram

Varsóvia, 1945 – 1947

ATÉ A PRIMAVERA DE 1945, Adam e Irena ficaram em Okęcie com Maria Palester e a dra. Rudolfowa. Até o fim da guerra na Europa, passariam meses, mas em março a missão nas casernas militares estava mudando. O que era necessário naquela época não era mais um hospital de campo, mas uma casa para milhares de órfãos de guerra. Maria e a dra. Rudolfowa abriram as portas das instalações para jovens sem casa e permaneceram como novas diretoras.

Em março, Adam e Irena foram para casa em Varsóvia juntos. Para eles, o fim da guerra — depois de tantos falsos começos e interrupções — foi o verdadeiro início da vida deles a dois e da tão aguardada história de amor. A história de amor que antes havia sido desorganizada e caótica. O coração humano não é simétrico ou arrumadinho também, mas se desdobra em voltas e nós.[1] E os laços que conectaram Adam e Irena, e a paixão que ainda queimava em ambos, estavam fortes como nunca. Havia desafios à frente. A guerra tinha deixado cicatrizes e traumas, alguns marcados na mente, outros no corpo. E havia Mietek; o que ela iria dizer se ele voltasse para casa em Varsóvia? Mas Irena amava Adam, e era isso que queria. Então, quando por fim foram morar juntos, a vida começou de novo. Adam — que nunca mais usou seu nome, mas, em vez disso, Stefan, o nome dos documentos de identidade falsos que Irena conseguiu para salvá-lo — voltou para valer à tese de doutorado e mergulhou nos livros e no estudo de história antiga. Irena, em contrapartida, dirigiu sua energia para fora. Voltou ao trabalho no Departamento de Assistência Social da cidade e se dedicou a reconstruí-lo. Foi logo nomeada como diretora-geral dos serviços sociais. Uma de suas primeiras medidas como diretora foi estabelecer um laço formal de cooperação com o orfanato em Okęcie e com Maria Palester.

Depois de uma longa e sombria estação, finalmente havia boas notícias. As perdas ficaram para trás, e Adam e Irena podiam a partir de então se alegrar juntos com as histórias de sobrevivência. Helena Szeszko estava viva quando o campo de Ravensbrück foi finalmente liberto, e ela voltou para casa em Varsóvia. O dr. Hirzsfeld e a professora Radlińska sobreviveram. Izabela Kuczkowska, Irka Schultz, Władysława Marynowska, Janka Grabowska, Stanisław Papuziński — todos viveram para ver a libertação da Polônia. Stanisław recuperou os filhos órfãos de mãe das casas adotivas e dos orfanatos e reconstituiu sua família. Marek Edelman — o jovem rapaz que trabalhou ao lado de Ala e de Nachum na clínica médica em Umschlagplatz e liderou um levante heroico no gueto — foi enaltecido como herói. Ele continuou os estudos para se tornar médico. Gostamos de imaginar que fazendo assim ele estava se lembrando de Ala e de Nachum.

Irena e Adam acrescentaram à família duas meninas judias adotadas, incluindo a favorita, Estera. A casa ficou cheia, o apartamento era pequeno, mas Irena queria urgentemente ser mãe. Estera ficou com eles por muitos anos e se lembra de sua adolescência, como Adam e Irena foram amorosos e protetores. Adam passava horas com Estera ajudando-a nas lições de casa e atuando como um tutor. Ele sempre adorou ensinar.

E os outros "filhos" de Irena? Teodora, a mulher do querido amigo Józef Zysman, recuperou o pequeno Piotr do orfanato no qual ele havia sido escondido em segurança. Irena nunca esqueceu as palavras de Józef quando ele lhe entregou Piotr para salvá-lo: "Eduque-o para ser um bom homem e um bom polonês".[2] Teodora manteve a promessa. O primo de Piotr, Michał Głowiński, foi outro pequeno sobrevivente, e a mãe também o encontrou no orfanato em que Irena o tinha protegido.

Stanisława Bussold e o marido aprenderam a amar a bebê Bieta — agora uma criança que já aprendia a andar — e a adotaram. "Minha certidão de nascimento é uma colherinha de prata com meu nome e a data de nascimento gravados nela, um objeto salvo de uma criança salva", ela diz.[3] Mas Elżbieta também honra a bela infância que os pais adotivos lhe proporcionaram. Ela procurou, mas nunca encontrou a conta bancária na Suíça na qual a fortuna da família Koppel talvez ainda esteja esperando por ela.

Katarzyna Meloch, a menina de dez anos que Julian Grobelny e o velho pastor entregaram aos cuidados de Irena, perdeu o pai e a mãe muito antes de a guerra terminar. Mas, depois do conflito, uma tia a encontrou. "Se a tia não tivesse visto o endereço em um pacote enviado para mim no centro de assistência", Katarzyna conta, "não teria me encontrado tão fácil."[4] Mesmo tantas décadas depois, Katarzyna continua sendo perseguida pelas memórias do gueto. Depois da guerra, ela se formou como jornalista. "[Mas] ainda sou incapaz de escrever sobre minha passagem pelo gueto de Varsóvia", ela diz. "Vi corpos cobertos com folhas de papel. Eram partes permanentes da paisagem."[5] E sempre se lembra do heroísmo e da trágica perda de sua "tutora" da época, Jadwiga Deneka.

Depois da guerra, a filha de Ala, Rami Gołąb-Grynberg, reencontrou-se com o tio, Sam Gołąb (Golomb), e a mulher, Ana, e se tornou enfermeira e mãe.[6] Hoje ela é avó. Continuou amiga de Elżbieta, a filha de seus protetores durante a guerra, Jadwiga e Janusz Strzałecki, , que ajudou Irena em sua rede de crianças.

Um punhado de histórias entre milhares. E, enquanto muitas, como Rachela, superavam o passado ao enterrá-lo, havia uma coisa que Irena precisava desenterrar. Na primavera de 1945, não muito tempo após Irena e Adam retornarem a Varsóvia juntos, Irena e Janka se encontraram em uma tarde quente e ensolarada nas ruínas do antigo quintal da casa de Jaga para procurar os registros enterrados com os nomes, os endereços e as identidades verdadeiras das 2.500 crianças judias. Elas tinham uma pá pesada. Era meio-dia, e as mulheres vestiam botas resistentes para retirar tijolos e entulho. A casa havia sido destruída na revolta, e desde então pilhada, e o jardim era um emaranhado de metal retorcido e vegetação rasteira. Em 1945, Varsóvia estava sombria e sem árvores.[7] Naquele dia, elas procuraram por horas, mas foi inútil. As listas, junto com os diários de guerra de Irena e os livros de contabilidade, como tudo o mais na cidade, estavam perdidos para sempre, eliminados no inferno e na devastação da Revolta de Varsóvia.[8]

Irena e sua equipe, contudo, não se sentiram desencorajadas. As mulheres começaram a recriar grandes trechos da lista a partir das memórias compartilhadas. As listas nunca chegaram a ficar completas. Irena admitiu abertamente que com certeza elas não se lembraram de todos os nomes das crianças. A lista reconstruída foi datilografada com cuidado na velha máquina de Jaga, protegida das ruínas. Quando os nomes estavam organizadamente catalogados, Irena entregou a lista para Adolf Berman, seu colega no Żegota e atual chefe do Comitê Central dos Judeus na Polônia no pós-guerra.[9] Em 1945, Adolf Berman levou a lista para a Palestina, na época, e hoje está guardada no arquivo israelita em respeito à privacidade de milhares de famílias.

"Deixem-me dizer enfaticamente que nós, que estávamos resgatando crianças, não somos nenhum tipo de herói", Irena insistiu para os que queriam celebrar suas ações.[10] "De fato, esse termo me irrita enormemente. O oposto é verdadeiro — continuo a ter crises de consciência por ter feito tão pouco." Irena trabalhou durante décadas ajudando a reintegrar "suas" crianças às suas famílias.

Jaga Piotrowska e Jan Dobraczyński fizeram uma lista própria das crianças judias que passaram por orfanatos católicos durante a guerra e que haviam recebido novas identidades, mas aqui a história segue outro caminho, diferente do caminho de Irena.[11] "A percepção de que me comportei de forma respeitosa e digna" foi algo que Jaga, segundo ela disse mais tarde, prezava. Mais de cinquenta judeus passaram por sua casa nos anos da ocupação, e ela agiu com imensa e verdadeira coragem. Mas teve também, disse Jaga, "uma ferida profunda em meu coração... Quando a Polônia foi libertada em 1945, organizou-se uma comunidade judaica", Jaga explica, "e Janek Dobraczyński e eu fomos até lá entregar a lista das crianças salvas".[12] Os líderes da comunidade judaica ainda se lembravam da conversa com Jan Dobraczyński. O dr. Adolf Berman citou o que Jan disse quando os pais judeus estavam fracos, que as próprias crianças iriam decidir seu destino quando fossem mais velhas. "Você as batizou e as tornou cristãs", ele retorquiu. "Na conversa", Jaga contou, "nos disseram que tínhamos cometido um crime roubando centenas de crianças da comunidade judaica, batizando-as e arrancando-as da cultura judaica... Saímos de lá completamente destruídos."[13] Quarenta anos depois, Jaga ainda se debatia com sua consciência.

O fim da guerra também suscitou outras questões prementes em Adam e Irena. O que fazer em relação ao casamento dela com Mietek? O que fazer em relação à esposa de Adam?

No fim de 1946, a questão assumiu certa urgência. Irena estava grávida de cinco meses de uma filha com Adam quando Mietek voltou para a Polônia de um campo de prisioneiros de guerra na Alemanha.[14] O que ele poderia fazer? Divorciaram-se rapidamente. Adam precisou cuidar de alguns assuntos complicados antes de poderem se concentrar em um recomeço. Tudo o que se sabe com certeza sobre seus problemas particulares é que Irena continuou amiga da mulher dele depois do divórcio, e que, por razões que, podemos imaginar, têm a ver com a vida amorosa pouco ortodoxa de Adam, a mãe judia, Leokadia, ficou furiosa.[15]

Em 1947, após se amarem às vezes com paixão e às vezes sem esperanças por mais de uma década, Adam e Irena finalmente se casaram em uma pequena cerimônia polonesa. Em 31 de março de 1947, Irena deu à luz a primeira filha, uma menininha chamada Janina em homenagem à sua mãe. Em 1949, tiveram um segundo filho, Andrjez, que morreu ainda criança, e, alguns anos depois, outro menino, Adam.

Irena continuou comprometida com o trabalho, inabalável. Devotou sua paixão zelosamente como sempre ao Departamento de Assistência Social. Nos anos seguintes, trabalhou lado a lado com Maria Palester no orfanato em Okęcie, e até o fim de sua longa vida, manteve as portas abertas para qualquer uma das 2.500 crianças. Ela tinha sido, disse uma das testemunhas, "a estrela mais brilhante no céu negro da ocupação",[16] e a estrela continuou brilhando.

Coda
O desaparecimento da história de Irena Sendler, 1946-2008

Se fosse um conto de fadas ou um filme, este seria o fim da impressionante biografia de Irena Sendler. Leríamos que os traumas de guerra passaram por ela de raspão, que seu heroísmo discreto foi comemorado em toda a Polônia, e eu contaria que você nunca ouviu essa história porque se passou em um país distante.

Mas a vida depois da guerra, na Varsóvia comunista, não foi fácil, especialmente para os que tinham lutado pela liberdade da Polônia na resistência. Ao longo dos anos de 1940 e 1950, o Estado soviético perseguiu os participantes da Revolta de Varsóvia e os que tinham recorrido aos Aliados para obter recursos, como o Żegota. Muitas pessoas com as quais Irena havia trabalhado foram visadas, e a própria Irena vivia sob risco e constante suspeita. Não foi o fim do antissemitismo, e havia razões para que muitos judeus sobreviventes mantivessem o silêncio. Nomes foram mudados. A história foi reescrita.

Por isso a história foi enterrada, a não ser no grupo mais íntimo de colaboradores. Era muito arriscado falar sobre o que haviam feito juntos. Irena ficou devastada quando — depois de décadas como ativista de esquerda e uma vida inteira como socialista — o partido comunista dirigente a puniu, visando seus filhos, para os quais foram negadas oportunidades de educação na Polônia do pós-guerra. Apenas entre os antigos amigos Irena falaria sem restrições sobre o passado. Às vezes ela procurava Rachela — a única amiga judia dos tempos da escola, além de Adam e de Regina, a sobreviver ao levante do gueto. "Há épocas em que ela me evita", Irena escreveu sobre essa grande amizade do pós-guerra. "Às vezes ficamos dois ou três anos sem nos ver. Nesses períodos, ela tenta esquecer o passado, pelo menos um pouco, e aproveitar a realidade do presente. Mas às vezes ela o supera com a saudade das pessoas amadas que perdeu, de seus pais, de seus irmãos e irmãs e do ambiente em que cresceu. É quando ela me visita."[1] Nesses dias, Irena era assolada por uma verdadeira enxurrada de lembranças de Ewa, Józef, Ala, dr. Korczak e de todas as crianças perdidas. E, durante o sono, os pesadelos com as crianças e com os que morreram, mesmo décadas após a guerra, a assombravam. "Nos meus sonhos", Irena disse, "ainda ouço o choro delas ao deixarem os pais."[2]

Quando Adam Celnikier morreu de um problema no coração em 1961, com pouco mais de quarenta anos, Irena enterrou também sua vida amorosa tumultuosa — que já havia terminado em divórcio e testemunhado a morte de um dos três filhos.[3] Devastada por uma série de perdas após a guerra, ela se dedicou ardentemente à religião pela primeira vez desde a adolescência, e a volta ao catolicismo foi quase com certeza o fator que motivou a decisão de se casar de novo com Mietek Sendler naquela década. Foi também uma das razões de, aos oitenta e aos noventa anos, como idosa devota, Irena passar um verniz em certas situações complexas do relacionamento pouco convencional deles durante a guerra.

Era impossível falar sobre a história de Irena na Polônia comunista. Depois da guerra, muitas crianças e bebês que Irena e sua rede de amigas ajudaram a salvar do gueto foram morar em Israel, Estados Unidos ou Canadá, e na metade dos anos 1960 o mais novo deles tinha por volta de vinte anos. No Ocidente, a vida dos "filhos de Irena" estava se estabilizando, e eles estavam crescendo. Em 1965, com base no conjunto crescente de testemunhos — e especialmente no testemunho de guerra de Jonas Turkow —, o Yad Vashem, organização em memória do Holocausto em Israel, premiou Irena Sendler com a sua mais alta honraria.[4] Acrescentaram seu nome à lista dos que são "Justos entre as Nações" e em sua honra plantaram uma oliveira no Monte da Recordação. Segundo a tradição judaica, em cada geração há um minúsculo número de pessoas cuja bondade renova o mundo inteiro em face do mal, e Irena foi mencionada entre eles. Mais tarde, foram também Jaga Piotrowska, Maria Kukulska,[5] Irka [Irena] Schultz, Maria Palester, Jadwiga Deneka, Władysława Marynowska, Janka Grabowska, Julian e Halina Grobelny, e até Jan Dobraczyński. Os soviéticos, entretanto, recusaram-se a liberar o passaporte de Irena na ocasião, e ela não pôde viajar para Jerusalém para receber a homenagem. Irena havia sido considerada dissidente ocidental de moral corrompida e ameaça pública.

Por isso a história, na Polônia, sumiu de novo da memória. No fim dos anos 1970, muitos dos que tinham sobrevivido à guerra estavam desaparecendo. Um dia, em 1979, Irena, Iza e Jaga se encontraram com outra mulher da antiga rede e juntas escreveram uma declaração que registrou a história da impressionante colaboração das mulheres quando jovens para a posteridade. Na declaração se lê: "Estimamos (hoje, após quarenta anos, é difícil determinar exatamente) que o número de crianças que o Żegota salvou de várias maneiras seja de cerca 2.500 crianças".[6] Irena sempre foi enfática ao dizer que ela não as salvou sozinha. "Toda vez que as pessoas diziam que ela salvou a vida de 2.500 crianças judias", Yoram Gross — o menino da guerra conhecido como Jerzy — lembra, "ela as corrigia, dizendo que não sabia o número exato e que ela salvou as crianças junto com amigas que a ajudaram."[7] E como Irena disse no fim da vida: "Quero que todos saibam, enquanto eu estava coordenando nosso trabalho, éramos cerca de vinte a 25 pessoas. Não fiz isso sozinha".[8] Depois da guerra, ao fazer a lista das pessoas em Varsóvia que participaram da rede para ajudar as famílias judias a salvarem seus filhos, Irena encheu catorze páginas, foram dezenas e dezenas de nomes na verdade.[9] Irena nunca esqueceu que ela foi apenas um membro de um esforço coletivo amplo de dignidade. Ela não queria que o mundo esquecesse também.

Na conferência internacional sobre os salvadores do Holocausto e suas histórias, naquele mesmo ano, em 1979, bem quando estavam sendo reveladas e debatidas diversas pesquisas sobre as histórias enterradas dos "Justos", o professor Friedman ficou em pé diante de um auditório de ouvintes e disse que acreditava que centenas de histórias inspiradoras viriam à luz na Polônia. "Se soubéssemos", ele disse para a multidão naquele dia, "os nomes de todas as pessoas nobres que arriscaram a vida para salvar os judeus, a área ao redor de Yad Vashem ficaria repleta de árvores e viraria uma floresta."[10] Mas não foi antes do início da Glasnost, no fim dos anos 1980, quando Irena tinha cerca de setenta anos, que ela conseguiu encontrar em Israel, cara a cara, com muitas das crianças cujas vidas salvou. As cenas dos reencontros foram inspiradoras e comoventes. Essas crianças apenas a conheciam — quando a conheciam, pois eram ainda bebês ou crianças — como "Jolanta". Ela foi, no entanto, o último rosto de suas infâncias.

Só foi possível contar a história na Polônia finalmente após o fim da Guerra Fria, não antes de 1990. A história foi recuperada por um grupo de crianças de uma escola americana e por sua professora de história, no Kansas, transformada em matéria de jornal por um dos principais grupos de imprensa americana e no livro de memórias *A Life in a Jar* [A vida em uma garrafa]. Na ocasião da virada do milênio, quando a verdade foi contada, comemorada enfim e relembrada coletivamente, Irena era uma das últimas sobreviventes da rede, já com cerca de noventa anos, e partes da verdade já haviam se perdido na história. "Só consigo recorrer às memórias gravadas na minha mente por meio dos acontecimentos daqueles dias", Irena disse ao colocar, décadas depois da guerra, sua história no papel.[11]

Em 2003, algumas das crianças que Irena Sendler ajudou a salvar escreveram uma carta coletiva, indicando-a para o Prêmio Nobel da Paz.[12] Elas indicaram Irena Sendler de novo em 2007, e o assunto ganhou força. A imprensa ao redor do mundo começou a olhar para a história. O comitê do Prêmio Nobel da Paz nomeou naquele ano Al Gore por seu trabalho sobre o aquecimento global, mas poucos duvidavam de que chegaria a vez de Irena Sendler a receber o título. Entretanto, Irena ignorou, com irritação, a conversa sobre prêmios e honras. "Heróis", ela disse, "fazem coisas extraordinárias. O que eu fiz não foi extraordinário. Foi comum."[13] Em seus sonhos, ela vivia com o fantasma dos que não conseguiu salvar, com os rostos dos que morreram.

E o tempo agora era curto e precioso. Em 2008, aos 98 anos, tendo testemunhado não só a maior parte do século, mas também a vida de milhares que sobreviveram por causa de seu inabalável senso moral, Irena Sendler morreu em paz em Varsóvia, cercada por vários de "seus" filhos. Está enterrada em um cemitério arborizado em Varsóvia, no meio de um bosque de árvores onde, no outono, as folhas caem delicadamente, e, talvez seja sinal de sua notoriedade, sempre no dia 1º de novembro, seu singelo túmulo é iluminado com velas e fica apinhado de pequenos buquês de flores. E não é apenas em novembro que se encontram pequenas velas votivas acesas. No silêncio da floresta polonesa, onde o canto dos pássaros ainda dá as boas-vindas para os que o ouvem, a chama de sua memória flameja discretamente nas sombras, relembrada. Na lápide do túmulo há apenas as datas de nascimento e morte, e o nome de seus pais. Mas, se pudéssemos escolher um epitáfio mais sofisticado, quem sabe gravássemos as palavras de Mahatma Gandhi, que uma vez disse: "Um pequeno grupo de almas determinadas, inflamado por uma fé inabalável em sua missão, pode mudar o curso da história".[14] Assim foi o grupo de Irena e suas amigas, e esta é a história delas.

Posfácio
Comentários da autora sobre Os filhos de Irena

O que aconteceu em Varsóvia durante a ocupação dos alemães e o que esse grupo de pessoas — lideradas por Irena Sendler — alcançou são, em qualquer medida, uma história impressionante, com todos os elementos de uma excelente ficção. Este livro, entretanto, é um trabalho essencialmente de não ficção. Minhas fontes foram os extensos registros, que incluem as memórias escritas à mão por Irena Sendler e suas entrevistas gravadas, os testemunhos das crianças que ela salvou e das pessoas com quem trabalhou (e de seus filhos), memórias e biografias das pessoas cujas histórias cruzam com as dela, entrevistas publicadas, conversas particulares, trabalhos acadêmicos sobre a Varsóvia ocupada, visitas pessoais aos lugares descritos e extensa pesquisa nos arquivos em Varsóvia, Berlim, Londres, Nova York e Jerusalém.

Frequentemente, entretanto, como acontece com qualquer "célula" secreta, os registros históricos são inconciliáveis, ou algumas meadas da história têm lacunas. Há aspectos da história que eram perigosos demais para registrar nos anos seguintes à guerra, sobretudo durante o período comunista da Polônia, e há casos em que os depoimentos foram necessariamente seletivos. A própria Irena às vezes escreveu — especialmente sobre Adam — usando nomes codificados que precisaram ser decifrados, e há a questão sobre o equilíbrio entre a verdade da indiscrição juvenil e os casos de conversão religiosa tardia. Existem as histórias sobre as mortes gloriosas que queremos contar para nosso próprio propósito emocional. Acima de tudo, há as memórias concorrentes, contadas décadas depois, de testemunhas múltiplas de uma situação única que foram, por necessidade, apenas vagamente compreendidas mesmo na hora em que foram vividas, e há um rastro de tudo que foi perdido no processo de tradução nas reportagens e nas transcrições de entrevistas publicadas.

Nem todos quiseram que sua história durante os anos complicados que se seguiram à libertação de Varsóvia fosse contada — por mais heroica que tenha sido —, e sobre esse assunto não tenho a intenção de ser abrangente. Mostro algumas das histórias não contadas e os nomes rejeitados desta história (apesar de nem sempre rejeitados em outras) nas notas deste livro. Alguns dos colaboradores mais importantes de Irena — homens e mulheres como Wanda Drozdowska-Rogowicz, Izabela Kuczkowska, Zofia Patecka, Róża Zawadzka, Wincenty Ferster, Jadwiga Bilwin e Helena Merenholc, entre outros — são mencionados apenas de passagem, ou nem isso. Quase sempre pelo simples motivo de não ter conseguido encontrar informação suficiente sobre suas vidas e atividades durante a guerra. Também porque não há como contar em um livro a história de vinte ou trinta heróis e fazer justiça a todos eles. Mas Irena considerava esses homens e mulheres entre os mais destemidos colaboradores.

Quero dizer, também, que esta biografia trata apenas da parte inicial da vida de Irena Sendler. Não faço a tentativa de documentar as experiências bastante complexas de suas vidas familiar, romântica e política, que moldaram sua longa existência depois de 1945, a não ser em uma breve coda. A história do stalinismo e do pós-stalinismo na Polônia foi um tipo próprio de Holocausto, e Irena enfrentou outro conjunto de perigos e repressões nesse período.

Em todas as ocasiões, tive que ponderar sobre a veracidade de um conjunto de informações em relação a outro e fazer inferências satisfatórias com base no bom senso, na avaliação de motivações particulares e em um corpo inteiro de provas. Quando me pareceu clara, apesar das lacunas, a coerência de fatos disparatados e em como eles estavam conectados um ao outro, baseado no que é conhecido do contexto e da reputação da pessoa em questão, eu contei a história sem validações adicionais, porque acredito que deve ter acontecido. Isso incluiu, em alguns casos, extrapolar o contexto histórico para estabelecer a ordem dos acontecimentos e os detalhes específicos de conexões e encontros entre pessoas cuja identidade não foi especificada na célula. As informações foram, em todos os casos, baseadas em pontes entre fatos conhecidos, mas, onde há brechas nessas pontes — e algumas brechas são importantes —, fiz um salto de inferência com base em meu melhor julgamento e no amplo conhecimento do período e das pessoas sobre as quais escrevo. Outro autor talvez tenha contado uma história diferente baseada nessa mesma ponte. Para qualquer leitor interessado em seguir meus passos e chegar às suas próprias, apesar de diferentes, conclusões, minha pesquisa pode ser encontrada nas notas das páginas finais, e são bem-vindas correspondências de leitores enviadas para o meu endereço de *e-mail* na instituição acadêmica em que trabalho.

Para contar essa história, tomei apenas mais liberdade em relação aos arquivos e às fontes históricas. Em vários momentos, ofereci uma ideia dos próprios pensamentos e sentimentos de um personagem ou apresentei uma reestruturação dos diálogos. Isso quer dizer que algumas falas não foram ditas ou não existem nos registros históricos exatamente como foram reproduzidas aqui. Essas passagens, ao contrário, são baseadas em extrapolações de pontes factuais, como foi observado acima, ou são baseadas no meu sentido de compreensão da personagem e das personalidades desses indivíduos após extensa pesquisa e reunião de recordações sobre eles. Quase sempre o trabalho de extrapolação e reconstrução histórica é necessariamente fragmentado. Ao descrever, por exemplo, a noite de Ano-Novo em 1942, os materiais usados para construir a cena foram desde uma velha fotografia de amigos tirada naquela noite e recordações de umas das testemunhas do apartamento de Kukulska, até informações históricas sobre as tradições polonesas de Ano-Novo, outras memórias sobre a Segunda Guerra Mundial e tudo o que sabemos sobre as personalidades das pessoas presentes e das relações entre elas. Em outros casos, Irena registrou em suas memórias as palavras precisas do que foi dito a ela em uma conversa, mas resumiu o conteúdo de sua resposta a essas palavras em vez de especificar a linguagem. Modifiquei em alguns casos, também, o testemunho ocular do tempo passado para o tempo presente, para contar a história enquanto as pessoas a estavam vivendo. E ao escrever a partir da perspectiva de um determinado personagem para narrar o que ela ou ele teria visto ou vivido, em especial em cenas que recriam situações e lugares em Varsóvia, vali-me extensivamente de fotografias históricas, outros relatos de testemunhas oculares, mapas e história oral. Minhas principais fontes estão referidas do começo ao fim, e todas elas estão listadas nas referências bibliográficas.

Isso é história, através de um espelho escuro,* com todos os perigos relacionados à imensa escuridão que foi o Holocausto na Polônia durante a Segunda Guerra Mundial e às décadas do governo comunista que se seguiram. Em todos os casos, usei o bom senso como historiadora e acadêmica, e então prossegui contando a história de um grupo impressionante de homens e mulheres que salvou da escuridão milhares de crianças.

---

* Em inglês, *"through a glass darkly"*, provavelmente uma citação do versículo da primeira epístola do apóstolo Paulo à Igreja em Corinto, na Grécia, provavelmente no ano 55 d.C. (1Cor. 13,12: "Hoje vemos como por um espelho, confusamente; mas então veremos face a face. Hoje conheço em parte; mas então conhecerei totalmente, como eu sou conhecido".) (N. T.)

Agradecimentos

Talvez, mais do que qualquer outro livro que escrevi, este seja o que tenho mais consciência da imensa dívida que contraí com as pessoas ao contar aqui suas histórias. Quero começar agradecendo às crianças — que não são absolutamente mais crianças — por revisitar o passado comigo e compartilhar suas experiências. Na Associação das "Crianças do Holocausto" na Polônia, quero agradecer a Elżbieta Ficowska, Marian Kalwary, Katarzyna Meloch e Joanna Sobolewska por conversarem comigo. O falecido Yoram Gross, que se foi quando este livro estava entrando em produção, compartilhou comigo por *e-mail* suas recordações de Irena e de sua infância, e Janina Goldhar dividiu comigo suas recordações da família Palester e de sua juventude na Polônia. Em Varsóvia, tive a sorte de falar com Andrzej Marynowski e Janina Zgrzembska. Muito obrigada à família de Ala Gołąb-Grynberg, que generosamente compartilhou informações e fotografias. Também quero agradecer as informações, conversas, contatos ou críticas que contribuíram para este livro a todos os queridos integrantes da turma dos "Cockneys" (vocês sabem quem são), bem como a Mirosława Pałaszewska, família Nalven, Aviva Fattal-Valevsk, Avi Valevski, Warren Perley, Les Train, David Suchoff, Anna Mieszkowska, Aleksander Kopiński, Emmanuel Gradoux-Matt, Erica Mazzeo, Charlene Mazzeo, Mark Lee, Halina Grubowska, Mary Skinner, Stacy Perman, Axel Witte, Mark Anderson e Klara Jackl, do Museu da História dos Judeus Poloneses. Pela assistência de pesquisa e tradução, sou grata a Marta Kessler, Zofia Nierodzinska, Olek Lato e Phillip Goss, e preciso agradecer imensamente à minha primeira parceira de pesquisa e tradutora em Varsóvia, a doutoranda Maria Piatkowska, da Universidade de Varsóvia — sem ela o livro simplesmente não poderia ter sido escrito.

De novo, devo calorosos agradecimentos à minha agente literária, Stacey Glick, que viabiliza todas as coisas; ao meu fabuloso agente cinematográfico, Lou Pitt; e à minha editora na Gallery Books, Karen Kosztolnyik, cujo olhar tornou este livro possível. Também quero agradecer à equipe da Gallery Books: Louise Burke, Jennifer Bergstrom, Wendy Sheanin, Jennifer Long, Jennifer Robinson, Liz Psaltis, John Vairo e Becky Prager o apoio extraordinário.

E por último, mas não menos importante, ofereço a mais profunda gratidão ao meu marido, Robert Miles, a quem fundamentalmente dedico este livro. A citação que abre este livro é do *Rei Lear*, de Shakespeare, uma peça — como a história de Irena Sendler —, no fundo, sobre o que ganhamos e o que perdemos e a precariedade das condições de amadurecimento em meio à morte. Não tem preço poder gozar da harmonia durante os longos dias de escuridão que passei lendo e escrevendo sobre morte e perseguição de crianças, e da alegria radiante oriunda do amor e da família, e sou enormemente afortunada por dividir a vida com um marido que é o melhor de todos.

Este livro teve o apoio generoso da cátedra Clara C. Piper e do Colby College, de cujo corpo docente tenho o privilégio de fazer parte, e fui auxiliada neste projeto pelas equipes de instituições como o Instituto Histórico Judaico, o Museu da História dos Judeus Poloneses e o Instituto da Memória Nacional, em Varsóvia; o Yad Vashem, em Jerusalém; a biblioteca da Universidade da Colúmbia Britânica, no Canadá; e a Biblioteca Pública de Nova York, nos Estados Unidos.

PERSONAGENS

A rede de Irena

O grupo Radlińska de Irena

Ex-alunos da professora Helena Radlińska, alunos do departamento da professora universitária na Universidade Livre da Polônia em 1930 ou profissionais do departamento de bem-estar social em Varsóvia. Todos faziam parte da rede de colaboradores de Irena.

Professora Helena Radlińska, renomada docente da Universidade Livre da Polônia, judia de nascimento, pioneira nas áreas do serviço social e da assistência social na Polônia. Despertou profundo sentimento de lealdade nos alunos, muitos dos quais mulheres, e, quando a guerra começou, organizou células de resistência para a clandestinidade — talvez até mesmo a de Irena.

Ala Gołąb-Grynberg, judia, enfermeira-chefe no gueto de Varsóvia e heroína de guerra de primeira ordem; casada com Arek Grynberg, agente na resistência judaica; prima, pelo lado do marido, de **Wiera Gran**, acusada de ser traidora do povo judeu. Ala e **Nachum Remba** resgataram centenas de judeus da deportação para Treblinka no verão de 1942, e, por isso, ela foi chamada de "Fada Madrinha de Umschlagplatz" pelas famílias agradecidas. Trabalhou também com **Jan Dobraczyński**, **Helena Szeszko** e **Władysława Marynowska** no Lar de Crianças Padre Boduen, colaborando diretamente com Irena e Adam no resgate de crianças judias do gueto, retirando-as de lá e levando-as para abrigos seguros. Depois do levante do gueto, Ala foi enviada para o campo de trabalhos forçados em Poniatowa e continuou lutando. Foi integrante da rede, apoiada pela organização Żegota, que planejou o levante e a fuga em massa da prisão.

Ewa Rechtman, uma das amigas mais próximas de Irena na Universidade Livre da Polônia, trabalhava com órfãos no gueto e coordenava o grupo de jovens da rua Sienna. Durante as deportações em massa de 1942, Irena e sua rede se empenharam desesperadamente para salvá-la.

Dr. Janusz Korczak, professor na Universidade Livre da Polônia, líder cívico do serviço social e da educação infantil em Varsóvia no período anterior à guerra, coordenava o orfanato do gueto, onde Irena era querida e visita frequente; o velho doutor morreu em Treblinka junto com quase duzentas crianças judias — incluindo a maioria das 32 crianças que **Jan Dobraczyński** tinha devolvido para o gueto contra o desejo de Irena.

Zofia Wędrychowska, bibliotecária pública, ligada à esquerda política radical, mãe de quatro crianças, e ex-aluna da **professora Radlińska**. Com seu parceiro e pai das crianças, **Stanislaw Papuziński**, foi figura-chave em uma das células de resistência da professora. Vários "filhos de Irena" foram escondidos na casa de Zofia, deixando a família em perigo constantemente.

Irena "Irka" Schultz, profissional graduada, colega de trabalho no Departamento de Assistência Social e uma das ex-alunas brilhantes da **professora Radlińska**. Foi uma das primeiras conspiradoras da rede de Irena, ajudando-a a salvar a vida de dezenas de crianças judias; dizia-se que ninguém era melhor do que Irena Schultz para contrabandear crianças para fora do gueto.

Józef Zysman, judeu, advogado voluntário da **professora Radlińska**, velho amigo de Irena. Foi preso no gueto com a mulher, Teodora, e com o filho pequeno, **Piotr Zysman**. No gueto, Józef e Irena tramaram juntos em reuniões secretas da resistência.

Izabela Kuczkowska, uma das amigas mais antigas de Irena na Universidade Livre da Polônia, integrante de uma célula coordenada pela **professora Radlińska** durante a ocupação, trabalhava diretamente com **Zofia Wędrychowska**, **Stanisław Papuziński** e, principalmente, com Irena para salvar a vida de dezenas de crianças judias e apoiar a resistência polonesa.

Rachela Rosenthal, judia, professora escolar formada na Universidade Livre da Polônia, foi presa no gueto com o marido e a filha pequena. Quando sozinha, tendo sobrevivido ao verão de 1942, Rachela virou "Karolina" — uma das grandes guerreiras do levante de Varsóvia e mulher de um combatente polonês da resistência.

Maria Kukulska, professora de escola e ativista, integrante da rede de assistência social em Varsóvia ligada à Universidade Livre da Polônia. Membro confiável da rede de Irena e especialista em "disfarçar" o visual de crianças judias; escondeu **Adam Celnikier** e um médico judeu em seu apartamento-abrigo depois de terem escapado do gueto.

Jaga Piotrowska, assistente social, colega de trabalho de Irena, ex-aluna na Universidade Livre da Polônia, arriscou a própria vida e a vida da família para esconder mais de cinquenta judeus durante a ocupação. Jaga foi uma das primeiras conspiradoras na rede de Irena e uma de suas mais corajosas colaboradoras; mas, como católica devota, assim como **Jan Dobraczyński**, sua fé por fim provocou um conflito com a comunidade judaica, apesar de seu inquestionável valor.

Dr. Witwicki, psicólogo, um dos professores próximos do grupo da **professora Helena Radlińska**, prudentemente fugiu para um esconderijo quando a ocupação começou. Irena lhe entregava secretamente apoio financeiro enviado pelos amigos, e em retribuição ele esculpia bonecas judias para dar de presente às crianças do gueto.

Dr. Ludwik Hirszfeld, especialista em doenças infecciosas e primo da **professora Helena Radlisńka**, trabalhava com **Ala Gołąb-Grynberg** no gueto dando aulas clandestinas sobre assuntos médicos para estancar epidemias.

Jadwiga Deneka, professora escolar formada pela Universidade Livre da Polônia, uma das primeiras integrantes da rede de Irena, responsável, junto com o irmão, Tadeusz, por salvar a vida de inúmeras famílias judias com seus filhos. Capturada pela Gestapo em 1943, foi executada nas ruínas do gueto.

Jadwiga Jędrzejowska, amiga de Irena da época da Universidade Livre da Polônia. Irena reencontrou Jadwiga na prisão Pawiak, em que Jadwiga integrava a resistência que ajudou a salvar Irena.

Colegas de trabalho da assistência social e da equipe do padre Boduen

Colegas de trabalho e conspiradores no serviço social municipal de Varsóvia.

Janka Grabowska, assistente social, colega de trabalho e colaboradora da resistência para a rede de Irena; estava com ela na manhã em que Irena foi presa pela Gestapo. Na mesa, estavam as listas com os nomes e os endereços de muitas crianças judias. O raciocínio rápido de Janka e seu generoso sutiã foram a salvação.

Jan Dobraczyński, diretor do serviço social de Varsóvia, membro do partido político de ultradireita e católico fervoroso; apesar de, antes da guerra, ser antissemita, Jan por fim se juntou à rede de Irena para salvar crianças judias. Sua disposição para batizar crianças judias, no entanto, colocou-o, junto com **Jaga Piotrowska**, parceira próxima de conspiração, em conflito com a comunidade judaica.

Władysława Marynowska, dona de casa e assistente social no Lar de Crianças Padre Boduen em Varsóvia, juntou-se à rede de Irena quando as deportações foram aceleradas e corajosamente escondeu crianças em seu apartamento. Trabalhou com **Helena Szeszko**, **Jan Dobraczyński** e **Ala Gołąb-Grynberg**.

Dr. Henryk e **Maria Palester**, ele era católico de nascimento, convertido ao judaísmo; quando foi expulso do cargo no Ministério da Saúde, Irena apoiou a decisão da família de permanecer no lado ariano secretamente e conseguiu um emprego para Maria no Departamento de Assistência Social, necessário para que ela pudesse sustentar a família. A filha, **Małgorzata Palester**, teve um papel heroico no resgate de Irena da prisão Pawiak e sobreviveu à guerra; o filho adolescente, **Krzysztof Palester**, fez parte da célula clandestina de atentados na resistência, Parasol, que lutou bravamente no levante de Varsóvia. Irena e Adam ficaram com a família Palester e lutaram juntos até a última batalha por sobrevivência em Varsóvia.

Żegota, a resistência e os médicos clandestinos

Pessoas que se juntaram a Irena e sua rede a partir de outras divisões da resistência em Varsóvia.

Dra. Anna Sipowicz, dentista na resistência da prisão em Pawiak, ajudou Irena a trocar mensagens secretas com a organização Żegota.

Dr. Adolf Berman, psicólogo, um dos líderes do Żegota; depois da guerra, Irena entregou para ele, como líder da comunidade judaica, a lista das crianças judias salvas.

Stanisława Bussold, dona de casa de meia-idade, enfermeira, cujo apartamento foi um dos abrigos de pronto atendimento para as crianças retiradas do gueto, incluindo a bebê **Elżbieta Koppel**.

Stefania Wichlińska, uma das colegas de trabalho de Irena na assistência social, colaboradora na resistência do cofundador da organização Żegota e agente responsável por apresentar Irena ao Żegota; foi assassinada pela Gestapo antes de terminar a guerra. O marido de Stefania ajudou Irena a se esconder da Gestapo durante as primeiras semanas após escapar do esquadrão de fuzilamento na prisão de Pawiak.

Julian Grobelny, um dos líderes da organização Żegota; apesar de doente com tuberculose, Julian e a mulher, **Halina Grobelny**, tiraram inúmeras crianças judias do gueto bem antes de juntarem forças com a invencível Irena.

Marek Edelman, jovem rapaz judeu, um dos colíderes da Organização Judaica Combatente (ZOB, na sigla em polonês) que liderou o levante do gueto; Marek trabalhou com **Ala Gołąb-Grynberg** e **Nachum Remba** em Umschlagplatz na impetuosa missão de resgate instalada na pista ao lado dos trilhos do trem.

Dr. Juliusz Majkowski, integrante do corpo médico na resistência clandestina em Varsóvia e conspirador junto com a **professora Radlińska**; deu a Irena e suas primeiras colaboradoras os passes para controle epidemiológico que autorizavam a entrada e a saída do gueto.

Basia Dietrich, uma das vizinhas de Irena no condomínio de apartamentos em Wola; também coordenava uma operação para salvar crianças judias. Presa com Irena e enviada para Pawiak, a mulher dividiu a cela com Irena até sua última manhã de vida.

Dr. Leo Feiner, um dos líderes judeus da organização Żegota, recrutou Irena para a missão secreta de guiar Jan Karski em sua célebre visita ao gueto.

Jan Karski, agente do Estado Secreto Polonês, excursionou pelo gueto no verão de 1942 e tentou contar ao mundo sobre o genocídio que acontecia na Polônia; Irena foi uma de suas guias no gueto.

Helena Szeszko, enfermeira no corpo médico do Estado Secreto Polonês, ajudou a salvar crianças do gueto de Varsóvia como integrante da rede de Irena. Ela e o marido, Leon, também foram agentes em posição de liderança no Estado Secreto Polonês, responsáveis por forjar documentos de identidade.

Jerzy Korczak, um dos dois adolescentes judeus que viviam no lado ariano, seu nome de guerra era "Jurek". Tornou-se parte da família no apartamento de Maria Kukulska e testemunhou a vida íntima e o trabalho de Irena e Adam.

Yoram Gross, um dos dois adolescentes judeus que viviam no lado ariano, seu nome de guerra era "Jerzy". Tornou-se parte da família no apartamento de Maria Kukulska e testemunhou a vida íntima e o trabalho de Irena e Adam.

Família de Irena

Irena Sendler, "a Schindler mulher", organizou por toda a Varsóvia uma rede impressionante de ex-colegas de sala de aula e de trabalho, salvando a vida de milhares de crianças judias, e criou uma das células mais importantes da resistência secreta em toda a Europa ocupada.

Adam Celnikier, namorado judeu de Irena desde a época da Universidade de Varsóvia e, depois, segundo marido de Irena; fugiu do gueto com um novo documento de identidade, cujo nome era Stefan Zgrzembski, sobreviveu à guerra se escondendo no apartamento da amiga de Irena, **Maria Kukulska**. De seu esconderijo, Adam ajudou Irena em suas atividades para a organização Żegota.

Dr. Stanisław Krzyżanowski e **Janina Krżyzanowska**: a morte precoce do pai de Irena, inflamado ativista, definiu solidamente a ética moral da filha; o destino de sua frágil mãe durante a ocupação foi uma de suas grandes preocupações na guerra.

Mieczysław Sendler, "Mietek", primeiro marido de Irena, de quem ela se divorciou depois da guerra para poder se casar com **Adam Celnikier**.

Encontros no gueto

Pessoas que Irena e sua rede conheceram dentro do gueto — uma delas foi colaboradora da Gestapo, mas a maioria era adultos ou crianças judias que foram resgatadas.

Chaja Estera Stein, menina judia salva com a colaboração de **Julian Grobelny**, de um generoso, mas anônimo padre paroquial, e de Irena. Depois da guerra, com o nome de "Teresa", ela morou com Irena e com **Adam Celnikier** como filha adotiva.

Wiera Gran, nome artístico da sensual cantora de cabaré Weronika Grynberg, prima do marido de **Ala Gołąb-Grynberg**, Arek. A suposta colaboração de Wiera com a Gestapo e a traição ao povo judeu garantiram a ela uma sentença secreta de morte decretada pela resistência e a inimizade eterna da liderança da organização Żegota e de Irena.

Jonas Turkow, ator judeu, amigo de **Ala Gołąb-Grynberg** e de Irena. Ala salvou a vida de Jonas no último minuto antes da deportação para Treblinka.

Nachum Remba, funcionário do *Judenrat* que, junto com **Ala Gołąb-Grynberg**, tornou-se um dos heróis da Umschlagplatz, onde descaradamente fingiu ser médico e salvou centenas da morte em Treblinka.

Henia e **Josel Koppel**, pais judeus, entregaram sua bebezinha **Elżbieta Koppel** — a bebê "Bieta" — para Irena nos últimos dias antes das deportações para Treblinka.

Regina Mikelberg, ex-colega de sala de aula de **Irena Sendler**, **Adam Celnikier** e **Janka Grabowska**. Janka e Irena salvaram Regina e a irmã do gueto, onde a família Mikelberg vivia junto com membros do clã Celnikier.

Katarzyna Meloch, menina judia salva do gueto e dos campos de extermínio pela rede de Irena; **Ala Gołąb-Grynberg** levou-a para um local seguro; **Jadwiga Deneka** cuidou dela depois.

Michał Głowiński, umas das crianças judias salvas, junto com a mãe, pela rede de Irena.

Halina Złotnicka, uma das crianças salvas pela rede de Irena. Halina viveu por muito tempo nos anos da ocupação nazista na casa de **Jaga Piotrowska**, que cuidou dela como uma segunda filha.

Notas

Prefácio

1. Richard Pendelbury, "The 'Female Schindler' Who Saved 2,500 Jewish Children but Died Wishing She'd Rescued More", *Daily Mail*, 22 maio 2008, obituário. Disponível em: www.dailymail.co.uk/femail/article-1021048/Female-Schindler-Irena-Sendler-saved-2--500-Jewish-children-died-aged-98.html#ixzz3aVP8nkYC

Prólogo

1. Pawiak Museum, exposição pública, 2014; ver também Leon Wanat, *Za murami Pawiaka*. Warsaw: Książka i Wiedza, 1985.
2. Testemunho de Irena Sendlerowa, Associação das Crianças do Holocausto na Polônia. Disponível em: http://www.dzieciho-locaustu.org.pl/szab58.php?s=en_sendlerowa.php

1. Convertendo-se em Irena Sendler

1. Imaginário retirado de um conto folclórico iídiche; ver, por exemplo, Ḥayah Bar-Yitshak, *Jewish Poland, Legends of Origin: Ethnopoetics and Legendary Chronicles*. Detroit: Wayne State University Press, 1999, p. 44.
2. Miriam Weiner, "Otwock", Routes to Roots Project. Disponível em: www.rtrfoundation.org/webart/poltow-nentry.pdf; ver também Chris Webb, "Otwock & the Zofiowka Sanatorium: A Refuge from Hell", Holocaust Education and Archive Research Team. Disponível em: http://www.holocaustresearchproject.org/ghettos/otwock.html.

3. "Irena Sendlerowa", Geni Database. Disponível em: https://www.geni.com/people/Irena-Sendlerowa/6000000019948138463?through=6000000019948108351.
4. Magdalena Grochowska, "Lista Sendlerowej: Reportaž Z 2001 Roku", *Gazeta Wyborcza*, 12 maio 2008; ver também Davi Barré e Agata Mozolewska, *Elle, elle a sauvé les autres...* Paris: Cosmogone, 2009.
5. Aleksander Kopiński, correspondência particular.
6. Grochowska, "Lista Sendlerowej".
7. Yoram Gross, correspondência particular.
8. Grochowska, "Lista Sendlerowej". Geralmente os judeus eram relutantes em deixar crianças católicas e judias brincarem juntas; ver Paul Mark, "Traditional Jewish Attitudes Toward Poles", jan. 2015. Disponível em: http://www.kpk-toronto.org/wp-content/uploads/jewish_attitudes.pdf
9. "Irena Sendlerowa, O pomocy Żydom", *Lewico*, 6 out. 2011. Disponível em: http://lewicowo.pl/o-pomocy-zydom/. O artigo é uma reedição de material originalmente publicado como *This Is My Homeland: Poles Helping Jews, 1939-1945*. 2. ed. Orgs. Władysław Bartoszewski e Zofia Lewinówna. Cracóvia: Znak, 1969. O texto é baseado em duas afirmações anteriores, um artigo inaugural de Joseph Goldkorn, "He Who Saves One Life", *Law and Life*, n. 9, 1967, e um testemunho por escrito de Irena Sendler, publicado originalmente como "Those Who Helped Jews", *Bulletin of the Jewish Historical Institute*, n. 45/46, 1963.
10. Grochowska, "Lista Sendlerowej".
11. Ibid.
12. Anna Legierska, "A Guide to the Wooden Villas of Otwock", *Culture.pl*, 10 ago. 2015. Disponível em: https://culture.pl/en/article/a-guide-to-the-wooden-villas-of-otwock
13. Grochowska, "Lista Sendlerowej".
14. Marjorie Wall Bingham, "Women and the Warsaw Ghetto: A Moment to Decide", World History Connected. Disponível em: https://worldhistoryconnected.press.uillinois.edu/6.2/bingham.html.
15. Grochowska, "Lista Sendlerowej".
16. Legierska, "A Guide do the Wooden Villas of Otwock".
17. Związek Harcerstwa Polskiego, "Rediscover Polish Scouting", Polish Scouting and Guiding Association. Disponível em: https://issuu.com/zhp_pl/docs/rediscoverpolishscouting.
18. "Piotrków: Pamiątkowa tablica ku czci Sendlerowej", ePiotrkow. Disponível em: http://www.piotrkow-tryb.ap.gov.pl/index.php?c=article&id=303&print=1. Ver também Paweł Brojek, "Piąta rocznica śmierci Ireny Sendlerowej, Sprawiedliwej wśród Narodów Świata", *Prawy*,

12 maio 2013. Disponível em: https://prawy.pl/wiara/3049-piatarocznica-smierci-ireny-sendlerowej-sprawiedliwej-wsrod-narodow-swiata.

19. Anna Mieszkowska, *Prawdziwa Historia Ireny Sendlerowej*. Wrzesień: Marginesy, 2014, pp. 21-22.

20. "Fundacja Taubego na rzecz Życia I Kultury Żydowskiej przedstawia Ceremonię Wręczenia Nagrody im. Ireny Sendlerowej", programa de 2013, Museum of the History of Polish Jews. Disponível em: http://nagrodairenysendlerowej.pl/dir_upload/download/thumb/9b515fb73c99cb31408f589b0b27.pdf.

21. "Irena Sendler", Database of Polish Righteous, Museum of the History of Polish Jews. Disponível em: https://sprawiedliwi.org.pl/en/o-sprawiedliwych/irena-sendlerowa

22. Testemunho de Barbara Jankowska-Tobijasiewcz, "Irenę Sendlerową i Barbarę Ditrich: niezwykłe sasiadki z ul. Ludwiki wspomina", *Urząd Dzielnicy Wola*, 28 jan. 2010. Disponível em: http://www.przewodnik.wola.waw.pl/page/341,?date=2010-01-00&artykul_id=394

23. Grochowska, "Lista Sendlerowej".

2. As meninas da professora Radlińska

1. Joanna B. Michlic, *Poland's Threatening Other: The Image of the Jew from 1880 to the Present*. Lincoln: University of Nebraska, 2006, p. 113.

2. Robert Blobaum, *Anti-Semitism and Its Opponents in Modern Poland*. Ithaca: Cornell Universtiy Press, 2005; ver também Grochowska, "Lista Sendlerowej".

3. Mary V. Seeman, "Szymon Rudnicki: Equal, but Not Completely", *Scholars for peace in the Middle East*, resenha, 7 jun. 2010. Disponível em: https://spme.org/book-reviews/mary-vseeman-szymon-rudnicki-equal-but-not-completely/. Veja que no livro inteiro eu uso o termo "ariano". Judeus e gentios usavam essa palavra abertamente durante a ocupação da Polônia, e o termo tem sido considerado como historicamente preciso.

4. Ibid.

5. Yoram Gross, correspondência particular.

6. Louette Harding, "Irena Sendler, A Holocaust Heroine", *Mail Online*, 1 ago. 2008. Disponível em: https://www.dailymail.co.uk/home/you/article-1037057/Irena-Sendler-Holocaust-heroine.html.

7. Correspondência particular.

8. Aqui e em todo o livro sobre o grupo de jovens amigas de Irena, ver Irena Sendler, "The Valor of the Young", *Dimensions: A Journal of Holocaust Studies*, v. 7, n. 2, 1993, pp. 20-25.

9. Grochowska, "Lista Sendlerowej".
10. Anna Mieszkowska, *Irena Sendler: Mother of the Children of the Holocaust*. Trad. Witold Zbirohowski-Koscia. Westport, CT: Praeger, 2010.
11. "Irena Sendler", Database of Polish Righteous, Museum of the History of Polish Jews.
12. Sendler, "The Valor of the Young".
13. Andrzej Biernacki, *Zatajony artysta. O Wacławie Borowym 1890-1950: Wybór szkiców i wspomnień.*. Lublin: Norbertinum, 2005.
14. John Radzilowski, "The Invasion of Poland", *World War Two Database*. Disponível em: https://ww2db.com/battle_spec.php?battle_id=28
15. British Broadcasting Corporation, "BBC On This Day: September 1, 1939". Disponível em: http://news.bbc.co.uk/onthisday/hi/dates/stories/september/1/newsid_3506000/3506335.stm.
16. "Directive No. 1 for the Conduct of the War", Avalon Project, Yale Law School. Disponível em: https://avalon.law.yale.edu/imt/wardir1.asp.
17. Barré e Mozolewska, *Elle, elle a sauvé les autres...*
18. Diane Ackerman, *The Zookeeper's Wife: A War Story*. Nova York: W.W. Norton, 2008, p. 32.
19. "Irena Sendlerowa, O pomocy Żydom".
20. Sendler, "The Valor of the Young".
21. Ibid. Ver também Irena Sendler, "Youth Associations of the Warsaw Guetto: A tribute to Jewish Rescuers", ZIH Archives (Materialy Zabrane w Latach, 1995-2003, szgn./353), trad. Stanisław Barańczak e Michał Barańczak.
22. Ao longo de toda a narrativa, foi usado o apelido polonês de Irena Schultz, Irka, para evitar confusão entre Schultz e Sendler. Seria o equivalente em português para diferenciar, digamos, uma personagem chamada Heloísa de outra chamada Helô.
23. Louis Bülow, "Irena Sendler: An Unsung Heroine". Disponível em: http://www.auschwitz.dk/sendler.htm.
24. Parafraseando material informativo do ministro da Informação da Polônia, *The German Invasion of Poland*. Londres: Hutchinson & Co. Ltd., 1940. Disponível em: http://felsztyn.tripod.com/germaninvasion/id1.html.
25. Barré e Mozolewska, *Elle, ele a sauvé les autres...*
26. Para um relato atual de um sobrevivente do Żegota sobre o cerco a Varsóvia, ver Władysław Bartoszewski, *1859 Dnii Warzawy*. Cracóvia: Wydawnictwo Znak, 1974.
27. Ellen Land-Weber, "Conditions for the Jews in Poland", *To Save a Life: Stories of Holocaust Rescue*, Humboldt State University. Disponível em: http://ellenlandweber.com/rescuers/book/Makuch/conditionsp.html.

28. "Irena Sendler Award for Repairing the World", descrição do programa, Centrum Edukacji Obywatelskiej. Disponível em: https://sendler.ceo.org.pl/.

29. "Poles: Victims of the Nazi Era", United States Holocaust Memorial Museum. Disponível em: https://www.ushmm.org/m/pdfs/2000926-Poles.pdf

30. Mieszkowska, *Irena Sendler: Mother of the Children of the Holocaust*, p. 26.

31. "Life ad Activity of Helena Twóczość Radlińskie". Disponível em: https://sciaga.pl/tekst/69744-70-zycie_twoczosc_i_dzialalnosc_heleny_radlinskiej. Ver também Zofia Waleria Stelmaszi, "Residential Care in Poland: Past, Present and Future", *International Journal of Family and Child Welfare*, v. 3, p. 101, 2002.

32. Thomas Hammarberg, "2007 Janusz Korczak Lecture: Children's Participation". Estrasburgo: Commissioner for Human Rights/Council of Europe Publishing, 2007. Disponível em: https://rm.coe.int/090000168046c47b . Ver também Bogusław Filipowicz, "Nadzieja spełniona – dzieło Ireny Sendlerowej w ratowaniu dzieci żydowskich", *Quarterly Research*, v. 1, n. 1, 2010. Disponível em: http://www.stowarzyszeniefidesetratio.pl/Presentations0/09Flipipowicz.pdf.

33. Antoni Zygmund, "Aleksander Rajchman", *Wiadomości Matematyczne*, v. 27, 1987, pp. 219-231. Disponível em: https://www.impan.pl/Great/Rajchman/.

34. Sobre esse assunto, ver Richard Hugman (org.). *Understanding International Social Work: A Critical Analysis*. Nova York: Palgrave, 2010.

35. Ewa Kurek, *Your Life Is Worth Mine: How Polish Nuns Saved Hundreds of Jewish Children in German-Occupied Poland, 1939-1944*. Nova York: Hippocrene Books, 1977, pp. 17, 45.

36. Correspondência particular.

37. Kurek, *Your Life Is Worth Mine*, p. 18.

38. Laura Jockusch e Tamar Lewinsky, "Paradise Lost? Postwar Memory of Polish Jewish Survival in the Soviet Union", *Holocaust and Genocide Studies*, v. 24, n. 3, pp. 373-99, inverno 2010.

39. Kurek, *Your Life Is Worth Mine*, p. 17.

40. Ibid., p. 18.

3. Aqueles muros da vergonha

1. Honorowy Patronat Prezydenta Rzeczypospolitej Polskiej, Przeczytaj biografię, "Helena Radlisńka. Disponível em: https://www.ipsb.nina.gov.pl/a/biografia/helena-Radlińska.

2. Grochowska, "Lista Sendlerowej".

3. Government Delegation for Poland, Department of the Interior, folder 202/II-43, *apud* Krzysztof Komorowski, *Polityka i walka: Konspiracja zbrojna ruchu narodowego, 1939-1945*. Varsóvia: Oficyna Wydawnicza Rytm, 2000.
4. Stelmaszuk, "Residential Care in Poland".
5. Jan Dobraczyński, diário pessoal, 1945; cortesia de Mirosława Pałaszewska, comunicação pessoal.
6. Tadeusz Cegielski, "Liberum Conspiro, or the Polish Masonry Between the Dictatorship and Totalitarianism, 1926-1989", *Le Communism et les elites en Europe Centrale*, École Normale Supérieure, Colloquium Presentation, 31 mar. 2004. Disponível em: www1.ens.fr/europecentrale/colloque_elites2004/4Documents/Resumes/Cegielski_resum.htm.
7. "Jadwiga Maria Józefa Piotrowska", Geni Database. Disponível em: https://www.geni.com/people/Jadwiga-Piotrowska/6000000015472386167.
8. Museum of the History of Polish Jews, base de dados. Disponível em: https://sprawiedliwi.org.pl/en/stories-of-rescue/story-rescue-stolarczyk-family-1; ver também Museum of the Polish Uprising, base de dados. Disponível em: www.1944.pl/historia/powstancze-biogramy/Józef_Dubniak.
9. "Irena Sendlerowa: O pomocy Żydow".
10. Ibid. Ver também Barré e Mozelewska, *Elle, elle a sauvé les autres...*
11. "Irena Sendler", Museum of the History of Polish Jews, base de dados. Disponível em: https://sprawiedliwi.org.pl/en/cms/biography-83.
12. Yisrael Gutman e Ina Friedman, *The Jews of Warsaw, 1939-1943: Ghetto, Underground, Revolt*. Bloomington: Indiana University Press, 1989, p. 28.
13. Leni Yahil, *The Holocaust: The Fate of European Jewry, 1932-1945*. Oxford: Oxford University Press, 1991, p. 169.
14. Yad Vashem, base de dados de exposições. Disponível em: https://www.yadvashem.org
15. Dekret Bieruta, base de dados. Disponível em: http://www.kodekret.pl/Dekret_Bieruta.pdf. O decreto de Bieruta, aprovado em 1945, foi uma tentativa de recuperar as propriedades confiscadas durante a ocupação alemã, tornando-o um importante registro imediato de propriedade de imóveis no pós-guerra.
16. Museum of the History of Polish Jews, base de dados. Disponível em: https://sprawiedliwi.org.pl/en/stories-of-rescue/story-rescue-stolarczyk-family-1.
17. Harrie Teunissen, "Maps of the Warsaw Ghetto", *Topography of Terror*. Disponível em: http://www.siger.org/warsawghettomaps/.

18. Kurek, *Your Life Is Worth Mine*, p. 15.

19. Janina Goldhar, correspondência particular; ver também "Maria Palester", Museum of the History of Polish Jews, base de dados. Disponível em: https://sprawiedliwi.org.pl/en/story-of-maria-palester; e "Irena Sendlerowa", Association of the Children of the Holocaust in Poland. Disponível em: https://dzieciholocaustu.org.pl/szab58.php?s=en_sendlerowa.php.

20. "Maria Palester", Museum of the History of Polish Jews, base de dados. Disponível em: https://sprawiedliwi.org.pl/en/story-of-maria-palester.

21. "Spiritual Resistance in the Ghettos", *Holocaust Encyclopedia*, United States Holocaust Memorial Museum. Disponível em: https://encyclopedia.ushmm.org/content/en/article/spiritual-resistance-in-the-ghettos.

22. Emmanuel Ringelbum, qtd. Monica Whitlock, "Warsaw Guetto: The Story of Its Secret Archive", 27 jan. 2013, BBC *World News Magazine*. Disponível em: https://www.bbc.com/news/magazine-21178079.

23. Władysław Bartoszewski, *The Warsaw Guetto: A Christian's Testimony*. Trad. Stephen J. Capellari. Boston: Beacon press, 1987.

24. Ringelblum, *Notes from the Warsaw Ghetto*, pp. 228-29. Ver também Stanisław Adler, *In the Warsaw Ghetto: 1940-1943: An account of a Witness*. Trad. Sara Philip. Jerusalém: Yad Vashem, 1982.

25. "Warsaw", United States Holocaust Memorial Museum. Disponível em: http://www.ushmm.org/wlc/en/article.php?ModuleId=10005069. Descrições históricas ao longo desta história foram possíveis devido às seguintes fontes: Karol Mórawski, *Warszawa. Dzieje Miasta*. Varsóvia: Wydawnictwo Książka i Wiedza, 1976; Robert Marcinkowski, *Then and Now*. Wydawnictwo Mazowsze, 2011; Olgierd Budrewicz, *Warszawa w Starej Fotografii*. Olszanica: Wydawnictwo BOSZ, 2012.

26. Ringelblum, *Notes from the Warsaw*, pp. 228-29.

27. "Nożyk Synagogue, Twarda Street 6", Wirtualny Sztetl. Disponível em: https://sztetl.org.pl/en/towns/w/18-warsaw/112-synagogues-prayer-houses-and-others/89589-chevra-shassy-nagogue-warsaw.

28. Naomi Baumslag, *Murderous Medicine: Nazi Doctors, Human Experimentation, and Typhus*. Santa Barbara: Praeger, 2005, p. 107.

29. Commission for the History of Polish Nurses's Association, "The Nursing School at the Orthodox Jews Hospital at Czyste District in Warsaw", Virtual Museum of Polish Nursing. Disponível em: http://www.wmpp.org.pl/en/nursing-schools/the-nursing-school-at-the-orthodox-jew-hospital-at-czyste-disctric-in-warsaw.html.

30. *The Einsatzgruppen Reports*. Org. Yitzhak Arad, Shmuel Krakowski e Shmuel Spector. Jerusalém: Yad Vashem, 1989.

31. Ibid.

4. Grupo de jovens

1. "Mlawa Societes in Israel and in the Diaspora", *Jewish Mlawa: Its History, Development, Destruction*. Org. e trad. David Shtokfish. 2 v. Tel Aviv, 1984. Disponível em: https://www.jewishgen.org/yizkor/mlawa/mla449.html, ver especialmente o capítulo 14. Ver também Jonas Turkow, *Ala Gólomb Grynberg: La heroica enfermeira del gueto de Varsovia*. Trad. Elena Pertzovsky de Bronfman. Buenos Aires: Ejecutivo Sudamericano del Congresso Judío Mundial, 1970.

2. Sendler, "Youth Associations of the Warsaw Ghetto".

3. Ibid.

4. Ibid.

5. Samuel Kassow, *In Those Nightmarish Days: The Ghetto Reportage of Peretz Opoczynski and Joseph Zelkowicz*. Coedição e trad. David Suchoff. New Haven: Yale University Press, 2015.

6. Bartoszewski, *The Warsaw Ghetto*.

7. "Irena Sendler", Association of the Children of the Holocaust.

8. Bartoszewski, *The Warsaw Guetto*, p. 9.

9. State University of New York at Buffalo/ Jagellonian University, "Slow Extermination: Life and Death in the Warsaw Ghetto", *Info Poland*. Disponível em: http://info-poland.buffalo.edu/web/history/WWII/guetto/slow.html.

10. Ringelblum, *Notes from the Warsaw Ghetto*, p. 39.

11. Sendler, "Youth Associations of the Warsaw Ghetto".

12. Ringelblum, *Notes from the Warsaw Ghetto*. Ver também Jewish Historical Institute Association of Warsaw, Wirtualny Sztetl Project, "Janusz Korczak's Orphanage in Warsaw", trad. Ewelina Gadomska. Disponível em: https://sztetl.org.pl/en/article/warszawa/39,heritage sites/3518,janusz-korczak-s-orphanage-in-warsaw-92-krochmalna-street-until-1940/.

13. Ringelblum, *Notes from the Warsaw Ghetto*, p. 249. Sobre os arquivos mantidos por Ringelblum e seus colaboradores dentro do gueto, ver *The Warsaw Ghetto: Oyneg Shabes--Ringelblum Archives: Catalog and Guide*. Org. Robert Moses Shapiro e Tadeusz Epsztein. Bloomington: Indiana University Press, 2009.

14. Ringelblum, *Notes from the Warsaw Ghetto*, p. 119.

15. Grodin, *Jewish Medical Resistance*. Nova York: Berghan, 2014. Ver também Barbara Góra, "Anna Braude Hellerowa". Varsóvia: Stowarzyszenie Dzieci Holocausta, 2011, pp. 38-9.

16. Norman Ravvin, "Singing at the Café: Vera Gran's Postwar Trials", *Canadian Jewish News*, 13 jan. 2015. Disponível em: https://www.cjnews.com/culture/books-and-authors/singing-cafe-sztuka-vera-grans-postwar-trials.

17. Agata Tuszyńska, *Vera Gran: The Accused*. Nova York: Knopf, 2013, pp. 68, 71.

18. Dan Kurzman, *The Bravest Battle: The 28 Days of the Warsaw Ghetto Uprising*. Boston: Da Capo Press, 1993, p. 5.

19. Sendler, "Youth Associations of the Warsaw Ghetto".

20. Ibid. Ver também Marian Apfelbaum, *Two Flags: Return to the Warsaw Ghetto*. Jerusalém: Geffen Publishing House, 2007, p. 49.

21. Aniela Uziembło, "Józef Zysman", *Gazeta Stołeczna*, n. 141, p. 9, 20 jun. 2005; Grochowska, "Lista Sendlerowej".

22. "A Forgotten Voice from the Holocaust", *Warsaw Voice*, 31 mar. 2001. Disponível em: http://www.warsawvoice.pl/WVpage/pages/article.php/23365/article.

23. Yad Vashem, The Holocaust Martyrs' and Heroes' Remembrance Authorithy, "Judischer Ordnungsdienst". Disponível em: https://www.yadvashem.org/yv/en/exhibitions/this_month/resources/jewish_police.asp.

24. Polish Righteous, base de dados. Disponível em: http://www.savingjews.org/righteous/av.htm. Ver também August Grabski e Piotr Grudka, "Polish Socialists in the Warsaw Ghetto", Emmanuel Ringelblum Jewish Historical Institute, Varsóvia. Disponível em: http://www.jhi.pl/en/publications/52.

25. Grabski e Grudka, "Polish Socialists in the Warsaw Ghetto"; ver também "A Forgotten Voice from the Holocaust"; e Sendler, "Youth Associations of the Warsaw Ghetto".

5. O CHAMAMENTO DO DR. KORCZAK

1. Jan Engelgard, "To Dobraczyński był bohaterem tamtego czasu", *Konserwatyzm*, 19 jun. 2013. Disponível em: https://www.wykop.pl/link/1561005/to-dobraczynski-byl-bohaterem-tamtego-czasu/. Crítica de Ewa Kurek, *Dzieci żydowskie w klasztorach. Udział żeńskich zgromadzeń zakonnych w akcji ratowania dzieci żydowskich w Polsce w latach 1939-1945*. Zakrzewo: Replika, 2012.

2. Mirosława Pałaszewska, correspondência particular. Tenho uma dívida enorme de gratidão com a sra. Pałaszewska por ter disponibilizado seu arquivo pessoal inteiro para este projeto. Muitos itens são recortes de jornais e arquivos pessoais da família, a maioria deles em polonês, os quais de outra maneira teria sido quase impossível reconstruir.

3. Ibid.
4. Louette Harding, "Irena Sendler, A Holocaust Heroine".
5. Marek Haltof, *Polish Film and the Holocaust: Politics and Memory*. Nova York: Berghan Books, 2012, p. 149; Nahum Bogner, "The Convent Children: The Rescue of Jewish Children in Polish Convents During the Holocaust", Shoah Resource Center, Yad Vashem. Disponível em: https://www.yadvashem.org/yv/en/righteous/pdf/resources/nachum_bogner.pdf. Ver também Cynthia Haven, "Life in Wartime Warsaw... Not Quite What You Thought" [entrevista com Hana Rechowicz], 21 maio 2011. Disponível em: http://bookhaven.stanford.edu/tag/jadwiga-piotrowska/.
6. Mirosława Pałaszewska, correspondência particular.
7. Klara Jackl, "Father Boduen Children's Home: A Gateway to Life", Museum of the History of Polish Jews, 11 jun. 2012. Disponível em: http://www.sprawiedliwi.org.pl/en/cms/your-stories/794/ e correspondência particular.
8. Cynthia Haven, "Life in Wartime Warsaw... Not Quite What You Thought".
9. Ellen Land-Weber, *To Save a Life: Stories of Holocausto Rescue*. Champaign-Urbana: University of Illinois Press, 2002, p. 195.
10. Jan Dobraczyński, *Tylko w jednym życiu* [Uma vez na vida]. Varsóvia: Pax, 1977; Mirosława Pałaszewska, correspondência particular. Ver também Andras Liv, "1912-1942: Korczak Orphanage Fate in Warsaw: Krochmalna 92-Chłodna 33-Sienna 16", 2 jun. 2012. Disponível em: http://jimbaotoday.blogspot.com/2012/01/korczak-orphanage-in-warsaw_02.html; seleção histórica excelente de fotografias dos endereços do orfanato.
11. Jan Engelgard, "To Dobraczyński był bohaterem tamtego czasu".
12. Ibid.

6. O GUETO SACRIFICADO

1. "Irena Sendlerowa, O pomocy Żydom".
2. "Irena Schultz: Rescue Story", base de dados, Yad Vashem; e Polish Righteous, base de dados, "Irena Schultz".
3. Irena Sendler, "Youth Associations of the Warsaw Ghetto; "Wladyslaw Witwicki: Rescue Story", base de dados, Yad Vashem.
4. Irena Sendler, "Youth Associations of the Warsaw Ghetto".
5. *The Last Eyewitnesses: Children of the Holocaust Speak*. v. 2. Eds. Jakub Gutenbaum e Agnieszka Latała. Evanston: Northwestern University Press, 2005.
6. Irena Sendler, "Youth Associations of the Warsaw Ghetto".

7. "Irena Schultz", Polish Righteous, base de dados.
8. Andrezj Marynowski, correspondência particular.
9. Ibid.
10. Rami Gołąb-Grynberg, correspondência particular.
11. Ibid.
12. Adrezj Marynowski, correspondência particular.
13. "Irena Sendlerowa, O pomocy Żydom".
14. "Grojanowski Report", Shoah Resource Center, Yad Vashem. Disponível em: https://www.yadvashem.org/odot_pdf/micro-soft%20word%20-%206317.pdf.

7. A CAMINHO DE TREBLINKA

1. Yitzhak Arad, *Belzec, Sobibor, Treblinka: The Operation Reinhard Death Camps*. Bloomington: Indiana University Press, 1999. Ver também Chil Rajchman, *The Last Jew of Treblinka: A Memoir*. Nova York: Pegasus, 2012.
2. Chris Webb, *The Treblinka Death Camp: History, Biographies, Remembrance*. Stuttgart: Ibidem Press, 2014, pp. 14, 21, passim.
3. Chil Rajchman, *Treblinka: A Survivor's Memory, 1942-1943*. Trad. Solon Beinfeld. Londres: MacLehose Press, 2009.
4. Yitzhak Arad, "The Nazi Concentration Camps: Jewish Prisoner Uprisigns in the Treblinka and Sobibor Extermination Camps", Proceedings of the Fourth Annual Yad Vashem International Conference, Jerusalém, jan. 1980. Disponível em: https://www.jewishvirtuallibrary.org/jsource/Holocaust/resistyad.htlm.
5. Toby Axelrod, "Treblinka Survivor Attends Berlin Cerimony", *Jewish Telegraphic Agency*, 1 ago. 2005. Disponível em: https://www.jta.org/2005/08/01/lifestyle/treblinka-survivor-attends-berlin-ceremony. Ver também Mark Smith, *Treblinka Survivor: The Life and Death of Hershl Sperling*. Mt. Plesant, sc: The History Press, 2010, p. 112.
6. Axis History Forum, discussão *on-line* (*thread*: Adam Fisher, ago. 2002). Disponível em: https://forum.axishistory.com/viewtopic.php?t=6901. Mensurar valores históricos é extraordinariamente complexo, mas, *grosso modo*, um dólar em 1940 era equivalente a mais ou menos 5,3 złotys poloneses. Para uma discussão sobre valores históricos e calculadoras, veja o excelente recurso acadêmico "Measuring Worth", disponível em: https://www.measuringworth.com/calculators/uscompare/.
7. Michał Głowiński, *The Black Seasons*. Trad. Marci Shore. Evanston: Northwestern University Press, 2005.

8. "Fundacja Taubego na rzecz Życia I Kultury Żydowskiej przedstawia Ceremonię Wręczenia Nagrody im. Ireny Sendlerowej", programa de 2013.

9. "Jewish Rescuers of the Holocaust, 1933-1945", 25 ago. 2012. Disponível em: http://jewishholocaustrescuers.com/Organizations.html.

10. Chana Kroll, "Irena Sendler: Rescuer of the Children of Warsaw". Chabad.org. Disponível em: https://www.chabad.org/theJewishWoman/article_cdo/aid/939081/jewish/IrenaSendler.htm. Ver também Joachim Wieler, "The Long Path to Irena Sendler: Mother of the Holocaust Children" (entrevista com Irena Sendler), *Social Work and Society: International Online Journal*, v. 4, n. 1, 2006. Disponível em: https://www.socwork.net/sws/article/view/185/591.

11. Wieler, "The Long Path to Irena Sendler".

12. Irena Sendler, "Youth Associations of the Warsaw Ghetto"; Jonas Turkow, *Ala Golomb Grynberg*; e Polish Jewish Heritage, "Sendler's Children". Disponível em: http://www.polishjewish-heritage.org/eng/october_03_Sendlers_Children.htm.

13. Correspondência particular.

14. Segundo Jan Dobraczyński, as integrantes da equipe que foram até ele eram Irena Sendlerowa, Jadwiga Piotrowska, Nonnę Jastrzębie, Halina Kozłowską, Janina Barczakową, Halina Szablakównę; Mirosława Pałaszewska, correspondência particular; ver também "Jan Dobraczyński", Museum of the History of Polish Jews, Righteous, base de dados. Disponível em: https://sprawiedliwi.org.pl/en/stories-of-rescue/i-singled-out-centres-exclusively-those-run-nuns-which-i-could-trust-story-jan-Dobraczyński.

15. "Jan Dobraczyński", Museum of the History of Polish Jews, base de dados.

16. Ibid.

17. Ibid.

18. Nahum Bogner, *At the Mercy of Strangers*, p. 22.

19. Ibid.

20. "Stanislawa Bussold", Museum of the History of Polish Jews, Righteous [Among Nations], base de dados. Disponível em: https://sprawiedliwi.org.pl/pl/historie-pomocy/historia-stanislawy-bussold.

21. "Fundacja Taubego na rzecz Życia I Kultury Żydowskiej przedstawia Ceremonię Wręczenia Nagrody im. Ireny Sendlerowej", programa de 2013.

22. Betty Jean Lifton, *The King of Children: A Biography of Janusz Korczak*. Nova York: Schocken, 1989; e Janusz Korczak, *Ghetto Diary*. New Haven: Yale University Press, 2003.

23. Janusz Korczak, *Ghetto Diary*.

24. Adam Czerniakow, *Warsaw Diary of Adam Czerniakow: Prelude to Doom*. Ed. Raul Hilberg. Chicago: Ivan R. Dee, 1999.
25. Władysław Bartoszweski, *The Warsaw Ghetto*.

8. A FADA MADRINHA DE UMSCHLAGPLATZ

1. Michał T. Kaufman, "Marek Edelman, Commander in Warsaw Ghetto Uprising, Dies at 90", obituário, *New York Times*, 3 out. 2009. Disponível em: https://www.nytimes.com/2009/10/03/world/europe/03edelman.html.
2. "Edwin Weiss", Warsaw Ghetto Database, Polish Center for Holocaust Research. Disponível em: http://warszawa.getto.pl/index.php?mod=view_record&rid=0912199610304000001&tid=osoby ; e "Nachum Remba", Warsaw Ghetto Database. Disponível em: http://warszawa.getto.pl/index.php?mod=view_record&rid=05011904155335000002&tid=osoby&lang=en.
3. Eli Valley, *The Great Jewish Cities of Central and Eastern Europe: A Travel Guide*. Nova York: Jason Aronson Publisher, 1999, p. 230.
4. Jonas Turkow, *Ala Golomb Grynberg*.
5. "Nachum Remba", Warsaw Ghetto Database. Disponível em: http://warszawa.getto.pl/index.php?mod=view_record&rid=05011904155335000002&tid=osoby&lang=en.
6. Agnieszka Witkowska, "Ostatnia droga mieszkańców i pracowników warszawskiego Domu Sierot", *Zagłada Żydów. Studia i Materiały*, v. 6, 2010, p. 22. passim. Disponível em: https://korczakowska.pl/wp-content/uploads/2019/03/Agnieszka-Witkowska.-Ostatnia-droga-mieszkancow-i-pracownikow-warszawskiego-Domu-Sierot.pdf.
7. Ibid.
8. David Cesarani e Sarah Kavanaugh, "Holocaust: Jewish Confrontations with Persecution and Mass Murder". v. 4: *The Holocaust: Critical Concepts in Historical Study*. Londres: Routledge, 2004, p. 56.
9. Jürgen Oelkers, "Korczak's Memoirs: An Educational Interpretation", Universität Zürich, Institut für Erziehungswissenschaft, Lehrstühle & Forschungsstellen, pp. 95-96. Ver também Władysław Szpilman, *The Pianist: The Extraordinary True Story of One Man's Survival in Warsaw, 1939-1945*. Trad. A. Bell, com trechos do diário de Wilm Honsenfeld. Nova York: Picador, 1999.
10. Diane Ackerman, *The Zookeeper's Wife*.
11. Jürgen Oelkers, "Korczak's Memoirs".
12. Agnieszka Witkowska, "Ostatnia droga mieszkańców i pracowników warszawskiego Domu Sierot".

13. Ibid.

14. I. M. Sidroni, "Rabbi Zalman Hasid", trad. Alex Weingarten, Jewish Generation. Disponível em: https://www.jewishgen.org/Yizkor/Sierpc/sie377.html.

15. Vladka Meed, *On Both Sides of the Wall: Memoirs from the Warsaw Ghetto*. Trad. Steven Meed. Jerusalém: Ghetto Fighter's House, 1972; crítica de Rivka Chaya, *Women in Judaism: A Multidisciplinary Journal*, v. 9, n. 1, 2012. Disponível em: https://wjudaism.library.utoronto.ca/index.php/wjudaism/article/view/19161/15895.

16. Janusz Korczak, *A Child's Right to Respect*. Estrasburgo: Council of Europe Publishing, 2009. Disponível em: https://www.coe.int/t/commissioner/source/prems/PublicationKorczak_en.pdf.

17. Ibid.

18. Irena Sendler, "Youth Associations of the Warsaw Ghetto".

19. "Irena Sendler Tells the Story of Janusz Korczak, Polish Pediatrics Who Went to End with His Children in Holocaust", GARIWO/ Gardens of the Righteous Worldwide Committee, documentário/entrevista em vídeo com Irena Sendler. Disponível em: https://en.gariwo.net/multimedia/documentaries/irena-sendler-tells-the-story-of-januszkorczak-9114.html.

20. Marek Edelman, "The Ghetto Fights". In: "The Warsaw Ghetto: The 45th Anniversary of the Uprising. [S.l.]: Interpress Publishers, [s.d.], pp. 17-39. Disponível em: http://www.writing.upenn.edu/~afilreis/Holocaust/.

21. Stanisław Adler, *In the Warsaw Ghetto*.

22. "Janusz Korczak", Adam Mickiewicz Institute, Varsóvia. Diponível em: http://www.diapozytyw.pl/en/site/ludzie/; "Janusz Korczak: A Polish Hero at The Jewish Museum", *Culture*, v. 24, 7 dez. 2006. Disponível em: https://www.culture24.org.uk/history-and-heritage/art41997. Ver também Władysław Bartoszweski, *The Warsaw Ghetto*.

23. "Irena Sendler Tells the Story of Janusz Korczak", GARIWO/ Gardens of the Righteous Worldwide Committee, documentário/entrevista em vídeo com Irena Sendler. Disponível em: https://en.gariwo.net/multimedia/documentaries/irena-sendler-tells-the-story-of-januszkorczak-9114.html.

24. Janusz Korczak, "A Child's Right to Respect".

25. Irena Sendler, "Youth Associations of the Warsaw Ghetto".

26. Ludwik Hirszfeld, *The Story of One Life*. Trad. Marta A. Balinska. Rochester: University of Rochester Press, 2014, posição 8897 no Kindle.

27. "Ala Gołąb [Golomb] Grynberg", Warsaw Ghetto Database, Polish Center for Holocaust Research. Disponível em: http://warszawa.getto.pl/index.php?mod=view_record&rid=07051998094230000004&tid=osoby&lang=en.

28. Ludwik Hirszfeld, *The Story of One Life*, posição 8897 no Kindle.
29. Dekret Bieruta (documentos jurídicos). Disponível em: http://www.kodekret.pl/Dekret_Bieruta.pdf.
30. United States Holocaust Memorial Museum Archives, "Sąd Grodzki w Warszawie, Akta Zg.1946 (Sygn. 655)", 1946-56, RG number: RG – 15.270M. Número de acesso: 2013.241, Archiwum Państwowe w Warszawie. Disponível em: https://collections.ushmm.org/findingaids/RG-15.270_01_fnd_pl.pdf.
31. Vladka Meed, *On Both Sides of the Wall*. Trad. Steven Meed. Washington, DC: Holocaust Memorial Museum, 1999.
32. Irena Sendler, "Youth Associations of the Warsaw Ghetto".
33. Ibid.
34. Ibid.
35. Ibid.

9. A última etapa

1. Yisrael Gutman e Ina Friedman, *The Jews of Warsaw, 1939-1943: Underground, Revolt*. Bloomington: Indiana University Press, 1989, p. 218.
2. Władysław Bartoszewski, *The Warsaw Ghetto*. Ver também Abraham Lewin, *A Cup of Tears: A Diary of the Warsaw Ghetto*. Org. Antony Polonsky. Waukegan, IL: Fontana Press, 1990; ver datas de julho de 1942.
3. Marek Edelman, "The Guetto Fights".
4. Śliwówska, *The Last Eyewitnesses*, p. 111.
5. Marilyn Turkovich, "Irena Sendler", *Charter for Compassion*. Disponível em: http://voiceseducation.org/category/tag/irena-sendler. Inclui trechos de entrevistas com Irena Sendler e conteúdo em vídeo.
6. Marcin Mierzejewski, "Sendler's Children", *Warsaw Voice*, 25 set. 2003. Disponível em: http://www.warsawvoice.pl/WVpage/pages/articlePrint.php/3568/article; graças também às informações da sra. Meloch concedidas em entrevista particular.
7. Marcin Mierzejewski, "Sendler's Children", *Warsaw Voice*, 25 set. 2003. Disponível em: http://www.warsawvoice.pl/WVpage/pages/articlePrint.php/3568/article.
8. "The 72nd Anniversary of the Creation of the Council to Aid Jews", *Jewish Historical Institute*, Varsóvia, 3 dez. 2014. Disponível em: http://www.jhi.pl/en/blog/2014-12-03-the-72nd-anniversary-of-the-creation-of-the-council-to-aid-jews.

9. Michalina Taglicht e a filha de cinco anos, Bronia, moraram com a família Piotrowski em 1943. Bronia depois ficou escondida na casa dos pais de Jadwiga, a cerca de cem quilômetros de Varsóvia, na cidade de Pionki, e Michelina, em um abrigo em Varsóvia. Jan e sua mulher grávida, Zofia Szelubski, eram também refugiados na casa.

10. Michał Głowiński, *The Black Seasons*.

11. Alexandra Slížová, *Osudy zachráněných dětí Ireny Sendlerové*, dissertação de mestrado, Masarykova University. Disponível em: https://is.muni.cz/th/383074/ff_b/BP-_Alexandra_Slizova.pdf.

12. Nahum Bogner, "The Convent Children", p. 7.

13. "Adolf Abraham Berman", Shoah Resource Center, Yad Vashem, base de dados. Disponível em: https://www.yadvashem.org/odot_pdf/Microsoft%20Word%20-%205996.pdf.

14. Nahum Bogner, "The Convent Children", p. 7.

15. Alexandra Slížová, *Osudy zachráněných dětí Ireny Sendlerové*.

10. Agentes da resistência

1. IPN TV, "Relacja Piotra Zettingera o ucieczce z warszawskiego getta" (entrevista em vídeo de Piotr Zettinger). Disponível em: https://www.youtube.com/watch?v=tY3WxXUiYzo.

2. Irena Sendler, "Youth Associations of the Warsaw Ghetto".

3. "Irena Sendler", Polish Righteous [Among the Nations], base de dados.

4. "The Woman Who Smuggled Children from the Ghetto", *Jewniverse*, 15 fev. 2013. Disponível em: https://www.jta.org/jewniverse/2013/the-woman-who-smuggled-children-from-the-ghetto.

5. Casa da Moeda da Polônia, "Poles Saving Jews: Irena Sendlerowa, Zofia Kossac, Sister Matylda Getter". Disponível em: https://www.mennica.com.pl/en/products-and-services/mint-products/nbp-coins/collector-coins/product/zobacz/poles-savings-jews-irena-sendlerowa-zofia-kossac-sister-matylda-getter-pln-2.html.

6. Recortes de jornais, sem data, "Jaga Piotrowska" e "Stowarzszenie Dzieci Holocaustu W Polsce", cortesia da Association of the Children of the Holocaust in Poland [Associação das Crianças do Holocausto na Polônia] e de Mirosława Pałaszewska. Ver também "50 Razy Kara Śmierci: Z Jadwigą Piotrowską", 11 maio 1986, ZIH, Materialy Zabrane w Latach, 1995-2003, szgn. S/353.

7. Anna Mieszkowska, *Irena Sendler*, p. 82.

8. Janusz Korczak, "A Child's Rights to Respect".

9. "Address by Irena Sendler [sic]", Association of the Children of the Holocaust in Poland, entrevistas com Irena Sendler. Disponível em: https://dzieciholocaustu.org.pl/szab3.php?s=en_sendlerowa001_02.php.

10. E. Thomas Wood e Stanislaw M. Jankowski, *Karski: How One Man Tried to Stop the Holocaust*. Nova York: John Wiley & Sons, 1994; Stanisław Wygodzki, "Epitaph for Krysia Liebman", *Jewish Quarterly*, v. 16, n. 1, p. 33, 1968.

11. Sharman Apt Russell, *Hunger: An Unnatural History*. Nova York: Basic Books, 2006.

12. Marek Edelamn, "The Ghetto Fights".

13. Jonas Turkow, *Ala Golomb Grynberg*.

14. "Deportation to and from the Warsaw Ghetto", *Holocaust Enclyclopedia*, United States Memorial Museum. Disponível em: https://encyclopedia.ushmm.org/content/en/article/deportations-to-and-from-the-warsaw-ghetto.

15. "Central Welfare Council", Shoah Resource Center, Yad Vashem, base de dados. Disponível em: https://www.yadvashem.org/odot_pdf/Microsoft%20Word%20-%205913.pdf.

16. "K. Dargielowa", Warsaw Ghetto Database, Polish Center for Holocaust Research. Disponível em: http://warszawa.getto.pl/index.php?mod=view_record&rid=20051997191448000001&tid=osoby.

17. Jonas Turkow, *Ala Golomb Grynberg*.

18. Joanna B. Michlic, *Poland's Threatening Other: The Image of the Jews from 1880 to the Present*. Lincoln: University of Nebraska, 2008, p. 170. *Protest* circulou em Varsóvia em 1942 como um panfleto clandestino com uma tiragem inicial de 5 mil exemplares. As menções antissemitas foram quase que imediatamente excluídas naquele ano, quando o texto foi reimpresso. Sobre a história dessas exclusões, ver também Davi Cesarini e Sarah Kavanaugh, *Holocaust: Responses to Persecution*, p. 63. Devido a essas referências, o texto completo, não censurado, é de certa forma difícil de conseguir; o material completo aparece em alguns livros de referência sobre o Holocausto, por exemplo, Sebastian Rejak e Elżbieta Frister (orgs.), *Inferno of Choices: Poles and the Holocaust*. Varsóvia: Oficyna Wydawnicza Rytm, 2012, p. 34.

19. Teresa Prekerowa, *Żegota: Commision d'aide aux juifs*. Trad. Maria Apfelbaum. Mônaco: Éditions du Rocher, 1999, p. 24.

20. Krzysztof Komorowski, *Polityka i walka: Konspiracja zbrojna ruchu narodowego*.

11. ŻEGOTA

1. Marek Halter, *Stories of Deliverance: Speaking with Men and Women Who Rescued Jews from the Holocaust*. Chicago e La Salle, IL: Open Court, 1997, pp. 9-11; *apud* Mark Paul, "Wartime Rescue of Jews", pp. 61-62.

2. "Życie Juliana Grobelnego", 3 out. 2007. Disponível em: http://grju93brpo.blogspot.com/2007/10/ycie-juliana-grobel-nego.html; ver também Jerzy Korczak, *Oswajanie Strachu*. Źródło: Tygodnik Powszechny, 2007, trechos disponíveis em: http://tygodnik.onet.pl/oswajanie-strachu/09yfk.

3. Teresa Prekerowa, *Żegota: Commission d'aide aux juifs*; Instytut Pamięci Narodojew (IPN), Polacy Ratujący Żydów w Latach II Wojny Światowej, Varsóvia, 2005. Disponível em: https://ipn.gov.pl/__data/assets/pdf_file/0004/55426/1-21712.pdf_ .

4. Marcin Mierzejewski, "Sendler's Children, the Polish Voice".

5. Teresa Prekerowa, *Konspiracyjna Rada Pomocy Żydom w Warszawie, 1942-1945*. Varsóvia: PIW, 1982. Alguns capítulos foram traduzidos para o inglês pela Canadian Foundation of Jewish-Polish History. Disponível em: http://www.polish-jewish-heritage.org/eng/teresa_preker_chapters1-2.htm.

6. Irena Sendler, "Youth Associations of the Warsaw Ghetto".

7. Teresa Prekerowa, *Konspiracyjna Rada Pomocy Żydom w Warszawie*.

8. Ibid.

9. Ibid.

10. Ibid.

11. Bohdan Hryniewicz, *My Boyhood War: Warsaw, 1944*. Stroud, UK: The History Press, 2015.

12. Grochowska, "Lista Sendlerowej".

13. "Irena Sendlerowa, O pomocy Żydom".

14. Ibid.

15. Jerzy Korczak, *Oswajnie strachu*. Varsóvia: Wydawnictwo Muza, 2007.

16. Ibid.

17. "Otwoccy Sprawiedliwi", *Gazeta Otwocka*, jul. 2012. Disponível em: https://otwock.pl/gazeta/2012/sprawiedliwi.pdf.

18. Ibid.

19. Guide to Praga, "Building of the Mint". Disponível em: www.warszawskapraga.pl/en/object_route.php?object_id=332.

20. Alanna Gomez, "Jan and Antonia Zabinski: The Zookeepers", Canadian Centre for Bio-Ethical Reform. Disponível em: https://www.unmaskingchoice.ca/blog/2013/01/18/jan-and-antonia-zabinski-zookeepers.

21. Vanessa Gera, "New Exhibition at Warsaw Zoo Honors Polish Couple Who Saved Jews During World War II", *Haaretz*, 11 abr. 2015. Disponível em: https://www.haaretz.com/jewish/exhibition-at-warsaw-zoo-honors-couple-who-saved-jews-1.534991.

22. "Otwoccy Sprawiedliwi", *Gazeta Otwocka*, jul. 2012. Disponível em: https://otwock.pl/gazeta/2012/sprawiedliwi.pdf.

12. Rumo ao precipício

1. Relatos dessa história variam dependendo da fonte. Em uma entrevista que deu no fim dos anos 1960 num evento em que participou, Irena Sendler sugere que deve ter acontecido na casa de uma de suas conspiradoras mais próximas. Entretanto, ao minimizar seu papel nos acontecimentos, é mais provável que ela simplesmente estivesse sendo modesta e protegendo seus vizinhos no período em que ela própria estava sujeita à constante perseguição. Ver "Irena Sendlerowa, O pomocy Żydom".
2. Ibid.
3. Ibid.
4. Halina Złotnicka [Goldsmith], "Czesc Tereska VI", Jewish Calendar, Almanac 1990-1991, arquivos s.138-146; recortes de jornal, graças aos arquivos pessoais de Mirosława Pałaszewska; correspondência particular.
5. "Życie Juliana Grobelnego".
6. Ringelblum, *Journal of Emmanuel Ringelblum*, p. 28.
7. Robert Rozett, "The Little-Known Uprising: Warsaw Ghetto, January", *Jerusalem Post*, 16 jan. 2013. Disponível em: https://www.jpost.com/Opinion/Op-Ed-Contributors/The-little-known-uprising-Warsaw-Ghetto-January-1943.
8. "Odznaczenie za bohaterską postawę i niezwykłą odwagę", Office of the President of Poland, 16 mar. 2009. Disponível em: https://www.prezydent.pl/archiwum-lecha-kaczynskiego/aktualnosci/rok-2009/art,48,61,odznaczenie-za-bohaterska-postawe-i-niezwykla-odwage.html.
9. "A List (No. VII) of Welfare Cases According to Caseload 'Cell' Heads", registro 24092מ"ר, catálogo 6210, Ghetto House Fighters' Archive, base de dados. Disponível em: https://www.infocenters.co.il/gfh/multimedia/Files/Idea/%D7%90%D7%95%D7%A1%20006210.pdf#search='celnikier'.
10. "Irena Sendlerowa, O pomocy Żydom".
11. Ibid.
12. Citação em Michał Głowiński, *The Black Seasons*, p. 115.
13. Śliwówska, *The Last Eyewitnesses*.

14. Ibid.

15. "Zamordowani w óżnycrejonach Warzawy", Więźniowie Pawiaka [Vítimas de Pawiak em Varsóvia], base de dados. Disponível em: http://www.stankiewicze.com/pawiak/warszawa4.htm.

16. Graças aos arquivos pessoais de Mirosława Pałaszewska e aos arquivos da Association of the Children of the Holocaust in Poland [Associação das crianças do Holocausto na Polônia].

17. Graças aos arquivos pessoais de Mirosława Pałaszewska e aos arquivos da Association of the Children of the Holocaust in Poland [Associação das crianças do Holocausto na Polônia].

18. Graças aos arquivos pessoais de Mirosława Pałaszewska; correspondência particular.

19. Teresa Prekerowa, Żegota: Commission d'aide aux juifs; Yisrael Gutman, *The Encyclopedia of the Righteous Among the Nations*. v. 5 (Polônia). Jerusalém: Yad Vashem, 2007, pt. 2, pp. 611-12.

20. Alexandra Sližová, *Osudy zachráněných dětí Ireny Sendlerové*.

21. Michał Głowiński, *The Black Seasons*.

22. Ibid.

13. A ASCENSÃO DE ALA

1. A imagem aqui foi inspirada em um poema de Czesław Miłosz, "Campo dei Fiori".

2. "Warsaw Ghetto Uprising", Yad Vashem. Disponível em: https://www.yadvashem.org/yv/en/education/newsletter/30/warsaw_ghetto_uprising.asp.

3. Władysław Bartoszeswski, *The Warsaw Ghetto*.

4. Marek Edelman, "The Ghetto Fights".

5. Ibid.

6. "The Warsaw Ghetto: Stroop's Reports on the Battles in the Warsaw Ghetto Revolt", 16 maio 1943. Disponível em: https://www.jewishvirtuallibrary.org/stroop-rsquo-s-final-report-on-the-battles-in-the-warsaw-ghetto-revolt-may-1943.

7. Transcrição do julgamento de Eichmann. Disponível em: https://www.nizkor.org/hweb/people/e/eichmann-adolf/transcripts/Sessions/Ses-sion-025-04.html.

8. David Danow, *The Spirit of Carnival: Magical Realism and the Grotesque*. Lexington: University of Kentucky Press, 2005.

9. Ibid.

10. Teresa Prekerowa, Żegota: Commission d'aide aux juifs.

11. Ibid.

12. Anna Mieszkowska, *Prawdziwa Historia Ireny Sendlerowej*, p. 127.

13. Jonas Turkov, *Ala Golomb Grynberg*.
14. Algumas fontes alternativamente apresentam a data de 9 de maio.
15. Marek Edelman, "The Ghetto Fights".
16. Ibid.
17. Ibid.
18. Marek Edelman, "Last Surviving Leader of the 1943 Warsaw Guetto Uprising Against the Nazis", obituário, *Independent*, 7 out. 2009. Disponível em: https://www.independent.co.uk/news/obituaries/marek-edelman-last-surviving-leader-of-the-1943-warsaw-ghetto-uprising-against-the-nazis-1798644.html.
19. Marian Apfelbaum, *Two Flags: Return fo the Warsaw Ghetto*, p. 317.
20. Ibid.
21. Para um relato mais completo do caso do Hotel Polski, ver Abraham Shulman, *The case of Hotel Polski: An Account of One of the Most Enigmatic Episodes of World War II*. Nova York: Holocaust Library, 1982.
22. "Adam Żurawin", Warsaw Ghetto Database, Polish Center for Holocaust Research. Disponível em: http://warszawa.getto.pl/index.php?mod=view_record&rid=27032003204554000076&tid=osoby.
23. Andrew Nagorski, "'Vera Gran: The Accused' by Agata Tuszynska", *Washington Post*, 22 mar. 2013. Disponível em: https://www.washingtonpost.com/opinion/vera-gran-the-accused--by-agata-tuszynskatranslated-from-the-french-of-isabelle-jannes-kalinowski-by-charles-ruas/2013/03/22/6dce6116-75f2-11e2-8f84-3e4b513b1a13_story.html.
24. Vera Gran reivindicava, depois da guerra, que não fora colaboradora, e a questão tem sido bastante controvertida, como é discutido na crítica de Andrew Nagorski, entre outros. Nas suas lembranças no fim da vida, Vera Gran também acusou o "pianista" Władysław Szpilman de ter sido colaborador. Isso em geral é entendido pelos estudiosos como uma tática para confundir e possivelmente um reflexo da idade avançada de Vera e de décadas de animosidade. A publicação da biografia estimulou que o filho de Szpilman escrevesse "Libelo of My Father and His Body of Work", publicado *on-line* (e comunicado à imprensa), disponível em: http://www.wieragran.com/GranEN.html. O mesmo *site* também publicou transcrições e imagens copiadas das denúncias de Irena Sendler a Vera Gran feitas para o professor doutor Horn Maurycy, diretor do Jewish Historical Institute, em Varsóvia, em 1983 (arquivo A.051/488/80). Disponível em: http://www.veragran.com/sendler1pdf.pdf. Jonas Turkov, salvo por Ala Gołąb-Grynberg e autor da única biografia dela, também denunciou Vera Gran após a guerra por conhecidas atividades colaboracionistas.

25. "Livro novo cheio de 'mentiras e difamações', diz o filho de Władysław Szpilman", *Polskie Radio*, transmitido e transcrito em 5 nov. 2011. Disponível em: www2.polskieradio.pl/eo/print.asp?iid=142897.
26. Irena Sendler, "Youth Associations of the Warsaw Ghetto".
27. Lawrence N. Powell, *Troubled Memory: Anne Levy, the Holocaust, and David Duke's Louisiana*. Charlotte: University of North Carolina Press, 2002, p. 249; Deborah Charniewitch-Lubel, "Kolno Girls in Auschwitz", em *Kolno Memorial Book* (Kolno, Polônia). Org. Aizik Remba e Benjamin Halevy. Tel Aviv: Kolner Organization e Sifirat Poalim, 1971. Disponível em: https://www.jewishgen.org/Yizkor/kolno/kole056.html.
28. Jadwiga Rytlowa, "Chaja Estera Stein (Teresa Tucholska-Körner): The First Child of Irena Sendler", Museum of the History of Polish Jews, 4 set. 2010. Disponível em: https://sprawiedliwi.org.pl/en/cms/your-stories/360,chaja-estera-stein-teresa-tucholska-k-rner-the--first-child-of-irena-sendler-/.
29. "Irena Sendlerowa, O pomocy Żydom".

14. Aleja Szucha

1. "Irena Sendlerowa, O pomocy Żydom". Ver também "Stolarski Family", Museum of the History of Polish Jews, base de dados. Disponível em: https://sprawiedliwi.org.pl/en/stories--of-rescue/story-rescue-stolarski-family.
2. "Irena Sendlerowa", Museum of the History of Polish Jews, base de dados. Disponível em: https://sprawiedliwi.org.pl/pl/cms/biografia-83/.
3. "Irena Sendlerowa, O pomocy Żydom".
4. Wanda D. Lerek, *Hold on to Life, Dear: Memoirs of a Holocaust Survivor*. [S.l.]: W. D. Lereck, 1996.
5. "Gestapo Headquarters Szucha Avenue and Pawiak Prison — Warsaw", Holocaust Education and Archive Research Team. Disponível em: http://www.holocaustresearchproject.org/nazioccupation/poland/pawaiak; embora não seja um *site* acadêmico, a fonte inclui uma coleção importante de fotos históricas de Pawiak e um resumo excelente.
6. Ibid.
7. Anna Czuperska-Śliwicka, *Czerty Lata Ostrego Dyżuru: Wspomnienia Z Pawiaka, 1930-1944*. Varsóvia: Czytelnik, 1965; ver também Pawiak Museum, Varsóvia, material de exposição, 2013.
8. Regina Domańska, Pawiak, *Więzienie Gestapo, Kronika, 1939-1944*. Varsóvia: Książka I Wiedza, 1978; ver também Anna Czuperska-Śliwicka, *Czerty Lata Ostrego Dyżuru*, e Pawiak Museum, Varsóvia, material de exposição, 2013.

9. "Barbara Dietrych Wachowska", biografia *on-line*. Disponível em: http://pl.cyclopaedia.net/wiki/Bar-bara_Dietrych-Wachowska. Algumas fontes dizem que Helena Pęchin e Barbara Dietrych-Wachoswska foram presas apenas dias antes de Irena. Mas aqueles que conheciam Irena Sendler pessoalmente relatam que as três mulheres foram presas no mesmo dia no cerco que resultou da quebra do posto de correio da lavanderia. Qualquer que seja o caso, o certo é que Irena e Barbara Dietrich dividiram uma cela em Pawiak nessa ocasião. Graças também ao falecido Yoram Gross por essa pesquisa, comunicação pessoal.

10. Mirosław Roguszewski, *Powstańcze Oddziały Specjalne "Jerzyki" w latach 1939-1945*. Bydgoszcz: [s.n.], 1994.

11. Anna Czuperska-Śliwicka, *Czerty Lata Ostrego Dyżuru*.

12. Irene Tomaszewski e Tecia Webowski, *Code Name: Żegota*.

13. "Gestapo Torture of Jews in Warsaw Prisons Reported, List of Guilty Nazis", JTA, 19 out. 1942. Disponível em: https://www.jta.org/1942/10/19/archive/gestapo-torture-of-jews-in-warsaw-prisons-reported-list-of-guilty-nazis-published.

14. Pawiak Museum, Varsóvia, material de exposição, 2013.

15. Irene Tomaszewski e Tecia Webowski, *Code Name: Żegota*, p. 58.

16. Jerzy Korczak, *Oswajanie strachu*.

17. Jonas Turkow, *Ala Golomb Grynberg*.

18. "Aktion Erntefest", *Holocaust Encyclopedia*, United States Holocaust Memorial Museum. Disponível em: https://encyclopedia.ushmm.org/content/en/article/aktion-erntefest-operation-harvest-festival.

19. Teresa Prekerowa, *Żegota: Commission d'aide aux juifs*.

20. Władysław Bartoszewski e Zofia Lewinówna, *Ten jest z ojczyzny mojej: Polacy z pomocą Żydom, 1939-1945*. Varsóvia: Świat Książki, 2007, p. 370.

21. Barbara Jankowska-Tobijasiewicz, "Irenę Sendlerową i Barbarę Ditrich: niezwykłe sasiadki z ul. Ludwiki wspomina", *Urząd Dzielnicy Wola*, 28 jan. 2010, arquivo 46/347. Disponível em: https://wola.waw.pl/page/341,internetowe-wydanie-kuriera-wolskiego---wszystkie-numery.html?date=2010-01-00&artykul_id=394; traz o testemunho de Barbara Jankowska-Tobijasiewicz, que morava no prédio de Irena Sendler e Barbara Dietrich quando criança.

22. Marcin Mierzejewski, "Sendler's Children: The Polish Voice". Ver também "Deneko Family: Rescue Story", Yad Vashem, base de dados.

23. Teresa Prekerowa, *Żegota: Commission d'aide aux juifs*. E *Autobiografia*.

15. A EXECUÇÃO DE IRENA

1. Teresa Prekerowa, *Żegota: Commission d'aide aux juifs*. E *Autobiografia*.
2. Irena Sendler, notas autobiográficas, arquivo ZIH, Materialy Zabrane w Latach, 1995-2003, szgn. S/353, arquivo IS-04-85-R.
3. Ibid.
4. "Irena Sendlerowa, O pomocy Żydom".
5. Ibid.
6. Ibid.
7. Ibid.
8. Delegação Governamental para a Polônia, pastas de arquivo, assinatura 202/II-43, Departamento do Interior, rpt. Krzysztofa Komorowskiego, *Polityka i Walka: Konspiracja Zbrojna Ruchu Narodowego, 1939-1945*. Varsóvia: Oficyna Wydawnicza Rytm, 2000; ver Zołnierze Przeklieci Nacjonalizmzabija, 20 dez. 2013. Disponível em: https://zolnierzeprzekleci.wordpress.com/listy-nienawisci/.
9. "Irena Sendler", Museum of the History of Polish Jews, base de dados.
10. Diane Ackerman, *The Zookeepers's Wife*, p. 196.
11. Halina Grubowska, correspondência particular/entrevista.
12. Janina Goldhar, correspondência particular.
13. "Fundacja Taubego na rzecz Życia I Kultury Żydowskiej przedstawia Ceremonię Wrecenia Nagrody im. Ireny Sendlerowej", programa de 2013.
14. Ibid. Ver também Anna Mieszkowska, *Prawdziwa Historia Ireny Sendlerowej*.
15. Joanna Papuzińska-Beksiak, Muzeum Powstania Warszawskiego, arquivos de história oral, 13 jan. 2012. Disponível em: https://www.1944.pl/archiwum-historii-mowionej/joanna-papuzinska-beksiak,2792.html. As informações sobre esse acontecimento foram retiradas em grande parte da história contada nessa entrevista oral.
16. "Chaja Estera Stein", Museum of the History of Polish Jews, base de dados.
17. Yad Vashem, Righteous Among Nations, base de dados. Disponível em: http://db.yadvashem.org/righteous/family.html?language=en&itemId=4034600.
18. "Życie Juliana Grobelnego", *RelatioNet*, 3 out. 2007. Disponível em: http://grju93brpo.blogspot.ca/2007/10/ycie-juliana-grobelnego.html.
19. Teresa Prekerowa, *Żegota: Commission d'aide aux juifs*.
20. Anna Mieszkowska, *Prawdziwa Historia Ireny Sendlerowej*.
21. "Irena Sendlerowa", Association of the Children of the Holocaust in Poland.
22. Ibid.

23. Ibid.
24. Ibid.

16. A Revolta de Varsóvia

1. Museum of the History of Polish Jews, Righteous, base de dados. Disponível em: https://sprawiedliwi.org.pl/en/stories-of-rescue/story-rescue-stolarski-family.
2. Alexandra Richie, *Warsaw 1944: Hitler, Himmler, and the Warsaw Uprising*. Nova York: Farrar, Strauss and Giroux, 2013; crítica de Irene Tomaszewski, *Cosmopolitan Review*, v. 6, n. 1, 2014. Disponível em: http://cosmopolitanreview.com/warsaw-1944/.
3. Ibid.
4. Zygmunt Skarbeb-Kruszewski, *Bellum Vobiscum: War Memoirs*. Org. Jurek Zygmunt Skarbeb. [S.l.]: Skarbeb Consulting Pty, 2001.
5. Hans Frank, *Diary of Hans Frank*, National Archives of the United States, Washington, DC, publicação T992, microfilme. Disponível em: http://www.archives.gov/research/captured-german-records/microfilm/t992.pdf.
6. Central Commission for Investigation of German Crimes in Poland, *German Crimes in Poland*. Nova York: Howard Fertig, 1982.
7. "Irena Sendler", Museum of the History of Polish Jews, Righteous [Among Nations], base de dados.
8. "Maria Palester", Museum of the History of Polish Jews, Righteous [Among Nations], base de dados.
9. Memórias de Andrzej Rafal Ulankiewicz, "'Warski II: Nattalion 'Parasol' (Umbrella)". In: Warsaw Uprising, 1944. Disponível em: http://www.warsawuprising.com/witness/parasol.htm. Uma daquelas jovens mulheres era Maria Stypułkowska, codinome "Kama". Ela tinha se alistado no Exército Nacional aos dezessete anos como mensageira e já era lendária *expert* assassina e sabotadora. A execução de Franz Kutschera, alemão da SS e chefe de polícia do Reich em Varsóvia, morto em 1º de fevereiro de 1944, deu-se pelas mãos de Maria. Ela sobreviveu à guerra para contar suas histórias; ver, por exemplo, sua declaração em vídeo "Maria Kama's Stypułkowska-Chojecka popiera Komorowskiego — a Ty?", gravado por Bronisław Komorowski, 27 maio 2010. Disponível em: https://www.youtube.com/watch?v=LOQaeuv9b6Y.
10. Irena Sendler, "Youth Associations of the Warsaw Ghetto".
11. Zygmunt Skarbek-Kruszewski, *Bellum Vobiscum*.
12. Anna Mieszkowska, *Prawdziwa Historia Ireny Sendlerowej*.
13. Arquivos de Mirosława Pałaszewska e correspondência particular.

14. Arquivos de Mirosława Pałaszewska.
15. "Irena Sendler", Museum of the History of Polish Jews, Righteous [Among Nations], base de dados.
16. Anna Mieszkowska, *Prawdziwa Historia Ireny Sendlerowej*.
17. Magdalena Grochowska, "Lista Sendlerowej".
18. Ada Pagis, "A Rare Gem", *Haaretz*, 9 maio 2008. Disponível em: https://www.haaretz.com/1.4978694; crítica de *Ir Betoch Ir* [Uma cidade dentro de uma cidade], diário de Batia Temkin-Berman. Trad. Uri Orlev. Jerusalém: Yad Vashem, 2008.
19. Śliwówska, *The Last Eyewitnesses*.
20. Irena Sendler, "Youth Associations of the Warsaw Ghetto".

17. Como as histórias terminaram

1. Arash Kheradvar e Gianni Pedrizzetti, *Vortex Formation in the Cardiovascular System*. Nova York: Springer, 2012.
2. Irena Sendler, "Youth Associations of the Warsaw Ghetto".
3. "Elżbieta Ficowska", declaração, Association of the Children of the Holocaust in Poland. Disponível em: https://dzieciholocaustu.org.pl/szab58.php?s=en_myionas_11.php.
4. Michał Głowiński, *The Black Seasons*.
5. Ibid.
6. Correspondência particular.
7. "The Trees of Warsaw", *New York Times*. Disponível em: https://www.nytimes.com/1983/08/07/magazine/the-trees-of-warsaw.html?pagewanted=all.
8. "Fundacja Taubego na rzecz Życia I Kultury Żydowskiej przedstawia Ceremonię Wrecenia Nagrody im. Ireny Sendlerowej", programa de 2013. Também arquivos de Mirosława Pałaszewska e correspondência particular.
9. Ibid. Ver também obituário, "Irena Sendler, Saviour of Children in the Warsaw Ghetto, Died on May 12th, aged 98", *Economist*, 24 maio 2008. Disponível em: https://www.economist.com/obituary/2008/05/22/irena-sendler.
10. "Irena Sendlerowa", Association of the Children of the Holocaust in Poland.
11. Arquivos de Mirosława Pałaszewska e correspondência particular; também Michał Głowiński, *The Black Seasons*, p. 87.
12. Arquivos de Mirosława Pałaszewska e correspondência particular; também Michał Głowiński, *The Black Seasons*, p. 86.
13. Ibid.

14. Iwona Rojek, "To była matka całego świata — córka Ireny Sendler opowiedziała nam o swojej mamie", *Echo Dnia Siłętokryzskie*, 9 dez. 2012. Disponível em: https://echodnia.eu/wiadomosci/kielce/art/8561374,to-byla-atka-calego-swiata-corka-ireny-sendler-opowiedziala-nam-o-swojej-mamie,id,t.html.

15. Anna Mieszkowska, *Prawdziwa Historia Ireny Sendlerowej*.

16. Michał Głowiński, *The Black Seasons*.

Coda: O desaparecimento da história de Irena Sendler, 1946-2008

1. Irena Sendler, "Youth Associations of the Warsaw Ghetto".

2. Joseph Bottum, "Good People, Evil Times: The Women of Żegota", *First Things*, 2009. Disponível em: http://www.firstth-ings.com/blogs/firstthoughts/2009/04/good-people-evil-times-the-women-of-Żegota.

3. Anna Mieszkowska, *Prawdziwa Historia Ireny Sendlerowej*.

4. Alexandra Sližová, *Osudy zachráněných dětí Ireny Sendlerové*.

5. "Fundacja Taubego na rzecz Życia I Kultury Żydowskiej przedstawia Ceremonię Wrecenia Nagrody im. Ireny Sendlerowej", programa de 2013.

6. Magdalena Grochowska, "Lista Sendlerowej".

7. Yoram Gross, correspondência particular.

8. Joachim Wieler, "The Long Path to Irena Sendler".

9. Magdalena Grochowska, "Lista Sendlerowej".

10. Hans G. Furth, "One Million Polish Rescuers of Hunted Jews?", *Journal of Genocide Research*, v. 1, n. 2, pp. 227-32, 1999.

11. Irena Sendler, notas autobiográficas, arquivo ZIH, Materialy Zabrane w Latach, 1995-2003, szgn. S/353, arquivo IS-04-85-R.

12. Aleksandra Zawłocka, "The Children of Ms. Sendler", Canadian Polish-Jewish Heritage Foundation. Disponível em: http://www.polish-jewish-heritage.org/eng/The_Children_of_Ms_Sendler.htm também Museum of the History of Polish Jews, Righteous [Among Nations], base de dados. Disponível em: http://www.sprawiedliwi.org.pl/en/cms/biography-83/.

13. Scott T. Allison e George R. Goethals, *Heroes: What They Do and Why We Need Them*. Oxford: Oxford University Press, 2010, p. 24.

14. Anil Dutt Misra, *Inspiring Thoughts of Mahatma Gandhi*. Délhi: Concept Publishing, 2008, p. 36.

Fontes adicionais consultadas para este livro incluem: Halina Grubowska, *Ta, Która Ratowała Żydów: rzecz o Irenie Sendlerowej*. Varsóvia: Żydowski Instytut Historyczny im. Emanuela Ringelbluma, 2014; Władysław Bartoszewski, "Powstanie Ligi do Walki z Rsizmem w 1946 r.," *Więź*, 238-45, 1998; Tomasz Szarota, "Ostatnia Droga Doktora: Rozmowa Z Ireną Sendlerową", *Historia*, v. 21, 24 maio 1997; Janina Sacharewicz, "Irena Sendlerowa: Działanie Z Potrzeby Serca", *Słowo Żydowskie*, 20 abr. 2007; Mary Skinner, *Irena Sendler: In The Name of Their Mothers* (documentário), 2011; "Bo Ratowała Życie", *Gość Warszaska*, n. 6, 11 fev. 2007; e Abhijit Thite, *The Other Schindler... Irena Sendler: Saviour of the Holocaust Children*. Trad. Priya Gokhale. Pune, Índia: Ameya Prakashan, 2010.

Referências bibliográficas

"50 Razy Kara Śmierci: Z Jadwigą Piotrowską", 11 maio 1986, ZIH, Materialy Zabrane w Latach, 1995-2003, szgn. S/353.

"A Forgotten Voice from the Holocaust", *Warsaw Voice*, 31 mar. 2001. Disponível em: http://www.warsawvoice.pl/WVpage/pages/article.php/23365/article.

ACKERMAN, Diane. "The Zookeeper's Wife: A War Story". Nova York: W.W. Norton, 2008.

"Adam Żurawin Warsaw Ghetto Database", Polish Center for Holocaust Research. Disponível em: http://warszawa.getto.pl/index.php?mod=view_record&rid=27032003204554000076&tid=osoby/.

ADLER, Stanislaw. "In the Warsaw Ghetto: 1940-1943: An Account of a Witness". Trad. Sara Philip. Jerusalém: Yad Vashem, 1982.

"Adolf Abraham Berman", Shoah Resource Center, Yad Vashem. Disponível em: https://www.yadvashem.org/odot_pdf/Microsoft%20Word%20-%205996.pdf.

"Aktion Erntefest", *Holocaust Encyclopedia*, United States Holocaust Memorial Museum. Disponível em: https://encyclopedia.ushmm.org/content/en/article/aktion-erntefest-operation-harvest-festival.

"Ala Gołąb [Golomb] Grynberg", Warsaw Ghetto Database, Polish Center for Holocaust Research. Disponível em: http://warszawa.getto.pl/index.php?mod=view_record&rid=07051998094230000004&tid=osoby&lang=en.

APFELBAUM, Marian. "Two Flags: Return to the Warsaw Ghetto". Jerusalém: Geffen Publishing House, 2007.

APT RUSSELL, Sharman. "Hunger: An Unnatural History". Nova York: Basic Books, 2006.

ARAD, Yitzhak. "Belzec, Sobibor. Treblinka: The Operation Reinhard Death Camps". Bloomington: Indiana University Press, 1999.

ARAD, Yitzhak. "The Nazi Concentration Camps: Jewish Prisoner Uprisigns in the Treblinka and Sobibor Extermination Camps". Proceedings of the Fourth Annual Yad Vashem International Conference, Jerusalém, jan. 1980. Disponível em: https://www.jewishvirtuallibrary.org/jsource/Holocaust/resistyad.htlm.

ARAD, Yitzhak; KRAKOWSKI, Shmuel; SPECTOR; Shmuel (orgs.). "Einsatzgruppen Reports". Jerusalém: Yad Vashem, 1989.

AXELROD, Toby. "Treblinka Survivor Attends Berlin Cerimony". *Jewish Telegraphic Agency*, 1 ago. 2005. Disponível em: https://www.jta.org/2005/08/01/lifestyle/treblinka-survivor-attends-berlin-ceremony.

"Barbara Dietrych Wachowska", biografia. Disponível em: http://pl.cyclopaedia.net/wiki/Barbara_Dietrych-Wachowska.

BARRÉ, Davi; MOZOLEWSKA, Agata. "Elle, elle a sauvé les autres…" Paris: Cosmogone, 2009.

BARTOSZEWSKI, Władysław. "1859 Dnii Warzawy". Cracóvia: Wydawnictwo Znak, 1974.

BARTOSZEWSKI, Władysław. "Powstanie Ligi do Walki z Rsizmem w 1946 r.", Więź, pp. 238-45, 1998.

BARTOSZEWSKI, Władysław. "The Warsaw Guetto: A Christian's Testimony". Trad. Stephen J. Capellari. Boston: Beacon Press, 1987.

BARTOSZEWSKI, Władysław; LEWINÓWNA, Zofia. "Ten jest z ojczyzny mojej: Polacy z pomoca Żydom 1939-1945". Varsóvia: Świat Książki, 2007.

BIERNACKI, Andrzej. "Zatajony artysta. O Wacławie Borowym, 1890-1950: Wybór szkiców i wspomnień". Lublin: Norbertinum, 2005.

BINGHAM, Marjorie Wall. "Women and the Warsaw Ghetto: A Moment to Decide". World History Connected. Disponível em: https://worldhistoryconnected.press.uillinois.edu/6.2/bingham.html.

BLOBAUM, Robert. "Anti-Semitism and Its Opponents in Modern Poland". Ithaca: Cornell Universtiy Press, 2005.

"Bo Ratowała Życie", *Gość Warszaska*, n. 6, 11 fev. 2007.

BOGNER, Nahum. "At the Mercy of Strangers: The Rescue of Jewish Children with Assumed Identities in Poland." Jerusalém: Yad Vashem, 2009.

BOGNER, Nahum. "The Convent Children: The Rescue of Jewish Children in Polish Convents During the Holocaust", Shoah Resource Center, Yad Vashem. Disponível em: https://www.yadvashem.org/yv/en/righteous/pdf/resources/nachum_bogner.pdf.

BRITISH BROADCASTING CORPORATION. "BBC on This Day: September 1, 1939." Disponível em: http://news.bbc.co.uk/onthisday/hi/dates/stories/september/1/newsid_3506000/3506335.stm.

BROJEK, Paweł. "Piąta rocznica śmierci Ireny Sendlerowej, Sprawiedliwej wśród Narodów Świata", *Prawy*, 12 maio 2013. Disponível em: https://prawy.pl/wiara/3049-piata-rocznica-smierci-ireny-sendlerowej-sprawiedliwej-wsrod-narodow-swiata.

BUDREWICZ, Olgierd. "Warszawa w Starej Fotografii". Olszanica: Wydawnictwo BOSZ, 2012.

BÜLOW, Louis. "Irena Sendler: an Unsung Heroine". Disponível em: http://www.auschwitz.dk/sendler.htm.

CASA DA MOEDA DA POLÔNIA. "Poles Saving Jews: Irena Sendlerowa, Zofia Kossak, Sister Matylda Getter". Disponível em: https://www.mennica.com.pl/en/products-and-services/mint-products/nbp-coins/collector-coins/product/zobacz/poles-savings-jews-irena-sendlerowa-zofia-kossac-sister-matylda-getter-pln-2.html.

CEGIELSKI, Tadeusz. "Liberum Conspiro, or the Polish Masonry between the Dictatorship and Totalitarianism, 1926-1989". *Le Communism et les Elites en Europe Centrale*, 31 mar. 2004, École Normale Supérieure, colloquium presentation. Disponível em: www1.ens.fr/europecentrale/colloque_elites2004/4Documents/Resumes/Cegielski_resum.htm.

CENTRAL COMMISSION FOR INVESTIGATION OF GERMAN CRIMES IN POLAND. "German Crimes in Poland". Howard Fertig, Nova York: n.p. 1982.

"Central Welfare Council", Shoah Resource Center, Yad Vashem. Disponível em: https://www.yadvashem.org/odot_pdf/Microsoft%20Word%20-%205913.pdf.

CESARANI, David; KAVANAUGH, Sarah. "Holocaust: Jewish Confrontations with Persecution and Mass Murder. v. 4: The Holocaust: Critical Concepts in Historical Study". Londres: Routledge, 2004.

COMMISSION FOR THE HISTORY OF POLISH NURSES'S ASSOCIATION. "The Nursing School at the Orthodox Jews Hospital at Czyste district in Warsaw". Disponível em: http://www.wmpp.org.pl/en/nursing-schools/the-nursing-school-at-the-orthodox-jew-hospital-at-czyste-disctric-in-warsaw-html.

CZERNIAKOW, Adam. "Warsaw Diary of Adam Czerniakow: Prelude do Doom". Raul Hilberg (org.). Chicago: Ivan R. Dee, 1999.

CZUPERSKA-ŚLIWICKA, Anna. "Czerty Lata Ostrego Dyżuru: Wspomnienia Z Pawiaka, 1930-1944". Varsóvia: Czytelnik, 1965.

DANOW, David. "The Spirit of Carnival: Magical Realism and the Grotesque". Lexington: University of Kentucky Press, 2005.

"Deportation to and from the Warsaw Ghetto", *Holocaust Enclyclopedia*, United States Memorial Museum. Disponível em: https://encyclopedia.ushmm.org/content/en/article/deportations-to-and-from-the-warsaw-ghetto.

"Directive n°1 for the Conduct of the War", Avalon Project: Yale Law School. Disponível em: https://avalon.law.yale.edu/imt/wardir1.asp.

DOBRACZYŃSKI, Jan. "Tylko w jednym życiu". Varsóvia: Pax, 1977.

DOMAŃSKA, Regina. "Pawiak, Więzienie Gestapo, Kronika, 1939-1944". Varsóvia: Książka I Wiedza, 1978.

EDELMAN, Marek. *The Ghetto Fights*. In: "The Warsaw Ghetto: The 45th Anniversary of the Uprising". [S.l.]: Interpress Publishers, [s.d.], pp. 17-39. Disponível em: http://www.writing.upenn.edu/~afilreis/Holocaust/.

"Edwin Weiss", Warsaw Ghetto Database, Polish Center for Holocaust Research. Disponível em: http://warszawa.getto.pl/index.php?mod=view_record&rid=09121996103040000001&tid=osoby.

ENGELGARD, Jan. "To Dobraczyński był bohaterem tamtego czasu", *Konserwatyzm*, 19 jun. 2013. Disponível em: https://konserwatyzm.pl/to-Dobraczyński-byl-bohaterem-tamtego-czasu/. Review of Ewa Kurek, *Dzieci żydowskie w klasztorach. Udział żeńskich zgromadzeń zakonnych w akcji ratowania dzieci żydowskich w Polsce w latach, 1939-1945*. Zakrzewo: Replika, 2012.

FICOWSKA, Elżbieta. "Testimony of Elżbieta Ficowska". Association of the Children of the Holocaust in Poland. Disponível em: https://dzieciholocaustu.org.pl/szab58.php?s=en_myionas_11.php.

FILIPOWICZ, Boguslaw. "Nadzieja spełniona: dzieło Ireny Sendlerowej", *Quarterly Research*, v. 1, n. 1, 2010. Disponível em: http://www.stowarzyszeniefidesetratio.pl/Presentations0/09Flipipowicz.pdf.

FOX, Frank. "Endangered Species: Jews and Buffaloes". *The Scrolls*. Disponível em: www.zwojescrolls.com/zwoje30/text17.htm.

FRANK, Hans. "Diary of Hans Frank", National Archives of the United States, Washington, DC, publicação T992, microfilme. Disponível em: http://www.archives.gov/research/captured-german-records/microfilm/t992.pdf.

"Fundacja Taubego na rzecz Życia I Kultury Żydowskiej przedstawia Ceremonię Wręczenia Nagrody im. Ireny Sendlerowej", programa de 2013, Museum of the History of Polish Jews. Disponível em: http://nagrodairenysendlerowej.pl/dir_upload/download/thumb/9b515fb73c99cb31408f589b0b27.pdf.

FURTH, Hans G. "One Million Polish Rescuers of Hunted Jews?", *Journal of Genocide Research*, v. 1, n. 2, pp. 227-32, 1999.

"Gestapo Headquarters: Szucha Avenue and Pawiak Prison — Warsaw", Holoucaust Education and Archive Research Team. Disponível em: http://www.holocaustresearchproject.org/nazioccupation/poland/pawaiak.

GŁOWIŃSKI, Michał. "The Black Seasons". Trad. Marci Shore. Evanston: Northwestern University Press, 2005.

GÓRA, Barbara. "Anna Braude Hellerowa". Varsóvia: Stowarzyszenie Dzieci Holocausta, 2011, pp. 38-39.

GOVERNMENT FOR POLAND; Department of the Interior. Folder 202/II-43. In: KOMOROWSKI, Krzysztof. "Polityka i walka: Konspiracja zbrojna ruchu narodowego, 1939-1945". Varsóvia: Oficyna Wydawnicza Rytm, 2000.

GRABSKI, August; GRUDKA, Piotr. "Polish Socialists in the Warsaw Ghetto". Emmanuel Ringelblum Jewish Historical Institute, Varsóvia. Disponível em: http://www.jhi.pl/en/publications/52.

GROCHOWSKA, Magdalena. "Lista Sendlerowej: Reportaž Z 2001 Roku", *Gazeta Wyborcza*, 12 maio 2008.

GRODIN, Michal A. (org.). "Jewish Medical Resistance in the Holocaust." Nova York: Berghan, 2014.

"Grojanowski Report", Shoah Resource Center, Yad Vashem. Disponível em: https://www.yadvashem.org/odot_pdf/micro-soft%20word%20-%206317.pdf.

GRUBOWSKA, Halina. "Ta, Która Ratowała Żydów: rzecz o Irenie Sendlerowej". Varsóvia: Zydowski Instytut Historyczny im. Emanuela Ringelbluma, 2014.

GUTENBAUM, Jakub; LATAŁA, Agnieszka (eds.) "The Last Eyewitnesses: Children of the Holocaust Speak". v. 2. Evanston: Northwestern University Press, 2005.

GUTMAN, Israel. "The Encyclopedia of the Righteous Among the Nations", v. 5. Jerusalém: Yad Vashem, 2007 (Polônia).

HALTER, Marek. "Stories of Deliverance: Speaking with Men and Women Who Rescued Jews from the Holocaust". Chicago e La Salle, il: Open Court, 1997.

HALTOF, Marek. "Polish Film and the Holocaust: Politics and Memory". Nova York: Berghan Books, 2012.

HAMMARBERG, Thomas. "2007 Janusz Korczak Lecture: Children's Participation". Bruxelas: Commissioner for Human Rights; Council of Europe, 2007. Disponível em: https://rm.coe.int/090000168046c47b.

HARCERSTWA POLSKIEGO, Związek. "Rediscover Polish Scouting", Polish Scouting and Guiding Association. Disponível em: https://issuu.com/zhp_pl/docs/rediscoverpolishscouting.

HARDING, Louette. "Irena Sendler, A Holocaust Heroine", *Mail Online*, 1 ago. 2008. Disponível em: https://www.dailymail.co.uk/home/you/article-1037057/Irena-Sendler-Holocaust-heroine.html.

HAVEN, Cynthia. "Life in Wartime Warsaw... Not Quite What You Thought", entrevista com Hana Rechowicz, 21 maio 2011. Disponível em: http://bookhaven.stanford.edu/tag/jadwiga-piotrowska/.

HIRSZFELD, Ludwik. "The Story of One Life". Trad. Marta A. Balinska. Rochester: University of Rochester Press, 2014.

HRYNIEWICZ, Bohdan. "My Boyhood War: Warsaw, 1944". Stroud, UK: The History Press, 2015.

HUGMAN, Richard (org.). "Understanding International Social Work: A Critical Analysis". Nova York: Palgrave, 2010.

INSTYTUT PAMIĘCI NARODOWEJ (IPN). "Polacy Ratujący Żydów w Latach ii Wojny Światowej", Varsóvia, 2005. Disponível em: https://ipn.gov.pl/__data/assets/pdf_file/0004/55426/1-21712.pdf.

IPN TV. "Relacja Piotra Zettingera o ucieczce z warszawskiego getta" (entrevista em vídeo de Piotr Zettinger). Disponível em: https://www.youtube.com/watch?v=tY3WxXUiYzo.

"Irena Sendler Award for Repairing the World", descrição do programa, Centrum Edukacji Obywatelskiej. Disponível em: https://sendler.ceo.org.pl/.

"Irena Sendler", Database of Polish Righteous, Museum of the History of Polish Jews. Disponível em: https://sprawiedliwi.org.pl/en/o-sprawiedliwych/irena-sendlerowa.

"Irena Sendler, Saviour of Children in the Warsaw Ghetto, Died on May 12th, aged 98", *Economist*, 24 maio 2008. Disponível em: https://www.economist.com/obituary/2008/05/22/irena-sendler.

"Irena Sendlerowa", Association of the Children of the Holocaust in Poland. Disponível em: https://dzieciholocaustu.org.pl/szab58.php?s=en_sendlerowa.php.

"Irena Sendlerowa", *O Pomocy Żydom*, Lewico, 6 out. 2011. Disponível em: http://lewicowo.pl/o-pomocy-zydom/.

JACKL, Klara. "Father Boduen Children's Home: A Gateway to Life", Museum of the History of Polish Jews, 11 jun. 2012. Disponível em: http://www.sprawiedliwi.org.pl/en/cms/your-stories/794/.

"Jadwiga Maria Józefa Piotrowska", Geni Database. Disponível em: https://www.geni.com/people/Jadwiga-Piotrowska/6000000015472386167.

JANKOWSKA-TOBIJASIEWCZ, Barbara. "Irenę Sendlerową i Barbarę Ditrich: niezwykłe sąsiadki z ul. Ludwiki wspomina", Urząd Dzielnicy Wola, 28 jan. 2010. Disponível em: www.wola.waw./pl/page/341,iternetowe-wydanie-kuriera-wolskiego-wszystkie-numery.html?date=2010-01-00&artykul_id=394.

JANKOWSKA-TOBIJASIEWICZ, BARBARA. "Irenę Sendlerową i Barbarę Ditrich: niezwykłe sąsiadki z ul. Ludwiki wspomina", Urząd Dzielnicy Wola, 28 jan. 2010. Disponível em: www.wola.waw./pl/page/341,iternetowe-wydanie-kuriera-wolskiego—-wszystkie-numery.html?date=2010-01-00&artykul_id=394.

"Janusz Korczak", Adam Mickiewicz Institute, Varsóvia. Disponível em: http://www.diapozytyw.pl/en/site/ludzie/.

"Janusz Korczak: A Polish Hero at The Jewish Museum", Culture, v. 24, 7 dez. 2006. Disponível em: https://www.culture24.org.uk/history-and-heritage/art41997.

JEWISH HISTORICAL INSTITUTE ASSOCIATION OF WARSAW. Virtual Sztetl Project, "Janusz Korczak's Orphanage in Warsaw", trad. Ewelina Gadomska. Disponível em: https://szetl.org.pl/en/article/warszawa/39,heritagesites/3518,janusz-korczak-s-orphanage-in-warsaw-92-krochmalna-street-until-1940/.

JOCKUSCH, Laura; LEWINSKY, Tamar. "Paradise Lost? Postwar Memory of Polish Jewish Survival in the Soviet Union", Holocaust and Genocide Studies, v. 24, n. 3, pp. 373-99, 2010.

K. DARGIELOWA, Warsaw Ghetto Database, Polish Center for Holocaust Research. Disponível em: http://warszawa.getto.pl/index.php?mod=view_record&rid=20051997191448000001&tid=osoby.

KAUFMAN, Michał T. "Marek Edelman, Commander in Warsaw Ghetto Uprising, Dies at 90", obituário, New York Times, 3 out. 2009. Disponível em: https://www.nytimes.com/2009/10/03/world/europe/03edelman.html.

KOMOROWSKI, Bronisław. "Maria Kama's Stypułkowska-Chojecka popiera Komorowskiego—a Ty?", 27 maio 2010. Disponível em: https://www.youtube.com/watch?v=LOQaeuv9b6Y.

KOMOROWSKIEGO, Krzysztof. "Polityka i Walka: Konspiracja Zbrojna Ruchu Narodowego, 1939-1945". Varsóvia: Oficyna Wydawnicza Rytm, 2000.

KORCZAK, Janusz. "A Child's Right to Respect". Estrasburgo: Council of Europe Publishing, 2009. Disponível em: https://www.coe.int/t/commissioner/source/prems/PublicationKorczak_en.pdf.

KORCZAK, Janusz. "Ghetto Diary". New Haven: Yale University Press, 2003.

KORCZAK, Jerzy. "Oswajnie strachu". Varsóvia: Wydawnictwo Muza, 2007.

KROLL, Chana. "Irena Sendler: Rescuer of the Children of Warsaw". Chabad.org. Disponível em: https://www.chabad.org/theJewishWoman/article_cdo/aid/939081/jewish/Irena-Sendler.htm.

KUREK, Ewa. "Your life Is Worth Mine: How Polish Nuns Saved Hundreds of Jewish Children in German-Occupied Poland, 1939-1944". Nova York: Hippocrene Books, 1977.

KURZMAN, Dan. "The Bravest Battle: The 28 Days of the Warsaw Ghetto Uprising". Boston: Da Capo Press, 1993.

LAND-WEBER, Ellen. "Conditions for the Jews in Poland". Humboldt State University. Disponível em: http://ellenlandweber.com/rescuers/book/Makuch/conditionsp.html.

LAND-WEBER, Ellen. "To Save a Life: Stories of Holocausto Rescue". Champaign-Urbana: University of Illinois Press, 2002.

LEREK, Wanda D. "Hold on to Life, Dear: Memoirs of a Holocaust Survivor". [S.l.]: W.D. Lereck, 1996.

LEWIN, Abraham. "A Cup of Tears: A Diary of the Warsaw Ghetto". POLONSKY, Antony (org.). Waukegan, IL: Fontana Press, 1990.

"Life and Activity of Helena Twóczość Radlińskie". Disponível em: https://sciaga.pl/tekst/69744-70-zycie_twoczosc_i_dzialalnosc_heleny_radlinskiej.

LIFTON, Betty Jean. "The King of Children: A Biography of Janusz Korczak". Nova York: Schocken, 1989.

LIV, Andras. "1912-1942: Korczak Orphanage Fate in Warsaw: Krochmalna 92-Chłodna 33-Sienna 16", 2 jun. 2012. Disponível em: http://jimbaotoday.blogspot.com/2012/01/korczak-orphanage-in-warsaw_02.html.

"Livro novo cheio de 'mentiras e difamações', diz o filho de Władysław Szpilman", Polskie Radio, transmitido e transcrito em 5 nov. 2011. Disponível em: www2.polskieradio.pl/eo/print.asp?iid=142897.

MARCINKOWSKI, Robert. "Then and Now". Wydwnictwo Mazowsze, 2011.

"Marek Edelman: Last Surviving Leader of the 1943 Warsaw Guetto Uprising Against the Nazis", *Independent*, 7 out. 2009, obituário. Disponível em: https://www.independent.co.uk/news/obituaries/marek-edelman-last-surviving-leader-of-the-1943-warsaw-ghetto-uprising-against-the-nazis-1798644.html.

"Maria Palester", Museum of the History of Polish Jews. Disponível em: https://sprawiedliwi.org.pl/en/story-of-maria-palester.

MARK, Paul. "Traditional Jewish Attitudes Toward Poles", jan. 2015. Disponível em: http://www.kpk-toronto.org/wp-content/uploads/jewish_attitudes.pdf.

MEED, Vladka. "On Both Sides of the Wall: Memoirs from the Warsaw Ghetto". Trad. Steven Meed. *Women in Judaism: A Multidisciplinary Journal*, v. 9, n. 1, 2012. Disponível em: https://jps.library.utoronto.ca

MEED, Vladka. "On Both Sides of the Wall". Trad. Steven Meed. Washington, DC: Holocaust Memorial Museum, 1999.

MICHLIC, Joanna B. "Poland's Threatening Other: The Image of the Jew from 1880 to the Present". Lincoln: University of Nebraska, 2006.

MIERZEJEWSKI, Marcin. "Sendler's Children", *Warsaw Voice*, 25 set. 2003. Disponível em: http://www.warsawvoice.pl/WVpage/pages/articlePrint.php/3568/article.

MIESZKOWSKA, Anna. "Irena Sendler: Mother of the Children of the Holocaust". Trad. Witold Zbirohowski-Koscia. Westport, CT: Praeger, 2010.

MIESZKOWSKA, Anna. "Prawdziwa Historia Ireny Sendlerowej". Wrzesień: Wydawnictwo Marginesy, 2014.

MINISTÉRIO DE INFORMAÇÃO DA POLÔNIA. "The German Invasion of Poland". Londres: Hutchinson & Co. Ltd., 1940. Disponível em: http://felsztyn.tripod.com/germaninvasion/id1.html.

MÓRAWSKI, Karol. "Warszawa Dzieje Miasta". Varsóvia: Wydanietwo Kxiążka I Wiedza, 1976.

"Nachum Remba", Warsaw Ghetto Database. Disponível em: http://warszawa.getto.pl/index.php?mod=view_record&rid=05011904155335000002&tid=osoby&lang=en.

NAGORSKI, Andrew. "'Vera Gran: The Accused' by Agata Tuszynska", *Washington Post*, 22 mar. 2013. Disponível em: https://www.washingtonpost.com/opinion/vera-gran-the-accused-by-agata-tuszynskatranslated-from-the-french-of-isabelle-jannes-kalinowski-by-charles-ruas/2013/03/22/6dce6116-75f2-11e2-8f84-3e4b513b1a13_story.html.

OELKERS, Jürgen. "Korczak's Memoirs: An Educational Interpretation", Universität Zürich, Institut für Erziehungswissenschaft, Lehrstühle & Forschungsstellen. Disponível em: https://www.ife.uzh.ch/research/emerit/oelkersjuergen/vortraegeprofoelkers/englishlectures/Oelkers.ER.Korczaks_Tagebuch-def.10.5.12.pdf.

"Otwoccy Sprawiedliwi", *Gazeta Otwocka*, jul. 2012. Disponível em: https://otwock.pl/gazeta/2012/sprawiedliwi.pdf.

PAGIS, Ada. "A Rare Gem", *Haaretz*, 9 maio 2008. Disponível em: https://www.haaretz.com/1.4978694; crítica de Ir Betoch Ir, diário de Batia Temkin-Berman. Trad. Uri Orlev. Jerusalém: Yad Vashem, 2008.

PAPUZIŃSKA-BEKSIAK, Joanna. "Interview with Joanna Papuzińska-Beksiak", Muzeum Powstania Warszawskiego, arquivos de história oral, 13 jan. 2012. Disponível em: https://www.1944.pl/archiwum-historii-mowionej/joanna-papuzinska-beksiak,2792.html.

PENDELBURY, Richard. "The 'Female Schindler' Who Saved 2500 Jewish Children but Died Wishing She'd Rescued More", *Daily Mail*, 22 maio 2008, obituário. Disponível em: www.dailymail.co.uk/femail/article-1021048/Female-Schindler-Irena-Sendler-saved-2-500-Jewish-children-died-aged-98.html#ixzz3aVP8nkYC.

"Piotrków: Pamiątkowa tablica ku ezei Sendlerowej", *ePiotrkow*. Disponível em: https://www.epiotrkow.pl/news.php?url=Piotrkow-Pamiatkowa-tablica-ku-czci-Sendlerowej-,2801.

"Poles: Victims of the Nazi Era", United States Holocaust Memorial Museum. Disponível em: https://www.ushmm.org/learn/students/learning-materials-and-resources/poles-victims-of-the-nazi-era/terror-against-the-intelligentsia-and-clergy.

PORAY, Anna (org.). "The Polish Righteous". Disponível em: http://www.savingjews.org/righteous/av.htm.

POWELL, Lawrence N. "Troubled Memory: Anne Levy, the Holocaust, and David Duke's Louisiana". Charlotte: University of North Carolina Press, 2002.

PREKEROWA, Teresa. "Żegota: Commision d'aide aux juifs". Trad. Maria Apfelbaum. Mônaco: Éditions du Rocher, 1999.

RAJCHMAN, Chil. "The Last Jew of Treblinka: A Memoir". Nova York: Pegasus, 2012.

RAJCHMAN, Chil. "Treblinka: A Survivor's Memory, 1942-1943". Trad. Solon Beinfeld. Londres: MacLehose Press, 2009.

REJAK, Sebastian; FRISTER, Elżbieta (orgs.). "Inferno of Choices: Poles and the Holocaust". Varsóvia: Oficyna Wydawnicza Rytm, 2012.

REMBA, Azik; HALEVY, Benjamin (orgs.). *Gestapo Torture of Jews in Warsaw Prisons Reported, List Of Guilty Nazis (Kolno, Polonia)*. Tel Aviv: Kolner Organization and Sifirat Poalim, 1971. Disponível em https://www.jta.org/1942/10/19/archive/gestapo-torture-of-jews-in-warsaw-prisons-reported-list-of-guilty-nazis-published.

RINGELBLUM, Emmanuel. "Notes from the Warsaw Ghetto". Nova York: McGraw-Hill, 1958.

RINGELBLUM, Emmanuel. "The Journal of Emmanuel Ringelblum". Trad. Jacob Sloan. Nova York: Schoecken Books, 1974.

ROGUSZEWSKI, Mirosław. "Powstańcze Oddziały Specjalne 'Jerzyk' w latach 1939-1945". Bydgoszcz: [s.n.], 1994.

ROZETT, Robert. "The Little-Known Uprising: Warsaw Ghetto, January", *Jerusalem Post*, 16 jan. 2013. Disponível em: https://www.jpost.com/Opinion/Op-Ed-Contributors/The-little-known-uprising-Warsaw-Ghetto-January-1943.

RYTLOWA, Jadwiga. "Chaja Estera Stein (Teresa Tucholska-Körner): The First Child of Irena Sendler", Museum of the History of Polish, 4 set. 2010. Disponível em:

https://sprawiedliwi.org.pl/en/cms/your-stories/360,chaja-estera-stein-teresa-tucholska-k-rner-the-first-child-of-irena-sendler-/.

SACHAREWICZ, Janina. "Irena Sendlerowa: Działanie Z Potrzeby Serca", Slowo Żydowskie, 20 abr. 2007.

SEEMAN, Mary V. "Szymon Rudnicki: Equal, but Not Completely", Scholars for Peace in the Middle East, resenha, 7 jun. 2010. Disponível em: https://spme.org/book-reviews/mary-v-seeman-szymon-rudnicki-equal-but-not-completely/.

SENDLER, Irena. "Address by Irena Sendler [sic]", Association of the Children of the Holocaust in Poland, entrevista com Irena Sendler. Disponível em: https://dzieciholocaustu.org.pl/szab3.php?s=en_sendlerowa001_02.php.

SENDLER, Irena. "Irena Sendler Tells the Story of Janusz Korczak, Polish Pediatricist Who Went to End with His Children in Holocaust, Gariwo/ Gardens of the Righteous Worldwide Committee", documentário/entrevista em vídeo com Irena Sendler. Disponível em: https://en.gariwo.net/multimedia/documentaries/irena-sendler-tells-the-story-of-janusz-korczak-9114.html.

SENDLER, Irena. "Irena Sendlerowa", Database Geni. Disponível em: https://www.geni.com/people/Irena-Sendlerowa/6000000019948138463?through=6000000019948108351.

SENDLER, Irena. "Testimony of Irena Sendlerowa", Association of the Children of the Holocaust. Disponível em: https://dzieciholocaustu.org.pl/szab58.php?s=en_sendlerowa.php.

SENDLER, Irena. "The Valor of the Young", *Dimensions: A journal of Holocaust Studies*, v. 7, n. 2, pp. 20-5, 1993.

SENDLER, Irena. "Youth Associations of the Warsaw Guetto: A Tribute to Jewish Rescuers", ZIH Archives (Materialy Zabrane w Latach, 1995-2003, szgn. S/353), trad. Stanislaw Baranczak e Michał Baranczak.

SHAPIRO, Robert Moses; EPSZTEIN, Tadeusz (orgs.). "The Warsaw Ghetto: Oyneg Shabes-Ringelblum Archives: Catalog and Guide". Bloomington: Indiana University Press, 2009.

SHTOKFISH, David (org. e trad.). "Mlawa Societes in Israel and in the Diaspora", *Jewish Mlawa: Its History, Development, Destruction*. 2 v. Tel Aviv, 1984. Disponível em: https://www.jewishgen.org/yizkor/mlawa/mla449.html.

SHULMAN, Abraham. "The Case of Hotel Polski: An Account of One of the Most Enigmatic Episodes of World War II". Nova York: Holocaust Library, 1982.

SKARBEB-KRUSZEWSKI, Zygmunt. "Bellum Vobiscum: War Memoirs". SKARBEB, Jurek Zygmunt (org.). [S.l.]: Skarbeb Consulting Pty Ltd., 2001. Disponível em: http://www.skarbek.com.au/bv/warsaw_uprising.htm.

SKINNER, Mary. "Irena Sendler: In The Name of their Mothers", documentário, 2011.

ŚLIWÓWSKA, Wiktoria (org.). "The Last Eyewitenesses: Children of the Holocaust Speak". Trad. Julian e Fay Bussgang. Evanston, IL: Northwestern University Press, 1999.

SMITH, Mark. "Treblinka Survivor: The Life and Death of Hershl Sperling". Mt. Plesant, SC: The History Press, 2010.

"Stanisława Bussold", Museum of the History of Polish Jews. Disponível em: https://sprawiedliwi.org.pl/pl/historie-pomocy/historia-stanislawy-bussold.

STATE UNIVERSITY OF NEW YORK AT BUFFALO; JAGELLONIAN UNIVERSITY. "Slow Extermination: Life and Death in the Warsaw Ghetto", *Info Poland*. Disponível em: http://info-poland.buffalo.edu/web/history/WWII/guetto/slow.html.

SZAROTA, Tomasz. "Ostatnia Droga Doktora: Rozmowa Z Irena Sendlerową", *Historia*, v. 21, p. 94, 24 maio 1997.

SZPILMAN, Wladyslaw. "The Pianist: The Extraordinary True Story of One Man's Survival in Warsaw, 1939-1945". Trad. A. Bell, com trechos do diário de Wilm Honsenfeld. Nova York: Picador, 1999.

"The 72nd Anniversary of the Creation of the Council to Aid Jews, Jewish Historical Institute", Varsóvia, 3 dez. 2014. Disponível em: http://www.jhi.pl/en/blog/2014-12-03-the-72nd-anniversary-of-the-creation-of-the-council-to-aid-jews.

THE ARCHIVE OF THE JEWISH TELEGRAPHIC AGENCY. "Gestapo Torture of Jews in Warsaw Prisons Reported, List of Guilty Nazis", 19 out. 1942, JTA. Disponível em: https://www.jta.org/1942/10/19/archive/gestapo-torture-of-jews-in-warsaw-prisons-reported-list-of-guilty-nazis-published.

"The Warsaw Ghetto: Stroop's Reports on the Battles in the Warsaw Ghetto Revolt", 16 maio 1943. Disponível em: https://www.jewishvirtuallibrary.org/stroop-rsquo-s-final-report-on-the-battles-in-the-warsaw-ghetto-revolt-may-1943.

"The Woman Who Smuggled Children from the Ghetto", *Jewsniverse*, 15 fev. 2013. Disponível em: https://www.jta.org/jewniverse/2013/the-woman-who-smuggled-children-from-the-ghetto.

THITE, Abhijit. "The Other Schindler... Irena Sendler: Saviour of the Holocaust Children". Trad. Priya Gokhale. Pune, Índia: Ameya Prakashan, 2010.

TOMASZEWSKI, Irene. "Warsaw 1944: Hitler, Himmler, and the Warsaw Uprising, *Cosmopolitan Review*, v. 6, n. 1, 2014. Disponível em: http://cosmopolitanreview.com/warsaw-1944/.

TOMASZEWSKI, Irene; WERBOWSKI, Tecia. "Code Name: Żegota: Rescuing Jews in Occupied Poland, 1942-1945: The Most Dangerous Conspiracy in Wartime Europe". Nova York: Praeger, 2010.

TOMASZEWSKI, Irene; WERBOWSKI, Tecia. "Żegota, The Council for Aid to Jews in Occupied Poland, 1942-1945". Montreal: Price-Patterson, 1999.

"TRANSCRIÇÃO do julgamento de Eichmann". Disponível em: https://www.nizkor.org/hweb/people/e/eichmann-adolf/transcripts/Sessions/Ses-sion-025-04.html.

TURKOVICH, Marilyn. "Irena Sendler", *Charter for Compassion*. Disponível em: http://voiceseducation.org/category/tag/irena-sendler.

TURKOW, Jonas. "Ala Gólomb Grynberg: La heroica enfermeira del gueto de Varsovia". Trad. Elena Pertzovsky de Bronfman. Buenos Aires: Ejecutivo Sudamericano del Congresso Judío Mundial, 1970.

TUSZYNSKA, Agata. "Vera Gran: The Accused". Nova York: Knopf, 2013.

ULANKIEWICZ, Andrzej Rafal. "'Warski ii': Nattalion 'Parasol' (Umbrella)". In: *Warsaw Uprising, 1944*. Disponível em: http://www.warsawuprising.com/witness/parasol.htm.

UNITED STATES HOLOCAUST MEMORIAL MUSEUM ARCHIVES. "Sąd Grodzki w Warszawie, Akta Zg.1946 (Sygn. 655)", 1946-56, RG number: RG – 15.270M. Número de acesso: 2013.241, Archiwum Państwowe w Warszawie. Disponível em: https://collections.ushmm.org/findingaids/RG-15.270_01_fnd_pl.pdf.

UZIEMBŁO, Aniela. "Józef Zysman", *Gazeta Stołeczna*, n. 141, 20 jun. 2005.

VALLEY, Eli. "The Great Jewish Cities of Central and Eastern Europe: A Travel Guide". Nova York: Jason Aronson Publisher, 1999.

WALERIA STELMASZI, Zofia. "Residential Care in Poland: Past, Present and Future", *International Journal of Family and Child Welfare*, v. 3, p. 101, 2002.

WANAT, Leon. "Za murami Pawiaka". Varsóvia: Książka i Wiedza, 1985.

"Warsaw", United States Holocaust Memorial Museum. Disponível em: http://www.ushmm.org/wlc/en/article.php?ModuleId=10005069.

WEBB, Chris. "Otwock & the Zofiowka sanatorium: A Refuge from Hell", Holocaust Education and Archive Research Team. Disponível em: http://www.holocaustresearchproject.org/ghettos/otwock.html.

WEINER, Miriam. "Otwock", Routes to Roots Project. Disponível em: www.rtrfoundation.org/webart/poltow-nentry.pdf.

WHITLOCK, Monica. "Warsaw Guetto: The Story of Its Secret Archive", BBC *World News Magazine*, 27 jan. 2013. Disponível em: https://www.bbc.com/news/magazine-21178079.

WIELER, Joachim. "The Long Path to Irena Sendler: Mother of the Holocaust Children" (entrevista com Irena Sendler). *Social Work and Society: International Online Journal*, v. 4, n. 1, 2006. Disponível em: https://www.socwork.net/sws/article/view/185/591 .

WITKOWSKA, Agnieszka. "Ostatnia droga mieszkańców i pracowników warszawskiego Domu Sierot", *Zagłada Żydów, Studia i Materiały*, v. 6, 2010. Disponível em: https://korczakowska.pl/wp-content/uploads/2019/03/Agnieszka-Witkowska.-Ostatnia-droga-mieszkancow-i-pracownikow-warszawskiego-Domu-Sierot.pdf.

WOOD, Thomas; JANKOWSKI, Stanisław M. "Karski: How One Man Tried to Stop the Holocaust". Nova York: John Wiley & Sons, 1994.

WYGODZKI, Stanisław. "Epitaph for Krysia Liebman", *Jewish Quarterly*, v. 16, n. 1, p. 33, 1968.

YAD VASHEM. "The Holocaust Martyrs' and Heroes' Remembrance Authorithy". *Judischer Ordnungsdienst*. Disponível em: https://www.yadvashem.org/yv/en/exhibitions/this_month/resources/jewish_police.asp.

ZAJDMAN, Renata. "A Tribute to Irena Sendler", material extra do filme *The Corageous Heart of Irena Sendler*, de Hallmark, feito para a TV. Disponível em: http://www.hallmark.com/online/hall-of-fame/images/TCHISBonusmaterial.pdf.

"Zamordowani w różnych rejonach Warzawy, Więźniowie Pawiaka" [Vítimas de Pawiak em Varsóvia], base de dados. Disponível em: http://www.stankiewicze.com/pawiak/warszawa4.htm.

ZGRZEMBSKA, Janina. "An Interview with Irena Sendler's Daughter, Janina Zgrzembska", Museum of the History of Polish Jews. Disponível em: https://sprawiedliwi.org.pl/en//cms/news-archive/858,an-interview-with.irena-sendler-s-daughter-janina-zgrzembska/.

"Życie Juliana Grobelnego", 3 out. 2007. Disponível em: http://grju93brpo.blogspot.com/2007/10/ycie-juliana-grobel-nego.html.

ZYGMUND, Antoni. "Aleksander Rajchman", *Wiadomości Matematyczne*, v. 27, pp. 219-31, 1987. Disponível em: https://www.impan.pl/Great/Rajchman/.

ESTE LIVRO, COMPOSTO NA FONTE FAIRFIELD,
FOI IMPRESSO EM PAPEL POLÉN SOFT 70G/M² NA AR FERNANDEZ.
SÃO PAULO, OUTUBRO DE 2021.